Sabine Sauermann

Unternehmensinternes M&A-Management

DUV **Wirtschaftswissenschaft**

ebs **Forschung**

Schriftenreihe der

EUROPEAN BUSINESS SCHOOL

Schloß Reichartshausen

Herausgeber: Prof. Dr. Georg H. Küster

Band 27

Sabine Sauermann

Unternehmensinternes M&A-Management

Organisatorische Gestaltungsalternativen

Mit einem Geleitwort von Prof. Dr. Jean-Paul Thommen

Deutscher Universitäts-Verlag

Die Deutsche Bibliothek – CIP-Einheitsaufnahme

Sauermann, Sabine:
Unternehmensinternes M&A-Management : Organisatorische Gestaltungsalternativen / Sabine Sauermann. Mit einem Geleitw. von Jean-Paul Thommen. – 1. Aufl.. – Wiesbaden : Dt. Univ.-Verl., 2000
(Ebs-Forschung ; Bd. 27) (DUV : Wirtschaftswissenschaft)
Zugl.: Oestrich-Winkel, Europ. Business School, Diss., 2000, u.d.T.: Sauermann, Sabine : Organisatorische Gestaltungsalternativen eines unternehmensinternen M&A-Managements
ISBN 3-8244-0547-4

1. Auflage November 2000

Lektorat: Ute Wrasmann / Gereon Roeseling

Der Deutsche Universitäts-Verlag ist ein Unternehmen der Fachverlagsgruppe BertelsmannSpringer.

www.duv.de

Druck und buchbinderische Verarbeitung: Rosch-Buch, Scheßlitz
Printed in Germany

ISBN 3-8244-0547-4

Geleitwort

Die Zahl der Unternehmensübernahmen und Fusionen, die unter dem Begriff Mergers and Acquisitions (M&A) zusammengefasst werden, hat sich im letzten Jahrzehnt in Deutschland erheblich gesteigert. Dabei stellt eine derartige Transaktion für viele Unternehmen ein bedeutendes Ereignis im Rahmen seiner Geschichte dar, das sowohl hinsichtlich der richtigen Entscheidung als auch der richtigen Durchführung entscheidend sein kann für den späteren Erfolg.

Unternehmensübernahmen wurden in Deutschland bis zur Gründung der Treuhandanstalt durch die Unternehmen mit Hilfe der großen deutschen Banken durchgeführt, die der Suche nach potentiellen Kandidaten durch Nutzung ihres Beziehungsgeflechts nachgekommen sind. Aufgrund der überaus großen Menge der im Zuge der Wiedervereinigung zu privatisierenden Unternehmen fand dann allerdings ein Wechsel hin zum angloamerikanischen System statt und die US-amerikanischen Investbanken bzw. das Investment Banking fassten Fuß in Deutschland. Heute kann festgestellt werden, dass ein maßgeblicher Teil aller Transaktionen, wenn auch noch geringerer Teil als in den Vereinigten Staaten, durch derartige Intermediäre betreut wird.

Aufgrund der hohen Kosten und anderer Nachteile einer derartigen Betreuung sowie der – aufgrund der derzeitigen Restrukturierungswelle – steigenden Anzahl solcher Transaktionen in manchen Firmen zeichnete sich in den letzten Jahren der Trend ab, dass große Firmen unternehmensinterne M&A-Abteilungen aufbauen. Diese Abteilungen arbeiten häufig additiv, manchmal alternativ zu den Investmentbanken.

Wie ein derartiges unternehmensinternes M&A-Management organisatorisch zu gestalten wäre, ist in der sehr umfangreichen M&A-Literatur bislang vollständig vernachlässigt worden. Dies mag unter anderem darauf zurückzuführen sein, dass sich die mit M&A befassten Personen, insbesondere auch die Wissenschaftler, in der Regel, wenn auch nicht ausschließlich, mit reinen Finanzierungsfragen beschäftigten und somit weniger geeignet waren, organisatorische Fragestellungen zu beantworten. Genau in diesem Punkt setzt diese Schrift an, indem sie aus der Perspektive der Organisation die möglichen Gestaltungsalternativen erörtert.

Der Autorin gelingt es nicht nur hervorragend, die verschiedenen internen organisatorischen Gestaltungsalternativen – Realisierung durch die Geschäftsleitung, die Fachabteilungen, eine eigenständige M&A-Organisationseinheit oder den operativen Bereich – aufzuzeigen und anhand von gut gewählten Fallstudien zu veranschaulichen, sondern auch die Voraussetzungen für die Umsetzung dieser Organisationskonzepte aufzuzeigen. Dabei wird insbesondere auch auf die strategischen, strukturellen und kulturellen sowie auf die personellen Voraussetzungen eingegangen.

Die Autorin leistet mit ihrer Arbeit einen wichtigen wissenschaftlichen Beitrag zu einer bisher in der Literatur kaum diskutierten Fragestellung. Gleichzeitig gibt sie der Praxis wertvolle Hinweise und Anregungen, wie ein internes M&A-Management umgesetzt werden kann, insbesondere welche der Erfolgsfaktoren zu beachten sind.

Prof. Dr. Jean-Paul Thommen

Vorwort

Die vorliegende Arbeit entstand unter dem Titel „Organisatorische Gestaltungsalternativen eines unternehmensinternen M&A-Managements" während meiner Tätigkeit als wissenschaftliche Mitarbeiterin am Lehrstuhl Organisation und Personal an der EUROPEAN BUSINESS SCHOOL in Oestrich-Winkel. Das Thema behandelt eine Schnittstelle zwischen Organisationslehre und Finanzwesen und ist zudem durch eine hohe Praxisrelevanz gekennzeichnet. So enthält die Arbeit in ihrer ursprünglichen Form weitere unternehmensbezogene Fallbeispiele, die aus Gründen der Geheimhaltung nicht veröffentlicht werden können.

Zum Gelingen dieser Arbeit haben zahlreiche Personen beigetragen, denen ich an dieser Stelle meinen herzlichen Dank aussprechen möchte.
Zunächst gilt mein Dank meinem akademischen Betreuer Herrn Prof. Dr. Jean-Paul Thommen, der mich während meiner Zeit an seinem Lehrstuhl fachlich und menschlich sehr geprägt hat. Ihm habe ich die Erkenntnis zu verdanken, daß die klare Definition eines Problems sowie eine strukturierte Vorgehensweise die wesentlichen Voraussetzungen zu dessen Lösung sind. Vor allem seine positive Ausstrahlung war es letztendlich, die mir den nötigen Optimismus und die Motivation vermittelt hat, um die Arbeit in der vorliegenden Qualität und der realisierten Zeit fertigzustellen.
Ferner gilt mein Dank Frau Prof. Dr. Dr. Ann-Kristin Achleitner, die das Korreferat der Arbeit übernommen hat. In zahlreichen Gesprächen hat sie mir immer wieder neue Denkanstöße gegeben und mich darin bestärkt, die mitunter nicht unkritische Schnittstelle zwischen Organisationslehre und Finanzwesen näher zu beleuchten.

Danken möchte ich auch meinen Kollegen und Freunden an der EUROPEAN BUSINESS SCHOOL und insbesondere am Lehrstuhl Organisation und Personal. Vor allem Frau Marie-Luise Retzmann hat mich immer wieder ermutigt, den von mir eingeschlagenen Weg konsequent fortzusetzen, und die Zeit mit ihrer Familie war eine angenehme und hilfreiche Abwechslung vom wissenschaftlichen Arbeiten.

Ferner gilt mein besonderer Dank Herrn Thomas Denny, dessen Unterstützung bei der grafischen und formalen Ausgestaltung der Arbeit von unschätzbarem Wert für mich war.

Schließlich möchte ich Herrn Alexander Heinrich danken. Er war mir durch seinen unermüdlichen Einsatz sowohl fachlich als auch menschlich ein großer Rückhalt und hat in zahlreichen abendfüllenden Gesprächen immer neuen Input für meine Arbeit geliefert.

Mein größter Dank jedoch gilt meinen Eltern, die mich während meiner Ausbildung bedingungslos unterstützt und gefördert haben. Nicht nur bei der Erstellung dieser Arbeit, sondern bei vielen Entscheidungen in meinem Leben waren sie für mich der wichtigste Rückhalt. Ihnen widme ich diese Arbeit in Liebe und Dankbarkeit.

Sabine Sauermann

Inhaltsübersicht

Inhaltsverzeichnis

Abbildungsverzeichnis

Abkürzungsverzeichnis

AG	Aktiengesellschaft
Aufl.	Auflage
B.	Beilage
Bd.	Band
bearb.	bearbeitet(e)
BfuP	Betriebswirtschaftliche Forschung und Praxis
BWL	Betriebswirtschaftslehre
DB	Deutsche Bank
DBW	Die Betriebswirtschaft
DCF	Discounted Cash Flow
DD	Due Diligence
Diss.	Dissertation
DM	Deutsche Mark
DV	Datenverarbeitung
EBU	European Business Unit
EDV	Elektronische Datenverarbeitung
erw.	erweitert(e)
etc.	et cetera
e.V.	eingetragener Verein
FAZ	Frankfurter Allgemeine Zeitung
Fn.	Fußnote
Fried.	Friedrich
GLAZ	Gleitzeit Arbeitszeit
GmbH	Gesellschaft mit beschränkter Haftung
Grp.	Gruppe
H.	Heft
HBR	Harvard Business Review
HR	Human Resource
Hrsg.	Herausgeber
incl.	inclusive

Iss.	Issue
IT	Informationstechnologie
Jg.	Jahrgang
LBO	Leveraged Buy Out
M&A	Mergers and Acquisitions
MA	Mitarbeiter
MBI	Management Buy In
MBO	Management Buy Out
mbo	management by objectives
MDD	Market Due Diligence
No.	number
Nr.	Nummer
o.V.	ohne Verfasser
PW	Personalwirtschaft
rev.	revidiert(e)
S.	Seite
Sep.	September
Sp.	Spalte
St.	Sankt
u.	und
u.a.	und andere
überarb.	überarbeitet(e)
uvm.	und viele(s) mehr
Vgl.	Vergleiche
vollst.	vollständig
Vol.	Volume
vs.	versus
WiSt	Wirtschaftswissenschaftliches Studium
WISU	Wirtschaftsstudium
WpHG	Wertpapier-Handelsgesetz
z.B.	zum Beispiel
ZfB	Zeitschrift für Betriebswirtschaft
ZfbF	Zeitschrift für betriebswirtschaftliche Forschung

zfo	Zeitschrift Führung + Organisation
ZgS	Zeitschrift für die gesamte Staatswissenschaft
ZWS	Zeitschrift für Wirtschafts- und Sozialwissenschaften
z.Zt.	zur Zeit

1. Einführung

1.1 Problemstellung und Ziel der Untersuchung

Der in letzter Zeit stark ansteigende Trend im Bereich Mergers and Acquisitions (M&A) in der unternehmerischen Praxis und die damit verbundenen Auswirkungen auf die Wettbewerbsfähigkeit von Unternehmen lassen nach alternativen, erfolgversprechenden Wegen der Betreuung von M&A-Projekten suchen.
Wurde noch vor wenigen Jahren der Großteil von M&A-Aktivitäten ausschließlich durch externe Berater wie Investmentbanken oder Unternehmensberater begleitet, so gehen zahlreiche Unternehmen heute wieder vermehrt dazu über, diese unternehmensintern zu betreuen.[1] Die Gründe, die für diese Entwicklung sprechen, sind vielfältig. Neben einer stärkeren Identifikation mit dem Unternehmen durch die eigenen Mitarbeiter sowie einem höheren Maß an Objektivität ist vor allem ausschlaggebend, daß – im Falle eines Unternehmenszusammenschlusses – auch nach Vertragsunterzeichnung eine aktive Betreuung des erworbenen Unternehmens(-teils) durch am M&A-Prozeß beteiligte Mitarbeiter erfolgen kann. Dies reicht von Maßnahmen der Integration bis zum Beteiligungsmanagement und hat den entscheidenden Vorteil, daß der M&A-Prozeß ganzheitlich betrachtet wird.[2]

Die organisatorische Umsetzung des unternehmensinternen M&A-Managements kann in der Praxis auf unterschiedliche Art und Weise erfolgen. In Abhängigkeit verschiedener unternehmensspezifischer Voraussetzungen wird die Verantwortung für die Betreuung von M&A-Projekten bei verschiedenen Organisationseinheiten angesiedelt. Diese Organisationseinheiten unterscheiden sich insbesondere hinsichtlich der Kompetenzen und Rechte, die ihnen zur Durchführung des M&A-Managements zur Verfügung stehen.

---

[1] Vgl. Deiß (1997a), S. 543.
[2] Vgl. Nadler/Limpert (1994), S. 72 f.

Trotz der steigenden Relevanz einer unternehmensinternen Betreuung von M&A sind die organisatorischen Gestaltungsalternativen eines internen M&A-Managements in der wissenschaftlichen Literatur bisher kaum untersucht worden. Aus diesem Defizit in der wissenschaftlichen Analyse eines internen M&A-Managements leitet sich das *Ziel der vorliegenden Arbeit* ab.

Das Ziel der Arbeit besteht darin, die verschiedenen organisatorischen Gestaltungsalternativen zur Durchführung eines unternehmensinternen M&A-Managements vorzustellen und organisatorische Besonderheiten aufzuzeigen.
Des weiteren soll die Eignung dieser Gestaltungsalternativen anhand bestimmter unternehmensspezifischer Voraussetzungen beurteilt werden. Durch die Berücksichtigung von strategischen, strukturellen, kulturellen und personellen Voraussetzungen sollen Empfehlungen entwickelt werden für die Organisation eines internen M&A-Managements.
Mit Hilfe eines Fallbeispiels aus der Praxis soll gezeigt werden, inwiefern sich die zunächst theoretisch erarbeiteten Erkenntnisse bezüglich der organisatorischen Gestaltungsalternativen auf die Unternehmenspraxis übertragen lassen.

1.2 Methodik

Zur Erläuterung der dieser Arbeit zugrundeliegenden Methodik bietet sich eine dreistufige Vorgehensweise an.[3]
In einem ersten Schritt soll das *Forschungsobjekt* der Arbeit dargestellt werden. Es läßt sich unterteilen in das Erfahrungs- und das Erkenntnisobjekt und beantwortet die Frage: Was wird untersucht?
In einem zweiten Schritt werden die *Forschungsziele* aufgezeigt. Sie geben Aufschluß über die Art und den Zweck der in der Arbeit getroffenen Aussagen über das Forschungsobjekt und beantworten die Frage: Zu welchem Zweck wird untersucht?

[3] Vgl. Thommen (1983), S. 29.

Der dritte Schritt dient der Darstellung der gewählten *Forschungsstrategien.* Diese geben Aufschluß über die Art der Wissensgewinnung und beantworten die Frage: Wie wird untersucht?

- Forschungsobjekt
  Zur Bestimmung des Forschungsobjekts der vorliegenden Arbeit bietet es sich an, eine Unterteilung in Erfahrungs- und Erkenntnisobjekt vorzunehmen.

  Das Erfahrungsobjekt ist diejenige gesellschaftliche Institution, die im Rahmen einer wissenschaftlichen Arbeit betrachtet wird.[4] Im Falle der hier vorliegenden Arbeit läßt es sich folgendermaßen abgrenzen:

  Das Erfahrungsobjekt der vorliegenden Arbeit sind Industrieunternehmen, die einen Kauf oder Verkauf von Unternehmen oder Unternehmensteilen (M&A) mindestens ein Mal durchgeführt und zum Abschluß gebracht haben oder beabsichtigen, dies zu tun.

  Ebenso kann auch das Erkenntnisobjekt festgelegt werden. Es ergibt sich durch gedankliche Isolation aus dem Erfahrungsobjekt und ist der Bezugspunkt aller Urteile, Annahmen und Probleme der wissenschaftlichen Arbeit.[5]

  Das Erkenntnisobjekt der vorliegenden Arbeit ist das Management des fünfstufigen M&A-Prozesses, den die Industrieunternehmen bei der Durchführung des Kaufs oder Verkaufs von Unternehmen oder Unternehmensteilen (M&A) zu durchlaufen haben.

  Mit der Festlegung des Erfahrungs- und Erkenntnisobjekts ist die Bestimmung des Forschungsobjekts erfolgt.

---

[4] Als gesellschaftliche Institution wird ein menschengeschaffenes Gebilde verstanden, in dem Menschen zusammenwirken, um bestimmte Funktionen zu erfüllen. Vgl. Ulrich (1984), S. 1.
[5] Vgl. Wöhe (1990), S. 23.

- Forschungsziele

  Zur Bestimmung der Forschungsziele dieser Arbeit ist es hilfreich, zunächst einen Überblick über die grundsätzlichen Ziele der Betriebswirtschaftslehre zu geben. Man unterscheidet theoretische und praktische Ziele der BWL.[6] Theoretische Ziele sind darauf ausgerichtet, ein in der Wissenschaft selbst begründetes Problem rein deskriptiv und wertfrei im Sinne einer Grundlagenforschung zu behandeln. Praktische Ziele verfolgen demgegenüber die Absicht, eine mittelbare oder unmittelbare Beeinflussung der betrieblichen Praxis vorzunehmen und sind aus diesem Grunde nicht deskriptiv und wertfrei, sondern normativ und wertend.

  Ein Zweig der praktischen Ziele ist die angewandte BWL, innerhalb derer die vorliegende Arbeit anzusiedeln ist. Sie beruht auf den Erkenntnissen theoretischer Wissenschaft und entwickelt darauf aufbauend Verfahren für das betriebliche Handeln und zur Verbesserung von Strukturen und Prozessen.[7]

Das Forschungsziel der vorliegenden Arbeit besteht darin, aufbauend auf theoretischen Erkenntnissen Handlungsempfehlungen (präskriptive Aussagen) für die organisatorische Gestaltung des Erkenntnisobjekts (Management des fünfstufigen M&A-Prozesses) abzuleiten.

- Forschungsstrategie

  Die Forschungsstrategie ist die Art und Weise, mit der das erklärte Forschungsziel einer wissenschaftlichen Arbeit erreicht werden soll.[8] Dabei bieten sich das empirische oder das denklogische Verfahren an.[9] Grundlage der vorliegenden Arbeit ist die empirische-induktive Forschung.[10] Dabei wurde folgende Vorgehensweise gewählt:[11]

---

[6] Vgl. Ulrich (1985), S. 11.
[7] Vgl. Thommen (1983), S. 41.
[8] Vgl. Köhler (1978), S. 181.
[9] Vgl. Thommen (1983), S. 42 ff.
[10] Darunter versteht man den Rückschluß von einzelnen beobachtbaren Ereignissen auf die Geltung eines gesetzmäßigen Zusammenhangs. Vgl. Ulrich/Hill (1979), S. 181.
[11] Vgl. ähnlich Ulrich (1981), S. 20.

1. Erfassung und Typisierung praxisrelevanter Probleme bei der Durchführung des M&A-Prozesses mit Hilfe von Fragebögen und Interviews bei verschiedenen Unternehmen.[12]

2. Erfassung und Spezifizierung problemrelevanter Verfahren der Betriebswirtschaftslehre. Als Grundlage dienen hier die Neue Institutionenökonomik, die Organisationslehre sowie die jüngere Managementlehre[13] (Kap. 2 – 4).

3. Erfassung und Untersuchung des relevanten Anwendungszusammenhangs. Es wird geprüft, inwieweit die gewählten Verfahren dazu beitragen können, die gewonnenen empirischen Erkenntnisse zu erklären (Kap. 2 – 4).

4. Ableitung von verbalen Modellen und Beurteilungskriterien. Es werden vier Modelle zur organisatorischen Anbindung des M&A-Prozesses aufgestellt (Kap. 3) und anhand von unternehmensspezifischen Kriterien beurteilt (Kap. 4).

5. Prüfung der Modelle im Anwendungszusammenhang. Es wird gezeigt, inwieweit die abgeleiteten Modelle in der Praxis Anwendung finden (Kap. 5).[14]

6. Beratung der Praxis. Die in der Praxis gewählten Gestaltungsformen des M&A-Prozesses werden vor dem Hintergrund der im Rahmen des Arbeit gewonnenen Erkenntnisse kritisch beleuchtet, und es werden Handlungsempfehlungen abgeleitet (Kap. 5).

[12] Insgesamt wurden 10 Unternehmen aus der deutschen Industrie zu ihren Erfahrungen mit M&A-Projekten befragt.
[13] Hierbei findet insbesondere der Zürcher Ansatz der Führungslehre Berücksichtigung.
[14] Zu diesem Zweck wird eines der 10 Unternehmen als Fallbeispiel vorgestellt.

Zusammenfassend läßt sich die gewählte Forschungsstrategie folgendermaßen beschreiben:

Die Forschungsstrategie der vorliegenden Arbeit basiert auf einer empirisch induktiven Vorgehensweise. Ausgehend von empirischen Beobachtungen werden verbale Modelle formuliert, die unter institutionenökonomischen, organisatonswissenschaftlichen und führungstechnischen Aspekten betrachtet, beurteilt und anschließend empirisch überprüft werden.

1.3 Gang der Untersuchung

Nachdem im vorhergehenden Abschnitt die wissenschaftliche Vorgehensweise der Arbeit dargelegt wurde, geht es nun darum, das inhaltliche Vorgehen zu beschreiben:
Inhalt des *ersten Kapitel* ist es, die der Arbeit zugrundeliegende Problemstellung aufzuzeigen und, darauf aufbauend, die wesentliche Zielsetzung der Arbeit festzulegen (1.1). Zudem werden die zur Bearbeitung der Problemstellung gewählte Methodik (1.2) und Vorgehensweise erläutert (1.3) und eine Abgrenzung der wesentlichen Begriffe vorgenommen (1.4).
Auf diese Weise soll ein einheitliches Verständnis für die Thematik der Arbeit geschaffen werden.

Das *zweite Kapitel* beschäftigt sich mit den Gründen, die ein Unternehmen dazu veranlassen können, ein unternehmensinternes M&A-Management zu institutionalisieren. Die Erklärung basiert dabei auf dem Alternativenvergleich zwischen unternehmensinternem M&A-Management und Outsourcing des M&A-Managements an externe Spezialisten wie Investmentbanken oder M&A-Berater. Die möglichen Motive für ein internes M&A-Management werden zu zwei Erklärungsansätzen zusammengefaßt. Der erste Erklärungsansatz beruht auf der Art der M&A-Transaktion, die den Aufbau eines internen M&A-Managements begründen kann. Diese, auf der Transaktionskostentheorie basierende Erklärung, legt die Spezifität, die Unsicherheit und die Häufigkeit des M&A-Managements als Entscheidungsvariablen zugrunde (2.1).

Der zweite Erklärungsansatz stellt die Problemlösungsqualität in den Mittelpunkt der Betrachtung. Hierbei wird anhand der drei Kriterien Informations-, Kalkül- und Anreizkompatibilität erörtert, welche Gründe für den Aufbau eines internen M&A-Managements sprechen können (2.2).
Durch die Zusammenfassung der Motive zu zwei Erklärungsansätzen soll eine umfassende und gleichzeitig systematische Begründung für die Institutionalisierung eines internen M&A-Managements im Unternehmen geliefert werden. Sie dient als Grundlage der weiteren Ausführungen und verdeutlicht die Relevanz des Themas in Wissenschaft und Praxis.

Nachdem in den ersten beiden Kapiteln wesentliche Grundlagen erarbeitet wurden, beschäftigt sich das *dritte Kapitel* mit der Organisation und den konkreten Umsetzungsmöglichkeiten eines internen M&A-Managements.
Zunächst werden die verschiedenen Phasen eines M&A-Prozesses vorgestellt und somit die Prozeßorganisation eines typischen M&A-Projekts wiedergegeben (3.1).
Daran anschließend werden vier Organisationskonzepte für die Institutionalisierung des internen M&A-Managements dargestellt. Jedes dieser Organisationskonzepte wird repräsentiert durch eine spezifische interne Organisationseinheit, die jeweils für die Betreuung von M&A-Projekten verantwortlich ist. Es handelt sich dabei um die Geschäftsleitung, bestimmte Fachabteilungen, eine eigenständige M&A-Abteilung und den operativen Bereich, die zunächst in allgemeiner Form beschrieben werden, bevor auf ihre spezifischen Leistungsinhalte im M&A-Management eingegangen wird.
Da es sich bei den genannten vier Organisationskonzepten um idealtypische Formen des M&A-Managements handelt, wird in diesem Kapitel auch der in der Praxis häufig vertretene Fall der Mischformen behandelt, bei dem die Betreuung von M&A-Projekten bei mehreren unternehmensinternen Organisationseinheiten verankert ist (3.2).
Auch bei der Durchführung eines unternehmensinternen M&A-Managements kann auf den Einsatz externer Berater nicht gänzlich verzichtet werden. Daher werden die unterschiedlichen Arten externer M&A-Berater sowie die Bedingungen für ihren gezielten Einsatz zur Unterstützung des internen M&A-Managements in einem separaten Abschnitt beschrieben (3.3).

Ziel des dritten Kapitels ist es folglich, auf deskriptive Art und Weise einen Überblick über die verschiedenen Möglichkeiten der organisatorischen Ausgestaltung eines internen M&A-Managements zu geben.

Demgegenüber besteht die Absicht des *vierten Kapitels* darin, die zuvor dargestellten idealtypischen Organisationskonzepte einer Beurteilung zu unterziehen. Zu diesem Zweck wird anhand unterschiedlicher Voraussetzungen die Einsatzfähigkeit der vier Organisationseinheiten überprüft. Diese Voraussetzungen leiten sich aus der Situation des jeweiligen Unternehmens ab und werden anhand der Trilogie von Strategie, Struktur und Kultur, ergänzt um den Faktor Personal, systematisiert.
Im Rahmen der strategischen Voraussetzungen werden die mit einem M&A-Projekt verbundenen Ziele, die Wahl der M&A-Strategie und die Bedeutung des externen Unternehmenswachstums als Beurteilungskriterien herangezogen (4.1).
Die strukturellen Voraussetzungen umfassen die Primärorganisation, die Aufteilung der Entscheidungskompetenzen und die Größe eines Unternehmens als Maßstab für die Eignung der vier idealtypischen Organisationskonzepte (4.2).
Weiterhin werden die kulturellen Voraussetzungen – und hierbei insbesondere die Stärke der Unternehmenskultur und verschiedene Arten des Führungsstils – untersucht, um eine Aussage über die Einsatzfähigkeit der verschiedenen Organisationskonzepte machen zu können (4.3).
Schließlich werden im Rahmen der personellen Voraussetzungen die vier idealtypischen Organisationskonzepte im Hinblick auf den zu ihrer Anwendung nötigen quantitativen und qualitativen Personalbedarf untersucht. Auch der Umgang mit Verhaltensunsicherheit bei den vier Organisationskonzepten wird in diesem Abschnitt thematisiert (4.4).
Aufgabe des vierten Kapitels ist es dabei ausdrücklich nicht, das 'optimale Organisationskonzept' eines internen M&A-Managements zu identifizieren. Vielmehr soll aufgezeigt werden, welche unternehmensspezifischen Voraussetzungen die organisatorische Ausgestaltung des internen M&A-Managements beeinflussen und welche Chancen und Risiken sich – unter Berücksichtigung dieser Voraussetzungen – bei der Durchführung eines solchen internen M&A-Managements ergeben können.

Da es sich bei der Problemstellung der vorliegenden Arbeit um ein sehr praxisrelevantes Thema handelt, besteht die Intention des *fünften Kapitels* darin, die zuvor beschriebenen Organisationskonzepte mit einem Praxisbeispiel zu belegen. Zu diesem Zweck wird das Fallbeispiel der Schmitt Gruppe in Stockstadt betrachtet. Es wird zunächst beschrieben, wie die organisatorische Anbindung des M&A-Managements geregelt ist. Weiterhin wird untersucht, inwiefern das gewählte Organisationskonzept und die unternehmensspezifischen Voraussetzungen miteinander harmonieren.

Das *sechste* Kapitel faßt die wesentlichen Ergebnisse der Arbeit zusammen und gibt einen Ausblick auf den weiteren Forschungsbedarf.

1.4 Begriffsklärung

Um ein einheitliches Verständnis der in dieser Arbeit verwendeten Begriffe sicherzustellen, sollen in diesem Abschnitt einige Definitionen vorgenommen werden. Im folgenden werden die Begriffe „Mergers and Acquisitions“, „M&A-Management“ sowie „unternehmensinternes M&A-Management“ abgegrenzt und erläutert.

- Mergers and Acquisitions

  Der Sammelbegriff *Mergers and Acquisitions (M&A)* umfaßt eine Reihe von Transaktionen, die auf den Erwerb oder die Veräußerung von Unternehmen(steilen) beziehungsweise auf den Zusammenschluß oder die Kooperation von Unternehmen ausgerichtet sind.[15] Diese recht umfassende Definition des Begriffs M&A läßt sich präzisieren, wenn man die beiden Bestandteile *Mergers* und *Acquisitions* separat betrachtet.

  Unter einem *Merger* versteht man die Fusion mindestens zweier bis dahin rechtlich selbständiger Unternehmen. Dieser Zusammenschluß kann mit oder ohne vorherigen Anteilserwerb erfolgen.[16] Man unterscheidet die *Fusion durch Aufnahme* von der *Fusion durch Neugründung*. Bei der Fusion durch Aufnahme wird das gesamte

---

[15] Vgl. Gösche (1991), S. 11.

[16] Vgl. Achleitner (1999), S. 137.

Vermögen eines Fusionspartners auf den anderen Fusionspartner übertragen.[17] Im Falle der Fusion durch Neugründung entsteht ein neues Unternehmen, auf das die beteiligten Fusionspartner ihr Vermögen übertragen.[18]

Demgegenüber bezeichnet die *Acquisition* den Erwerb von Unternehmen bzw. Unternehmensteilen.[19] Der Verkauf von Unternehmen oder Unternehmensteilen wird als Desinvestition (oder Divestment) bezeichnet.[20] Als Basis für die Verknüpfung von Käuferunternehmen und Akquisitionsobjekt kommen Kapitalanteilserwerb (share deal) und Vermögenserwerb (asset deal) in Betracht.[21] Die Akquisition durch Kapitalanteilserwerb setzt voraus, daß das Käuferunternehmen die Gesellschaftskapitalanteile des Zielunternehmens mehrheitlich übernimmt und somit die wirtschaftliche Leitung und Kontrolle ausüben kann. Erwirbt das Käuferunternehmen demgegenüber das Eigentum an der Vermögensgesamtheit eines Unternehmens(teils), erfolgt die Verknüpfung von Käufer- und Zielunternehmen mittels Vermögenserwerb.[22]

Für die weiteren Ausführungen wird der Begriff M&A folgendermaßen definiert:

Der Begriff M&A bezeichnet die Gesamtheit aller Transaktionen, die auf den Erwerb oder die Veräußerung von Unternehmen oder Unternehmensteilen mittels Übertragung von Vermögens- oder Kapitalanteilen sowie die Verschmelzung von Unternehmen durch Aufnahme oder Neugründung oder die Aufspaltung und den Verkauf von Unternehmen oder Unternehmensteilen gerichtet sind.[23]

---

[17] Vgl. Schubert/Küting (1981), S. 320.
[18] Vgl. Pausenberger (1989a), S. 624.
[19] Vgl. Craven (1995), Sp. 1444.
[20] Vgl. Jung (1983), S. 421.
[21] Vgl. Hagemann (1996), S. 57.
[22] Vgl. Gerpott (1993), S. 28 f.
[23] Zur sprachlichen Vereinfachung wird im folgenden nicht weiter unterschieden zwischen Unternehmenskäufen und Fusionen. Für beide werden die Begriffe *Unternehmensübernahme* und *Akquisition* als Synonyme verwendet. Ebenso wird keine explizite Unterscheidung zwischen Unternehmensverkäufen und Aufspaltungen vorgenommen. Stattdessen werden die Begriffe *Divestment* oder *Spin-Off* als Synonyme verwendet.

- M&A-Management

  Der Begriff M&A-Management kann in zwei Bedeutungsvarianten Anwendung finden:[24] Zum einen wird er im *funktionalen Sinne* verstanden als Beschreibung von Prozessen oder Aufgaben in arbeitsteiligen Organisationen. Somit ist das Management eine Funktion, die im Unternehmen wahrgenommen wird und auf verschiedene Bereiche und Tätigkeiten ausgerichtet sein kann.

  Zum anderen kann der Begriff Management auch im *institutionalen Sinne* verstanden werden. In diesem Fall werden damit bestimmte Personen bezeichnet, die Managementfunktionen im Unternehmen wahrnehmen.

  Der in dieser Arbeit verwendetet Begriff des M&A-Managements folgt demnach dem funktionalen Verständnis von Management, da er der Beschreibung von Prozessen und Tätigkeiten im Zusammenhang mit der Durchführung von M&A-Projekten dient.[25] Das Management von M&A-Transaktionen umfaßt mehr als die reine Beratungsfunktion in einem M&A-Projekt. Im Rahmen der hier vorliegenden Arbeit soll der Begriff folgendermaßen verstanden werden:

Das M&A-Management umfaßt die Planung, Entscheidung, Aufgabenübertragung und permanente rekursive Kontrolle sämtlicher Phasen des M&A-Prozesses.[26]

Die hier genannten Teilaufgaben des M&A-Managements dienen der Steuerung des gesamten M&A-Prozesses.

Die *Planungsaufgabe* beinhaltet die systematische Problemerkennung und Bereitstellung von Lösungsvorschlägen für jede Phase des M&A-Prozesses. Auch das Ableiten von Zielvorgaben in den einzelnen Phasen ist Bestandteil der Planungsfunktion.[27]

---

[24] Vgl. ausführlich zum Begriff des Management Staehle (1999), S. 71.

[25] Wird der Begriff Management in der vorliegenden Arbeit im institutionalen Sinne verstanden, erfolgt stets eine Präzisierung durch entsprechende Ergänzungen (z.B. Topmanagement, Middlemanagement u.ä.).

[26] Vgl. zur Steuerung des Problemlösungsprozesses in der BWL Thommen (1996), S. 57.

[27] Vgl. ausführlich zum Planungsbegriff Macharzina (1999), S. 297 ff.

Die *Entscheidungsaufgabe* besteht in der Auswahl einer von der Planung ausgearbeiteten Handlungsalternative für die jeweilige M&A-Phase sowie der Zuteilung der notwendigen Ressourcen.[28]

Bei der *Aufgabenübertragung* handelt es sich um die Festlegung von Aufgabenträgern, welche die im Rahmen der jeweiligen Prozeßphase anfallenden Teilaufgaben durchführen.[29]

Die rekursive *Kontrollfunktion* umfaßt die Überwachung der Arbeitsabläufe in den verschiedenen M&A-Phasen sowie die Überprüfung der dabei erzielten Resultate. Werden Abweichungen von den Planvorgaben festgestellt, können den jeweiligen Aufgabenträgern unmittelbar Änderungen mitgeteilt werden, so daß ein permanenter Rückkopplungsprozeß möglich ist.[30]

In jeder einzelnen Phase des M&A-Prozesses kommen die vier Steuerungsfunktionen Planung, Entscheidung, Aufgabenübertragung und rekursive Kontrolle zum Tragen. Die nachfolgende Abbildung (Abb. 1) zeigt den Zusammenhang zwischen M&A-Management und den einzelnen Prozeßphasen auf. Dabei werden die fünf Phasen Initiierung, Suche, Auswahl und Ansprache eines Kandidaten, Evaluierung des Partners, Vertragsverhandlung und -abschluß sowie Vorgehen nach Vertragsunterzeichnung unterschieden.[31]

[28] Vgl. Kieser/Oechsler (1999), S. 288 f.
[29] Vgl. Thommen/Achleitner (1998), S. 764.
[30] Vgl. Staehle (1999), S. 544.
[31] Die hier dargestellten Prozeßphasen werden in Kapitel 3.1 ausführlich dargestellt.

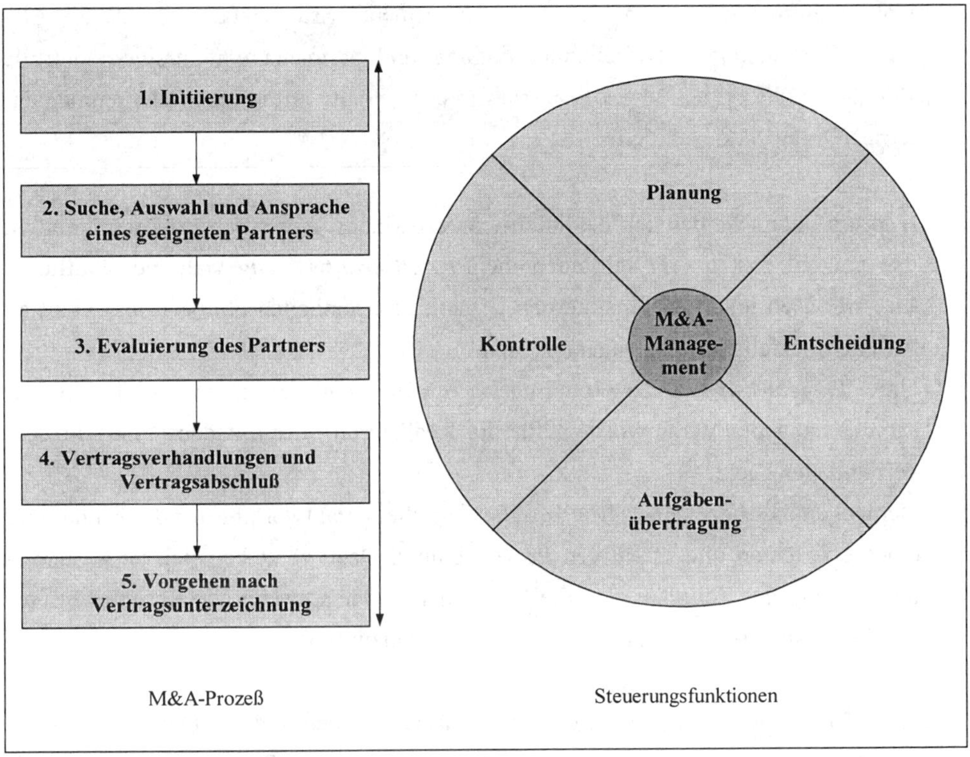

Abb. 1: Steuerungsfunktionen des M&A-Managements im M&A-Prozeß

- Unternehmensinternes M&A-Management

  Aufbauend auf dem in Abb. 1 dargestellten Zusammenhang zwischen dem M&A-Management im allgemeinen und den einzelnen Phasen des M&A-Prozesses, ist es nun möglich, ein einheitliches Verständnis für den Begriff des *unternehmensinternen M&A-Managements* zu schaffen.

Unter unternehmensinternem M&A-Management wird verstanden, daß die Planung, Entscheidung, Aufgabenübertragung und permanente rekursive Kontrolle sämtlicher Phasen des M&A-Prozesses in der Verantwortung von unternehmensinternen Organisationseinheiten liegen.

Insofern unterscheidet sich das interne M&A-Management vom externen dadurch, daß sowohl die *Projekt-* als auch die *Prozeßverantwortung* während sämtlicher M&A-Phasen unternehmensinternen Organisationseinheiten obliegen und nicht an externe Spezialisten ausgelagert werden.

Unter *Projektverantwortung* (oder auch *Projektleitung*) versteht man in diesem Zusammenhang die Verantwortung für die Realisierung der mit dem M&A-Projekt verbundenen Ziele.[32]

Demgegenüber bezeichnet die *Prozeßleitung* die Verantwortung für die Einhaltung eines effizienten und effektiven Prozeßablaufs. Dazu zählt beispielsweise die Überwachung des Zeitplans und die Koordination der notwendigen Ressourcen (sowohl Humanressourcen als auch Sach- und Finanzmittel).[33]

Welche Motive ein Unternehmen dazu veranlassen können, die zur Durchführung eines unternehmensinternen M&A-Managements notwendigen Ressourcen bereitzustellen, anstatt das M&A-Management an externe Spezialisten auszulagern, wird im folgenden erörtert.

---

[32] Vgl. Beck (1996), S. 106 f.
[33] Vgl. Becker/Kugeler/Rosemann (2000), S. 276. Vgl. auch Bogaschewsky/Rollberg (1998) S. 197.

2. Gründe für den Aufbau eines unternehmensinternen M&A-Managements

In diesem Kapitel soll der Frage nachgegangen werden, welche Motive ein Unternehmen dazu veranlassen können, ein unternehmensinternes M&A-Management zu institutionalisieren. Hierzu wird als Vergleichsmaßstab das externe M&A-Management herangezogen, das darin besteht, die Betreuung eines M&A-Projekts in Form der Projekt- und/oder Prozeßleitung an externe Berater auszulagern.
Die Gründe, die für die Institutionalisierung eines unternehmensinternen M&A-Managements sprechen, lassen sich in zwei unterschiedlichen Erklärungsansätzen zusammenfassen. Der erste dieser zwei Erklärungsansätze umfaßt diejenigen Gründe, die sich aus der Art der M&A-Transaktionen ergeben, die ein Unternehmen durchführt. Der zweite Erklärungsansatz basiert auf den Vorteilen, die durch eine ganzheitliche interne Betreuung entstehen und geht davon aus, daß die Problemlösungsqualität eines internen M&A-Managements höher ist als die eines externen.

2.1 Die Art der M&A-Transaktion als Erklärungsansatz

Dieser Erklärungsansatz greift auf die Grundlagen der Transaktionskostentheorie zurück, die sich mit der Frage auseinandersetzt, unter welchen Umständen die Koordination ökonomischer Aktivitäten innerhalb eines Unternehmens (Eigenerstellung) der Koordination derselben Aktivitäten am Markt (Fremdbezug) vorzuziehen ist.[34] Als Beurteilungskriterium für die Wahl zwischen Eigenerstellung und Fremdbezug bestimmter Leistungen werden die Transaktionskosten herangezogen. Unter Transaktionskosten versteht man sämtliche Kosten, die für die Anbahnung, den Abschluß, die Erhaltung sowie die Überwachung und Durchsetzung vertraglicher Leistungsbeziehungen eines Unternehmens anfallen.[35] Diejenigen Kosten, die vor Abschluß des eigentlichen Vertrages anfallen, wie beispielsweise Verhandlungskosten, Entwicklungskosten oder Planungskosten, werden als ex-ante Kosten bezeichnet. Nach Vereinba-

---

[34] Vgl. beispielsweise Coase, der sich schon 1937 mit dieser Thematik beschäftigt hat. Coase (1937), S. 386 – 405.
[35] Vgl. Picot (1993), Sp. 4195.

rung der Austauschbeziehungen entstehen den Leistungspartnern beispielsweise Managementkosten, Kosten der Qualitätsüberwachung oder Nachbesserung, die analog als ex-post Kosten bezeichnet werden.[36]
Da es sich bei der Durchführung des M&A-Managements ebenfalls um die Entscheidung zwischen Eigenerstellung (internes M&A-Management) und Fremdbezug (externes M&A-Management) handelt, kann auch hier die Transaktionskostentheorie als Entscheidungshilfe dienen. Als ex-ante Kosten im Zusammenhang mit dem M&A-Management sind solche Kosten zu nennen, die in den Phasen vor der Unterzeichnung des Übernahmevertrags anfallen (z.B. Kosten der Informationsbeschaffung). Ex-post Kosten fallen im Rahmen des M&A-Managements meist in der Integrations- beziehungsweise Desintegrationsphase an (z.B. Kosten der Zielüberwachung).

Die Höhe der Transaktionskosten wird im wesentlichen durch die Art oder Dimension der Transaktion bestimmt. Laut Williamson lassen sich drei Dimensionen von Transaktionen unterscheiden, nämlich

- die Spezifität,
- die Unsicherheit und
- die Häufigkeit einer Transaktion.[37]

Im folgenden soll aufgezeigt werden, wie sich diese drei Dimensionen im Falle des M&A-Managements darstellen und inwieweit dadurch die Entscheidung zur Internalisierung oder zur Auslagerung des M&A-Managements beeinflußt wird. Die zu betrachtende Transaktion, deren Dimensionen erörtert werden sollen, ist also das M&A-Management in seiner oben definierten Form.

---

[36] Vgl. Kieser (1999), S. 225 f.
[37] Vgl. Williamson (1990), S. 59 – 69.

2.1.1 Spezifität des M&A-Managements

Ein wesentliches Kennzeichen von Transaktionen ist die mit ihnen verbundene Spezifität. Der Spezifitätsbegriff läßt sich anhand der sogenannten Quasi-Renten erläutern.[38] Hierunter versteht man den Wertverlust, der eintritt, wenn ein Transaktionsobjekt (z.B. eine zur Durchführung der Transaktion notwendige Investition) nicht im Rahmen der beabsichtigten Transaktion, sondern in seiner nächstbesten Verwendungsmöglichkeit eingesetzt wird.[39] Eine Transaktion ist umso spezifischer, je höher der Wert der ihr beizumessenden Quasi-Rente ist.

Der Spezifitätsbegriff umfaßt verschiedene Formen der Spezifität. Als bekannteste Formen lassen sich die Sachkapitalspezifität (d.h. bestimmte Sachkapitalgüter müssen speziell aufeinander abgestimmt werden), die Standortspezifität (d.h. zwei aufeinanderfolgende Produktionsstufen sind aufgrund hoher Transportkosten auf räumliche Nähe angewiesen) und die Humankapitalspezifität (d.h. Investitionen in Humankapital sind nur in einer bestimmten wirtschaftlichen Beziehung sinnvoll).[40] Je spezifischer ein Transaktionsobjekt ist, desto höher sind die mit ihm verbundenen Transaktionskosten. Dies begründet sich durch die wachsende Abhängigkeit der Transaktionspartner und die damit verbundene Gefahr, von dem jeweils anderen ausgenutzt zu werden.[41] Um diese Gefahr zu umgehen, sind bestimmte Vorsichtsmaßnahmen bei der Vertragsverhandlung und bei der Nachbesserung und Überwachung des Vertrages nötig. Die Planung und Durchführung dieser Maßnahmen verursacht Transaktionskosten, die bei einer weniger spezifischen Transaktion gar nicht oder in geringerem Maße anfallen würden. Aus diesem Grunde bietet sich im Falle einer hohen Spezifität die Eigenerstellung der Transaktion an, weil damit das Risiko der Ausnutzung dieser Abhängigkeit durch einen externen Transaktionspartner umgangen wird und folglich die Transakti-

[38] Vgl. Beer (1998), S. 55.
[39] Vgl. Alchian (1984), S. 36 f.
[40] Einen Überblick über die genannten und weitere Spezifitätsformen geben Erlei/Leschke/ Sauerland (1999), S. 180 ff.
[41] Vgl. Grote (1990), S. 59.

onskosten geringer sind. Bei geringer Spezifität ist der Fremdbezug die Lösung mit den geringeren Transaktionskosten.[42]

Nachdem die wesentlichen Aussagen im Zusammenhang mit der Spezifität von Transaktionen in allgemeiner Form erläutert wurden, stellt sich nun das Problem der Übertragbarkeit dieses Konzeptes auf den Fall des M&A-Managements.
Dieser Problemstellung soll im folgenden anhand von drei Teilfragen nachgegangen werden.

1. *Wann ist das M&A-Management spezifisch und welche Art von Spezifität liegt vor?*

   Die Spezifität des M&A-Managements ergibt sich aus dem jeweiligen M&A-Projekt. Handelt es sich dabei beispielsweise um den Kauf eines bisherigen Konkurrenten, so kann es von Vorteil sein, über spezifische Branchenkenntnisse zu verfügen, um zu antizipieren, wie sich diese Übernahme auf das kaufende Unternehmen und den Rest der Branche auswirkt. Auch beim Erwerb eines Unternehmens mit einer ungewöhnlichen Rechtsform ist es beim Management diese Projektes hilfreich, wenn spezifisches rechtliches Know-how einfließen kann. Verallgemeinernd läßt sich also festhalten, daß die Spezifität des M&A-Managements dann besonders hoch ist, wenn in den einzelnen Phasen des M&A-Projektes spezifisches Know-how benötigt wird.
   Die Spezifität läßt sich auch hier mit Hilfe des Begriffs der Quasi-Rente erläutern.[43] Ist es beispielsweise nötig, für den Kauf eines Konkurrenten über spezifische Branchenkenntnisse zu verfügen, so ist dieses Wissen beim Kauf eines Unternehmens einer anderen Branche deutlich weniger hilfreich. Der Wertverlust, der sich dadurch ergibt, daß das branchenspezifische Know-how nur seiner zweitbesten Verwendung – in diesem Falle beim Kauf eines branchenfremden Unternehmens – zugeführt werden kann, verdeutlicht das Ausmaß an Spezifität, das dieses Wissen hat.

[42] Vgl. Erlei/Leschke/Sauerland (1999), S. 189.
[43] Vgl. Windsperger (1996), S. 966.

Je höher der Wertverlust – und damit die Quasi-Rente – ist, umso spezifischer ist das Wissen.
Die Spezifität des M&A-Managements leitet sich folglich in erster Linie aus dem jeweiligen Know-how ab, das für die Durchführung des M&A-Projekts notwendig ist. Aus diesem Grund entspricht der hier verwendete Spezifitätsbegriff am ehesten der Humankapitalspezifität, die sich durch das Erlernen spezifischer Fähigkeiten und spezifischen Wissens ergibt.[44]

2. *Welche Auswirkungen hat die Spezifität des M&A-Managements auf die Transaktionskosten?*

Wird bei der Durchführung des M&A-Managements spezifisches Wissen benötigt, so hat das Unternehmen die Wahl, dieses Wissen extern zu beziehen oder intern zu generieren. Entscheidet sich das Unternehmen für den Fremdbezug dieses Wissens am Markt, so begibt es sich in Abhängigkeit vom Anbieter dieses Wissens. Es besteht die Gefahr, daß der externe Anbieter dieses Abhängigkeitsverhältnis ausnutzt, indem er beispielsweise ein überdurchschnittliches Beraterhonorar verlangt, den zeitlichen Ablauf der Beratungsleistung vorgibt oder unternehmensspezifische Informationen im Eigeninteresse mißbraucht. Um dieses Risiko zu reduzieren, ist das Unternehmen gezwungen, bestimmte vertragliche Vorkehrungen zu treffen, die ein ausbeuterisches Verhalten des externen Anbieters unwahrscheinlich werden lassen.[45] Diese vertraglichen Vorkehrungen sind mit erhöhten Transaktionskosten für die Informationsbeschaffung, die Vertragsverhandlung und die Überwachung des Vertrags verbunden. Es läßt sich also verallgemeinernd festhalten, daß eine Externalisierung des M&A-Managements mit erhöhten Transaktionskosten verbunden ist, falls zur Durchführung des M&A-Managements spezifisches Wissen erforderlich ist.

---

[44] Vgl. Richter/Furubotn (1996), S. 143.
[45] Vgl. Thiele (1994), S. 994.

3. Welche Konsequenzen ergeben sich für die Internalisierung des M&A-Managements?

Unter dem Aspekt der Transaktionskosten ist es vorteilhaft, das M&A-Management intern durchzuführen, sofern dazu spezifisches Wissen notwendig ist. Auf diese Weise kann das Abhängigkeitsverhältnis, das zu einem externen Anbieter von spezifischem Wissen besteht, umgangen werden. Das heißt nicht, daß ein internes M&A-Management ohne Transaktionskosten erfolgen kann. Solche Transaktionskosten können beispielsweise durch die Überforderung der Unternehmensleitung oder Mißbrauchsmöglichkeiten durch die Zentralisierung von Entscheidungskompetenzen entstehen.[46] Allerdings kann davon ausgegangen werden, daß diese Transaktionskosten im Falle eines hohen Spezifitätsgrades des M&A-Managements in der Regel geringer ausfallen, als diejenigen zur Reduzierung des Abhängigkeitsverhältnisses bei einem externen M&A-Management.[47] Handelt es sich demgegenüber um die Durchführung eines M&A-Managements, das kein spezifisches Wissen erfordert, so sind die Transaktionskosten für die interne Abwicklung in der Regel höher als die der externen Abwicklung, weil die Gefahr der Ausnutzung des Abhängigkeitsverhältnisses durch den externen Transaktionspartner deutlich geringer ist. Folglich müssen bei der externen Durchführung des M&A-Managements keine besonderen Vorkehrungen getroffen werden, um opportunistisches Verhalten zu reduzieren. In diesem Fall würde es sich also unter Transaktionskostenaspekten anbieten, das M&A-Management an externe Anbieter auszulagern.

Die nachfolgende Abbildung (Abb. 2) zeigt den Zusammenhang zwischen Spezifitätsgrad des M&A-Managements und Entwicklung der Transaktionskosten.

[46] Vgl. Erlei/Leschke/Sauerland (1999), S. 190.

[47] Vgl. Williamson, der bei einer hohen Humankapitalspezifität unter Transaktionskostenaspekten für den Abschluß von Arbeitsverträgen und gegen marktliche Vertragsbeziehungen argumentiert. Williamson (1986), S 159.

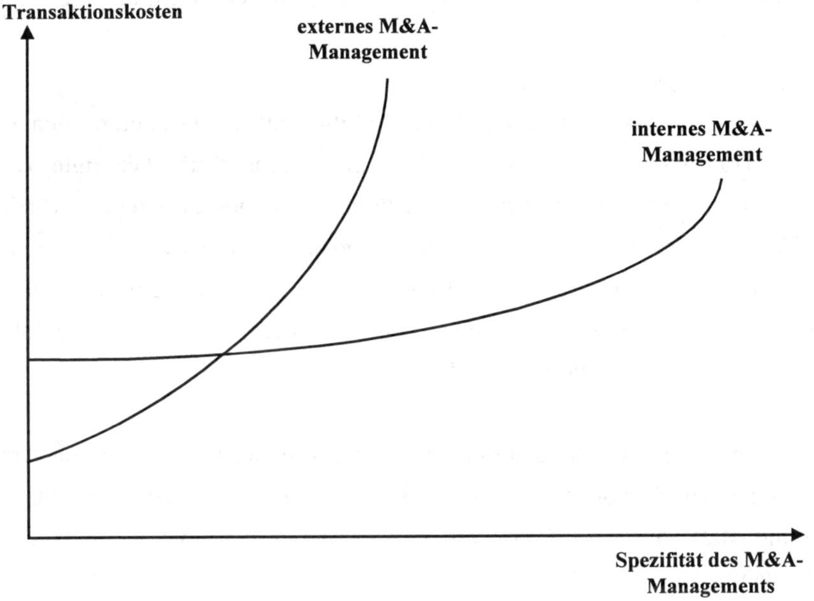

Abb. 2: Zusammenhang zwischen Spezifität des M&A-Managements und Transaktionskosten

2.1.2 Unsicherheit im M&A-Management

Neben der Spezifität wird das Umfeld einer Transaktion auch durch den Faktor Unsicherheit geprägt. Dabei lassen sich zwei Arten von Unsicherheit unterscheiden:[48]

- Situationsbezogene Unsicherheit
  Als Teil eines gesellschaftlichen Umfeldes ist ein Unternehmen zahlreichen Einflußfaktoren unterworfen, die in ihrer Gesamtheit nicht vorhersehbar sind. Folglich besteht Unsicherheit bezüglich zukünftiger Entwicklungen. Somit läßt sich diese Unsicherheit aus der Komplexität externer Einflüsse ableiten. Je mehr externe

[48] Vgl. Williamson (1990), S. 65 ff.

Einflüsse auf eine Transaktion einwirken, umso unsicherer wird deren erfolgreiche Realisierung.

- Verhaltensbezogene Unsicherheit
  Dieser Unsicherheitsfaktor besteht in der Möglichkeit des ausbeuterischen Verhaltens der Transaktionspartner. So muß jede an der Transaktion beteiligte Vertragspartei einkalkulieren, daß sich die andere Partei aus opportunistischen Gründen aus dem Vertragsverhältnis zurückzieht. Diese Formen der Unsicherheit können durch verschiedene Ausgestaltungen von Vertragsbeziehungen reduziert werden, womit jedoch Transaktionskosten verbunden sind (beispielsweise beim Abschluß einer Versicherung zur Ausschaltung von Risiken).

Für beide Formen der Unsicherheit gilt, daß mit wachsender Unsicherheit die Transaktionskosten steigen, da von den Transaktionspartnern mehr Eventualitäten ins Kalkül gezogen und Maßnahmen zur Unsicherheitsreduktion ergriffen werden müssen.[49] Um diese Maßnahmen durchzuführen, steigen sowohl die ex-ante anfallenden Informations- und Verhandlungskosten als auch die ex-post anfallenden Nachverhandlungs-, Konflikt- und Überwachungskosten.[50]

Die Entscheidung zwischen Eigenerstellung und Fremdbezug einer Leistung wird durch den Unsicherheitsfaktor einer Transaktion dahingehend beeinflußt, daß bei einem hohen Maß an verhaltensbedingter Unsicherheit die Eigenerstellung mit geringeren Transaktionskosten verbunden und somit vorteilhaft ist, um das Risiko von Opportunismus zu reduzieren.[51] Bei situationsbedingter Unsicherheit kann demgegenüber ein Fremdbezug der Leistung vorzuziehen sein, wenn ein externer Transaktionspartner die Situation besser einschätzen kann als ein interner.

Auch die Unsicherheitsproblematik soll im folgenden auf den Fall des M&A-Managements übertragen werden, um zu prüfen, inwieweit dadurch die Entscheidung zum Aufbau eines unternehmensinternen M&A-Managements beeinflußt wird. Zu die-

[49] Vgl. Picot/Dietl (1990), S. 179.
[50] Vgl. Beer (1998), S. 56.
[51] Vgl. Picot (1993), Sp. 4200.

sem Zweck wird die Übertragung des Konzeptes der Unsicherheit auf das M&A-Management wiederum in Form dreier Teilfragen vorgenommen.

1. *Wann ist das M&A-Management von Unsicherheit geprägt und welche Art von Unsicherheit liegt vor?*

Die Durchführung des M&A-Managements ist dann mit Unsicherheit behaftet, wenn verschiedene externe Einflüsse auf das M&A-Projekt einwirken, die nur unzureichend antizipiert werden können. Diese Einflüsse können sowohl situations- als auch verhaltensbedingt sein, so daß beide Formen der Unsicherheit beim Management von M&A-Projekten auftreten können.
Situationsbedingte Unsicherheit kann sich beispielsweise bei einem grenzüberschreitenden Unternehmenskauf ergeben. Durch den Eintritt in einen unbekannten Markt mit einem fremden rechtlichen und politischen System können unvorhergesehene Einflüsse eintreten (z.B. infolge landesspezifischer gesetzlicher Anforderungen), welche die Durchführung des M&A-Managements nachhaltig behindern. Diese Art von Unsicherheit erschwert insbesondere die Planung als eine der vier Steuerungsfunktionen des M&A-Managements.
Verhaltensbedingte Unsicherheit im M&A-Management kann entstehen, wenn die M&A-Verantwortlichen ihre Position ausnutzen und nicht im Interesse des Unternehmens handeln, sondern in ihrem persönlichen Interesse.[52] Ist beispielsweise die Durchführung eines Unternehmenskaufs für den Verantwortlichen des M&A-Managements von persönlichem Interesse, weil mit der Vertragsunterzeichnung eine Erfolgsprämie für ihn fällig wird, besteht die Gefahr, daß er auf ihm bekannte Risiken in Verbindung mit dem Unternehmenskauf nicht hinweist, um die Vertragsunterzeichnung nicht zu gefährden. Hierbei würde es sich um eine Form opportunistischen Verhaltens handeln, die für das Unternehmen, das den Kauf durchführen möchte, schädlich wäre. Aus diesem Grund ist es im Interesse des Unter-

[52] Die Unsicherheitsproblematik wird auch dadurch geprägt, daß es sich bei dem M&A-Management um ein sogenanntes Vertrauensgut handelt, bei dem das Unternehmen auf die Erfüllung seiner Erwartungen durch den Anbieter vertrauen muß. Vgl. Weiber/Adler (1995), S. 69.

nehmens, diese verhaltensbedingte Unsicherheit zu reduzieren beziehungsweise auszuschließen.

2. *Welche Auswirkungen hat die Unsicherheit des M&A-Managements auf die Transaktionskosten?*

Unsicherheit im M&A-Management erhöht die Transaktionskosten, weil das betroffene Unternehmen Maßnahmen zur Unsicherheitsreduktion durchführen muß.
Bei situationsbedingter Unsicherheit steigen insbesondere die Kosten der Informationsbeschaffung vor der Unterzeichnung des Kaufvertrags stark an. Durch ein verbessertes Informationsmanagement wird versucht, die Anzahl unvorhersehbarer Einflüsse zu reduzieren und somit die Planungssicherheit in den einzelnen Phasen des M&A-Projekts zu verbessern. Auch die Kosten für die Nachverhandlung des Kaufvertrags können steigen. Dies ist dann der Fall, wenn bestimmte unvorhergesehene Einflüsse nachträglich zu Vertragsanpassungen führen (z.B. aufgrund von Haftungsregeln).[53]
Verhaltensbedingte Unsicherheit erhöht die Transaktionskosten hauptsächlich durch die notwendige Überwachung derer, die mit der Durchführung des M&A-Managements beauftragt sind.[54] Neben der Überwachung besteht auch die Möglichkeit, die Verantwortlichen des M&A-Managements mit Hilfe geeigneter Anreiz- und Sanktionsmechanismen zu steuern und das Risiko opportunistischen Verhaltens zu reduzieren. Der Aufbau und die Anwendung solcher Systeme ist allerdings ebenfalls mit erhöhten Transaktionskosten verbunden.
Es läßt sich folglich festhalten, daß beide Formen der Unsicherheit die Transaktionskosten erhöhen.

[53] Vgl. Moser (1991a), S. 104 ff.
[54] Vgl. Richter/Bindseil (1995), S. 137.

3. Welche Konsequenzen ergeben sich für die Internalisierung des M&A-Managements?

Das Auftreten von Unsicherheiten im Rahmen des M&A-Managements läßt keine eindeutige Antwort bezüglich Eigenerstellung oder Fremdbezug des M&A-Managements zu. Vielmehr ist eine differenzierte Betrachtung nötig.
Während bei situationsbedingter Unsicherheit die Auslagerung des M&A-Managements unter dem Aspekt der Transaktionskosten vorteilhaft sein kann, erscheint beim Auftreten verhaltensbedingter Unsicherheit die Internalisierung des M&A-Managements sinnvoll.

Bei situationsbedingter Unsicherheit wird der Ablauf des M&A-Projekts durch das Eintreten unvorhergesehener Umstände beeinträchtigt. Betrachtet man hier wieder den Fall eines grenzüberschreitenden Unternehmenskaufs und die Risiken, die sich durch den Eintritt in ein fremdes Rechtssystem ergeben, so können diese Risiken unter Umständen reduziert werden, wenn das M&A-Management durch einen Experten mit entsprechendem Rechts- und Landes-Know-how durchgeführt wird.[55] Ein solcher Experte wird in der Regel nicht in dem Unternehmen anzutreffen sein, welches das M&A-Projekt durchführt. Meist handelt es sich dabei um einen externen Berater (z.B. Rechts- oder Steuerberater sowie Investmentbank), der schon des öfteren M&A-Projekte in diesem speziellen Land betreut hat und sich dabei eine entsprechende Expertise angeeignet hat.[56] Diese Expertise begünstigt eine bessere Informationsbereitstellung im Vorfeld der Vertragsunterzeichnung und reduziert damit auch die Notwendigkeit zur nachträglichen Nachbesserung des Kaufvertrags. Es wird deutlich, daß zur Reduzierung situationsbedingter Unsicherheit die Auslagerung des M&A-Managements an externe Berater sinnvoll sein kann.

---

[55] Vgl. Moser (1991a), S. 31.
[56] Vgl. Jung (1983), S. 159.

Handelt es sich demgegenüber um eine verhaltensbedingte Form von Unsicherheit, die reduziert werden soll, kann die interne Abwicklung des M&A-Managements vorteilhaft sein, da sie mit geringeren Transaktionskosten verbunden ist. Verhaltensbedingte Unsicherheit im Zusammenhang mit der Durchführung des M&A-Managements wurde zuvor beschrieben als die Gefahr opportunistischen Verhaltens derjenigen, in deren Verantwortung das M&A-Management liegt. Durch dieses opportunistische Verhalten werden die persönlichen Ziele der Verantwortlichen des M&A-Managements in den Vordergrund gerückt, während die Ziele des Unternehmens, welches das M&A-Projekt durchführt, unter Umständen unberücksichtigt bleiben. Liegt die Verantwortung des M&A-Managements in den Händen von Mitarbeitern des Unternehmens, so sind diese in der Regel besser kontrollier- und steuerbar als externe Berater.[57] Im Rahmen eines internen M&A-Managements kann auf bereits bestehende Anreiz- und Kontrollmechanismen im Unternehmen zurückgegriffen werden. Die Transaktionskosten sind folglich geringer als beim Einsatz externer Berater, für die spezielle Überwachungssysteme oder Vertragsvereinbarungen eingerichtet werden müssen, um das Risiko opportunistischen Verhaltens zu reduzieren. Allerdings muß auch berücksichtigt werden, daß bei externen Beratern höhere Schadenersatzforderungen geltend gemacht werden können, was die Gefahr opportunistischen Verhaltens reduziert. Ebenso ist die Aussicht auf Anschlußaufträge ein wirksames Mittel, um diese Gefahr eindämmen zu können.[58]

Es wird deutlich, daß die Unsicherheit als Transaktionsdeterminante keine eindeutige Aussage bezüglich der Internalisierung des M&A-Managements zuläßt. Je nachdem, ob es sich um situations- oder verhaltensbedingte Unsicherheit handelt, können unterschiedliche Vorgehensweisen bezüglich Eigenerstellung oder Fremdbezug des M&A-Managements sinnvoll sein.

[57] Vgl. Kehrer/Schade (1995), S. 470.

[58] In diesem Fall verhindert das beiderseitige Interesse der Vertragsparteien an einer längerfristigen Geschäftsbeziehung opportunistisches Verhalten. Vgl. Axelrod/Keohane (1985/86), S. 232.

2.1.3 Häufigkeit des M&A-Managements

Die dritte Transaktionsdeterminante, die einen Einfluß auf die Entscheidung zwischen Eigenerstellung und Fremdbezug einer Leistung hat, ist die Transaktionshäufigkeit. Je häufiger eine bestimmte Transaktion durchzuführen ist, desto eher lohnt sich die Institutionalisierung einer eigens dafür zuständigen internen Organisationseinheit. Der Zusammenhang erklärt sich dabei über die Möglichkeit zur Nutzung von Größen- und Spezialisierungsvorteilen. Der Aufbau eines internen Bereichs zur Abwicklung einer bestimmten Transaktion ist mit erhöhten Kosten verbunden. Solche Kosten entstehen beispielsweise für die Bereitstellung von Räumlichkeiten und Sachanlagen, für Mitarbeitergehälter und für die Institutionalisierung spezialisierter Steuerungs- und Überwachungssysteme, die konkret auf den neugeschaffenen internen Bereich ausgerichtet sind.[59] Ob diese hohen Kosten zu rechtfertigen sind, hängt zum einen vom Nutzen ab, den der interne Bereich stiftet, zum anderen von seinem Auslastungsgrad. Der Auslastungsgrad wiederum ergibt sich durch die Häufigkeit, mit der eine Transaktion von diesem internen Bereich durchgeführt wird. Je häufiger die Leistungserstellung intern stattfindet, umso eher amortisieren sich die Beschaffungs- und Transaktionskosten für die Einrichtung einer entsprechenden Organisationseinheit und der erwähnten Steuerungssysteme. Folglich kann bei zunehmender Wiederholung der internen Leistungserstellung davon ausgegangen werden, daß die Durchschnittskosten je Transaktion sinken.[60] Für die Entscheidung zwischen Eigenerstellung und Fremdbezug einer Leistung ergibt sich daher, daß mit zunehmender Häufigkeit die Eigenerstellung vorteilhaft ist.[61]

Auch die Häufigkeit als Transaktionsdeterminante läßt sich auf den Fall des M&A-Managements übertragen. Die Erläuterung erfolgt anhand der nachfolgenden Teilfragen.

---

[59] Vgl. Williamson (1990), S. 69.

[60] Die Durchschnittskosten je Transaktion ergeben sich aus der Summe von Produktions-/Beschaffungs- und Transaktionskosten je Transaktion. Vgl. Beer (1998), S. 56.

[61] Vgl. Feldmann (1995), S. 52.

1. Was bedeutet "Häufigkeit" im Zusammenhang mit M&A-Management?

Ein Unternehmen wird häufig auf ein M&A-Management zurückgreifen müssen, wenn die Durchführung von M&A-Projekten zu einem wesentlichen Bestandteil der Unternehmenstätigkeit gehört. Dies ist beispielsweise der Fall bei Unternehmen, die über ein umfangreiches Geschäftsfeldportfolio verfügen und dieses mit Hilfe von Unternehmenskäufen oder Unternehmensverkäufen umstrukturieren möchten.

Weiterhin ist das M&A-Management für solche Unternehmen bedeutsam, die verstärkt auf externes Unternehmenswachstum angewiesen sind. Dies gilt beispielsweise für Unternehmen bestimmter Branchen, für die ein internes Unternehmenswachstum aus verschiedenen Gründen nicht oder nur schwer zu realisieren ist. Mögliche Ursachen dieser hohen Relevanz des externen Unternehmenswachstums sind beispielsweise die hohe Forschungsintensität (wie z.B. im Pharmabereich) oder der schnelle technologische Wandel (wie z.B. in der Informationstechnologie).[62] In diesen Fällen sind die Unternehmen darauf angewiesen, das notwendige Know-how zum Großteil durch Unternehmenskäufe zu erwerben, da der interne Aufbau von Spezialwissen zu langwierig oder zu kostenintensiv wäre.

Als wesentliche Voraussetzung für die Häufigkeit des M&A-Managements gilt folglich, daß die Durchführung von M&A-Projekten für das jeweilige Unternehmen keine Ausnahmeerscheinung darstellt.

2. Welche Auswirkungen hat die Häufigkeit des M&A-Managements auf die Transaktionskosten?

Je häufiger M&A-Projekte von einem Unternehmen durchgeführt werden, umso eher bietet es sich an, zu diesem Zweck spezifisches Wissen intern aufzubauen. Der Aufbau dieses Wissens, beispielsweise in Form einer eigenständigen Organisationseinheit zur Durchführung des M&A-Managements, ist mit entsprechenden

---

[62] Vgl. auch Kap. 4.1.3 der vorliegenden Arbeit.

Transaktionskosten für die Steuerung und Überwachung der beteiligten Mitarbeiter verbunden.[63] Gleichzeitig können durch den Zugriff auf internes Know-how Honorarkosten für den Einsatz externer Berater gespart werden. Mit zunehmender Häufigkeit des M&A-Managements übersteigen die Einsparungen durch den Verzicht auf externe Berater die Beschaffungs- und Transaktionskosten für den Aufbau und die Überwachung der internen Organisationseinheit.

3. Welche Konsequenzen ergeben sich für die Internalisierung des M&A-Managements?

Zur Beantwortung der Frage, welchen Einfluß die Häufigkeit des M&A-Managements auf die Entscheidung zur Internalisierung hat, sind die Durchschnittskosten zu betrachten. Diese ergeben sich im Falle des internen M&A-Managements aus den Kosten für die Gehälter der beteiligten Mitarbeiter sowie den Beschaffungs- und Transaktionskosten für den Aufbau des spezifischen Wissens, die Bereitstellung notwendiger Sachmittel und die Überwachung und Steuerung dieser Mitarbeiter. Im Falle des externen M&A-Managements ergeben sich die Durchschnittskosten aus dem Honorar für den externen Berater, das in der Regel deutlich über den Kosten für die Mitarbeitergehälter liegt und den Transaktionskosten zur Überwachung dieser Berater, um ebenfalls das Risiko opportunistischen Verhaltens zu reduzieren. Wie im vorhergehenden Abschnitt gezeigt wurde, sind die Transaktionskosten zur Überwachung externer Berater in der Regel höher als die zur Überwachung interner Mitarbeiter, da auch die verhaltensbedingte Unsicherheit größer ist.

Würde ein Unternehmen nur ein einziges M&A-Projekt durchführen, so wären die Durchschnittskosten des internen M&A-Managements relativ hoch, da die Transaktionskosten für den Aufbau des notwendigen Wissens komplett berücksichtigt werden müßten. Je mehr M&A-Projekte das Unternehmen allerdings durchführt, umso

[63] Vgl. Elschen (1988), S. 248.

geringer werden die Durchschnittskosten, weil die Ausgaben für den Aufbau spezifischen Wissens auf mehrere Projekte verteilt werden. Gleichzeitig fallen beim externen M&A-Management höhere Kosten für Beraterhonorare sowie die Überwachung der externen Berater an, so daß die Durchschnittskosten über denen des internen M&A-Managements liegen. Es läßt sich also ableiten, daß zur Minimierung der Durchschnittskosten im M&A-Management die interne Durchführung vorzuziehen ist, sobald M&A-Projekte mit einer gewissen Häufigkeit auftreten.

2.1.4 Fazit

In den vorhergehenden Abschnitten wurde gezeigt, inwieweit die Dimensionen Spezifität, Unsicherheit und Häufigkeit des M&A-Managements einen Einfluß auf die Entscheidung zur Internalisierung des M&A-Managements haben können. Dabei wurde deutlich, daß mit steigender Spezifität und steigender Häufigkeit des M&A-Managements in der Regel eine interne Abwicklung unter dem Aspekt der Minimierung von Transaktions- beziehungsweise Durchschnittskosten vorteilhaft ist. Bezüglich der Unsicherheit konnte keine eindeutige Aussage über die Vorteilhaftigkeit des internen M&A-Managements getroffen werden. Festzuhalten bleibt, daß ein hohes Maß an Spezifität und verhaltensbedingter Unsicherheit sowie eine hohe Wiederholungshäufigkeit der Durchführung eines M&A-Managements Gründe für den Aufbau eines unternehmensinternen M&A-Managements darstellen.

2.2 Die Problemlösungsqualität als Erklärungsansatz

Dieser Erklärungsansatz geht davon aus, daß die Problemlösungsqualität eines internen M&A-Managements in der Regel höher ist als die eines externen.[64] Die Problemlösungsqualität bestimmt sich dabei durch die Verträglichkeit zwischen der jeweiligen Problemstellung und dem Problemlösungspotential des jeweiligen Problemlösers.[65] Im Falle des M&A-Managements besteht die Problemstellung in der Planung, Entscheidung, Aufgabenübertragung und permanenten rekursiven Kontrolle sämtlicher Phasen des M&A-Prozesses. Als Problemlöser stehen beim internen M&A-Management die Mitarbeiter des Unternehmens zur Verfügung, welches das M&A-Projekt durchführt. Beim externen M&A-Management kommen als Problemlöser verschiedene Arten externer Berater in Frage.

Die Problemlösungsqualität läßt sich in drei verschiedenen Bereichen erkennen:[66]

- *Informationskompatibilität*: Hierunter versteht man das Ausmaß der Übereinstimmung zwischen der Fähigkeit, Informationen zu beschaffen, beziehungsweise den bereits vorhandenen Informationen und dem Kenntnisstand, der zur Problemlösung nötig ist.

- *Kalkülkompatibilität*: Diese bezeichnet das Ausmaß der Übereinstimmung zwischen der Fähigkeit der Informationsverarbeitung eines Problemlösers und dem Umfang beziehungsweise der Komplexität der Aufgabenstellung.

- *Anreizkompatibilität*: Darunter versteht man das Ausmaß der Verträglichkeit der Ziele, welche die Aufgabenträger bei der Erfüllung der Aufgabe verfolgen, mit denen des Auftraggebers.

[64] Ähnliche Erkenntnisse lassen sich auch für die Entscheidung zwischen Eigenerstellung und Fremdbezug von Unternehmensberatungsleistungen ableiten und ergeben sich insbesondere aus dem exakteren unternehmensspezifischen Spezialwissen interner Berater. Vgl. Perlitz (1975), S. 18.
[65] Laux/Liermann sprechen in diesem Zusammenhang auch von der sogenannten Anforderungskompatibilität. Vgl. Laux/Liermann (1997), S. 240.
[66] Vgl. Laux/Liermann (1997), S. 256 f. beziehungsweise S. 240.

Im folgenden soll gezeigt werden, daß diese drei Elemente der Problemlösungsqualität bei einem internen M&A-Management in der Regel besser erfüllt werden können als im Falle des externen M&A-Managements. Daraus ergibt sich, daß die Problemlösungsqualität des internen M&A-Managements höher ist als die des externen, was als wesentlicher Grund für den Aufbau eines unternehmensinternen M&A-Managements berücksichtigt werden sollte.

2.2.1 Informationskompatibilität

Die Informationskompatibilität im M&A-Management bezeichnet die Fähigkeit der M&A-Verantwortlichen, die zur Problemlösung notwendigen Informationen zu beschaffen, beziehungsweise den Vorteil, bereits über einen hohen Kenntnisstand zur Problemlösung zu verfügen. Die Informationsbeschaffung und der Zugriff auf bereits vorhandene Informationen sind während sämtlicher Phasen des M&A-Prozesses von großer Bedeutung.[67] Sie bilden eine wichtige Grundlage des M&A-Managements, da die Steuerungsfunktionen Planung, Entscheidung, Aufgabenübertragung und Kontrolle von diesen Informationen abhängen. Es stellt sich nun die Frage, ob die Beschaffung M&A-spezifischer Informationen tendenziell besser durch ein internes oder durch ein externes M&A-Management durchgeführt werden kann. Des weiteren gilt es zu prüfen, ob die bereits vorhandene Informationsbasis zur Durchführung des M&A-Managements im Falle der internen Durchführung höher ist als bei der Auslagerung des M&A-Managements. Zur Beantwortung dieser Frage sollen die beiden Elemente der Informationskompatibilität – die Informationsbeschaffung und der bereits vorhandene Informationsstand – getrennt betrachtet werden:

- Bei der *Informationsbeschaffung* geht es darum, Informationen über die Geschäftsaktivitäten und das Wettbewerbsumfeld des Akquisitionsobjektes im Falle eines Unternehmenskaufs bzw. des potentiellen Käufers im Falle eines Unternehmensverkaufs zu erhalten.[68] Dazu zählen unter anderem Angaben zur Gesellschaft, In-

[67] Vgl. Weiss (1990), S. 379.
[68] Vgl. Craven (1995), Sp. 1450.

formationen über die finanzielle und steuerliche Lage des Kaufobjektes, Informationen über das Management, die Organisation, die Produkte und deren Vermarktung.[69] Auch Informationen über die Branche und die Wettbewerbssituation des Akquisitionsobjektes sind wichtig, um den Transaktionserfolg sicherzustellen. Die Problematik der Informationsbeschaffung beim Unternehmenskauf besteht darin, daß es zu Beginn eines M&A-Projektes meist schwierig ist, aussagefähige Informationen über das zu erwerbende Unternehmen zu erhalten. Erst mit zunehmender Verhandlungsreife ist der Veräußerer bereit, detailliertere Informationen preiszugeben.[70] Diese Informationen werden dann allerdings nicht unbedingt an alle Interessenten weitergeleitet. So besteht oft eine Hemmschwelle beim Verkäufer, Informationen an einen potentiellen Käufer zu geben, da dieser nach wie vor als Konkurrent betrachtet wird. Statt dessen ist es oft weniger kritisch, dieselben Informationen an einen "neutralen Dritten" weiter zu reichen, von dem man entsprechende Diskretion erwarten kann.

Für das M&A-Management bedeutet dies, daß die Informationsbeschaffung durch interne Mitarbeiter oft erschwert werden kann, da das Verkäuferunternehmen noch nicht über ein genügendes Maß an Vertrauen verfügt. Daher stößt ein unternehmensinternes M&A-Management bei der Informationsbeschaffung häufig an Grenzen, die sich für Externe nicht in diesem Maße stellen, da ihnen eine neutrale Rolle unterstellt wird. Weiterhin kann die Fähigkeit, Informationen zu beschaffen ebenfalls bei externen M&A-Spezialisten stärker ausgeprägt sein, insbesondere wenn es sich um Informationen handelt, die nicht im Unternehmen selbst vorhanden sind.[71] Aus diesem Grund scheint das externe M&A-Management besser geeignet zu sein, Informationen über ein Akquisitionsobjekt zu beschaffen.[72]

---

[69] Für eine detailliertere Auflistung der Informationsinhalte vgl. Weiss (1990), S. 377 – 392.

[70] Vgl. Helling (1998), S. 36.

[71] Informationen innerhalb des Unternehmens können demgegenüber oft besser durch interne Mitarbeiter beschafft werden. Vgl. Oefinger (1986), S. 107.

[72] Dieser Vorteil verstärkt sich durch den Einsatz standardisierter Methoden zur Informationsbeschaffung, über die externe Berater häufig verfügen. Vgl. Schade (1995), S. 69.

- Bestimmte Informationen, die zur Durchführung des M&A-Managements notwendig sind, müssen nicht beschafft werden, sondern sind bereits beim Problemlöser vorhanden (*Informationsstand*). Bei diesen Informationen handelt es sich weniger um konkrete Informationen über das Akquisitionsobjekt oder einen potentiellen Käufer als vielmehr um bestimmte Kenntnisse bezüglich der Durchführung der einzelnen Phasen des M&A-Prozesses. Inwieweit diese Kenntnisse vorhanden sind, ist in starkem Maße abhängig von den Erfahrungen, die der Problemlöser bereits im M&A-Management gemacht hat. Zwar kann man davon ausgehen, daß externe M&A-Berater tendenziell über einen größeren Erfahrungsschatz im M&A-Management verfügen, da die Betreuung von M&A-Projekten zu ihren Kernaufgaben zählt. Auf der anderen Seite darf man jedoch nicht vernachlässigen, daß bestimmte Unternehmen sich bereits eine grundlegende Expertise über die Durchführung von M&A-Projekten angeeignet haben und daher ebenfalls über einen hohen Kenntnisstand bezüglich der Durchführung des M&A-Managements verfügen. Daher läßt sich hinsichtlich dieses Elements der Informationskompatibilität keine eindeutige Aussage über die Vorteilhaftigkeit des internen gegenüber dem externen M&A-Management treffen.

Bezüglich der Informationskompatibilität kann offensichtlich keine eindeutige Entscheidung zugunsten des internen beziehungsweise externen M&A-Managements getroffen werden. Während die Informationsbeschaffung tendenziell besser durch externe Berater erfolgt, kann die bereits vorhandene Informationsbasis sowohl beim externen als auch beim internen M&A-Management gut ausgeprägt sein.

2.2.2 Kalkülkompatibilität

Die Kalkülkompatibilität im M&A-Management bezeichnet die Fähigkeit der Verantwortlichen, die zur Problemlösung notwendigen Informationen zu verarbeiten, und dabei der Bedeutung, dem Umfang und der Komplexität des M&A-Projekts gerecht zu werden.

Nachdem die Informationsbeschaffung abgeschlossen worden ist, geht es in einem nächsten Schritt darum, die gewonnenen Informationen zu verarbeiten. Hiermit sind zwei wesentliche Risiken verbunden:
Zum einen besteht die Gefahr, daß bei der Informationsweitergabe wichtige Details verlorengehen. Da sich die Informationsverarbeitung über den gesamten M&A-Prozeß erstreckt, besteht v.a. an den Schnittstellen zwischen den verschiedenen M&A-Phasen das Risiko, daß wertvolle Informationen verlorengehen oder verspätet beziehungsweise unvollständig weitergegeben werden.[73]
Zum anderen besteht das Risiko der Fehlinterpretation der gewonnenen Informationen, denn die Informationsverarbeitung ist stets auch mit einer subjektiven Interpretation des Problemlösers verbunden. Dies gilt es zu berücksichtigen, wenn bereits verarbeitete und aggregierte Informationen als Entscheidungsgrundlage herangezogen werden.[74]

Zur Vermeidung solcher Risiken ist es sinnvoll, die wesentlichen Informationen an einer zentralen Stelle zu bündeln und den Projektverantwortlichen den Zugriff zu diesen Informationen zu ermöglichen. Zu diesem Zweck scheint ein unternehmensinternes M&A-Management deutlich besser geeignet, als ein externes M&A-Management. Die Schnittstellenproblematik ist hier geringer, da die Informationen lediglich innerhalb des Unternehmens weitergeleitet und verarbeitet werden müssen. Natürlich besteht auch hier das Risiko eines Informationsverlustes, jedoch kann die Informationsweitergabe innerhalb des Unternehmens besser gesteuert und kontrolliert werden. Auch die Interpretation der Informationen erfolgt beim internen M&A-Management vor einem anderen Hintergrund als beim externen M&A-Management. Die Mitarbeiter eines internen M&A-Managements besitzen deutlich bessere Kenntnisse über das Unternehmen, welches das M&A-Projekt durchführen möchte, als externe Berater.[75] Vor diesem Hintergrund gewinnen die Informationen einen anderen Stellenwert, da sie stets im Zusammenhang mit der Unternehmenssituation und den Unternehmenszielen interpretiert werden können.

---

[73] Vgl. Nitschke/Brunnert (1998), S. 39.
[74] Vgl. Spickers (1994), S. 490.
[75] Vgl. Heigl (1971), S. 3.

Bezüglich der Kalkülkompatibilität läßt sich daher schlußfolgern, daß die Informationsverarbeitung im Rahmen eines internen M&A-Managements effektiver erfolgen kann als bei einem externen M&A-Management, da die Situation und die Ziele des agierenden Unternehmens in stärkerem Maße berücksichtigt werden.

2.2.3 Anreizkompatibilität

Unter der Anreizkompatibilität im M&A-Management versteht man die Übereinstimmung zwischen den persönlichen Zielen der Verantwortlichen des M&A-Managements und den Zielen des Unternehmens.[76] Dabei kann die Situation zwischen dem Unternehmen und den Verantwortlichen des M&A-Managements als typisches Prinzipal-Agenten-Verhältnis dargestellt werden. Im Zentrum der Prinzipal-Agenten-Theorie steht die Analyse von Auftragsbeziehungen zwischen einem Auftraggeber (Prinzipal) und einem Auftragnehmer (Agent).[77] Im Falle des M&A-Managements übernimmt das Unternehmen die Rolle des Prinzipals, während die Verantwortlichen des M&A-Managements als Agenten bezeichnet werden können.

Der Auftraggeber delegiert Entscheidungs- und Ausführungskompetenzen an den Auftragnehmer mit dem Ziel, dadurch die Effizienz seiner ökonomischen Aktivitäten zu steigern (z.B. weil der Auftraggeber nicht die nötige Zeit oder das nötige Know-how besitzt, um die Aufgabe selbst zu erfüllen). Dabei ist zu berücksichtigen, daß der Agent (der M&A-Verantwortliche) bezüglich der ihm übertragenen Aufgabe (Durchführung des M&A-Managements) einen Informationsvorsprung (z.B. in Form genauerer Kenntnis über das potentielle Akquisitionsobjekt oder den potentiellen Käufer) gegenüber dem Prinzipal (Unternehmen, das eine Übernahme oder ein Divestment plant) besitzt und daß Prinzipal und Agent unterschiedliche Ziele verfolgen können.[78] So verfolgt beispielsweise das Unternehmen mit dem Kauf eines anderen Unternehmens das Ziel der Nutzung von Synergieeffekten, während der Verantwortliche des M&A-Managements daran interessiert ist, ein möglichst hohes Beraterhonorar bei Abschluß

[76] Vgl. ausführlich Laux (1990), S. 277.
[77] Vgl. Spremann (1988), S. 614.
[78] Zum Thema Informationsasymmetrie vgl. Spremann (1990), S. 561 ff. sowie Newman (1993), S. 293. Vgl. auch Hucke (1994), S. 397.

des M&A-Projekts zu erhalten. Damit nun der Verantwortliche des M&A-Managements trotz seiner eigenen Ziele auch die Ziele des Unternehmens berücksichtigt, ist es nötig, seine Leistung zu steuern und zu kontrollieren. Dies ist für den Prinzipal mit Kosten verbunden.[79]

Bezüglich der Anreizkompatibilität stellt sich nun die Frage, ob die Steuerung und Kontrolle eines internen M&A-Managements einfacher und mit geringeren Kosten verbunden ist als die eines externen.
Zur Beantwortung dieser Frage muß zunächst geprüft werden, welche Möglichkeiten dem Unternehmen zur Verfügung stehen, um den Verantwortlichen des M&A-Managements zu kontrollieren und zu steuern. Dazu unterscheidet man in der Prinzipal-Agenten-Theorie zwei grundsätzliche Möglichkeiten:

- Auf der einen Seite besteht für den Prinzipal die Möglichkeit, durch gezielte Maßnahmen der Informationsbeschaffung Aufschluß über die Qualitätsmerkmale des Agenten zu erlangen und somit die verhaltensbedingte Unsicherheit der Vertragsbeziehung abzuschätzen. Diese Form der Risikoreduzierung wird auch als *Screening* bezeichnet.[80] Einstellungstests, Interviews oder das Beobachten der täglichen Arbeit sind Maßnahmen des Screening. Hier liegen die besseren Möglichkeiten eindeutig auf seiten des internen M&A-Managements. Es ist einfacher, interne Mitarbeiter in ihrer Leistungserstellung zu beobachten und zu beurteilen als dies bei externen Beratern der Fall ist. Während man sich beim Einsatz eines externen M&A-Managements auf die Reputation und den Eindruck bei den Verhandlungsgesprächen mit dem externen M&A-Berater verlassen muß, hat man beim internen M&A-Management eher die Möglichkeit, die Arbeit der Mitarbeiter des Unternehmens zu überwachen und gegebenenfalls steuernd einzugreifen.

- Neben den Maßnahmen des Screening kann der Informationsasymmetrie zwischen Prinzipal und Agent auch durch die Bildung besonders ausgestalteter *institutionel-*

[79] Vgl. Shavell (1987), S. 107.
[80] Vgl. Kaas (1991), S. 358 f.

ler Arrangements entgegengewirkt werden.[81] Solche Arrangements bestehen beispielsweise in der besonderen Ausgestaltung des Vertrages zwischen Prinzipal und Agent. Der Vertrag kann mit Zusatzklauseln versehen werden, die bestimmte Sanktionsmaßnahmen vorsehen, falls eine der Vertragsparteien sich opportunistisch verhält und den Vertrag ihrerseits nicht erfüllt. Auf der anderen Seite wäre es ebenso möglich, daß im Rahmen des Vertrages bestimmte Anreize in Aussicht gestellt werden, welche die Vertragsparteien dazu motivieren sollen, sich an getroffene Abmachungen zu halten.[82] Mit Hilfe dieser institutionellen Arrangements ist es möglich, das Risiko opportunistischen Verhaltens zu reduzieren. Auch hier bietet das interne M&A-Management bessere Möglichkeiten bei der Ausgestaltung von Verträgen zur Unsicherheitsreduktion. Während der Vertrag mit einem externen Berater immer zeitlich begrenzt ist – in der Regel bis zum Abschluß des M&A-Projekts – besteht bei internen Mitarbeitern eine viel höhere Bindungsintensität zum Unternehmen. Aus Angst vor einem Arbeitsplatzverlust wird der interne Mitarbeiter viel stärker daran interessiert sein, die Ziele des Unternehmens und damit seines Arbeitgebers zu erfüllen als der externe Berater. Hinzu kommt, daß der interne Mitarbeiter die Unternehmensziele meist besser kennt und daher besser verfolgen kann.

Anhand der genannten Möglichkeiten zur Risikoreduktion wird deutlich, daß das interne M&A-Management einen höheren Beitrag zur Anreizkompatibilität leisten kann als das externe.[83] Selbst im Falle einer Zieldivergenz zwischen dem Unternehmen und dem Verantwortlichen des internen M&A-Managements sind die Möglichkeiten der Steuerung deutlich besser als beim externen M&A-Management.

---

[81] Vgl. North (1992), S. 32 ff.

[82] Vgl. Gedenk/Albers (1992), S. 505 f. Vgl. auch Kap. 4.4.2.2.2 der vorliegenden Arbeit.

[83] Diese resultiert beispielsweise daraus, daß der Verantwortliche des internen M&A-Managements den Auftraggeber besser kennt. Vgl. ähnlich Allanson (1985), S. 264, der diesen Zusammenhang für den Fall interner Unternehmensberater festgestellt hat.

2.2.4 Fazit

Die Problemlösungsqualität als Erklärungsansatz begründet den Aufbau eines unternehmensinternen M&A-Managements anhand der besseren Verträglichkeit zwischen der jeweiligen Problemstellung und dem Problemlösungspotential des beauftragten Problemlösers. Um zu zeigen, daß diese Verträglichkeit beim internen M&A-Management in der Regel höher ist als beim externen M&A-Management, wurden drei wesentliche Bestandteile der Problemlösungsqualität – die Informations-, Kalkül und Anreizkompatibilität – für das interne und das externe M&A-Management untersucht. Während bei der Informationskompatibiltät keine eindeutige Aussage zugunsten des internen M&A-Managements getroffen werden konnte, sind sowohl die Kalkül- als auch die Anreizkompatibilität im Falle einer internen Betreuung des M&A-Projekts deutlich höher ausgeprägt. Daher läßt sich schlußfolgern, daß die Problemlösungsqualität eines internen M&A-Managements höher ist als die eines externen, was den Aufbau interner Kapazitäten zur Betreuung von M&A-Projekten begründet.

3. Organisation des unternehmensinternen M&A-Managements

Entscheidet sich ein Unternehmen aus den genannten Gründen dafür, ein unternehmensinternes M&A-Management aufzubauen, so stehen ihm verschiedene Möglichkeiten der organisatorischen Umsetzung zur Verfügung. In diesem Kapitel soll zunächst die Prozeßorganisation des M&A-Managements dargestellt werden. Sie ergibt sich aus den typischen Phasen eines M&A-Projekts. Im Anschluß daran werden vier idealtypische Organisationskonzepte des internen M&A-Managements vorgestellt, bei denen jeweils eine bestimmte Organisationseinheit die Verantwortung dafür übernimmt. Bei diesen Organisationskonzepten handelt es sich um die Realisierung des M&A-Managements durch

- die *Geschäftsleitung*,
- *Fachabteilungen*,
- eine *eigenständige M&A-Abteilung* und
- den *operativen Bereich*.[84]

Es soll dabei jeweils aufgezeigt werden, welche Leistungsinhalte des M&A-Managements bei den verschiedenen Organisationskonzepten am besten erfüllt werden können. Zu diesem Zweck wird für jedes Organisationskonzept überprüft, in welchen Phasen des M&A-Projekts welche Kompetenzen zur Anwendung kommen.
Abschließend sollen in diesem Kapitel auch die in der Praxis häufig anzutreffenden *Mischformen* der organisatorischen Umsetzung erwähnt sowie die Rolle externer Berater im internen M&A-Management erörtert werden.

3.1 Prozeßorganisation des M&A-Managements

Die Prozeßorganisation beschäftigt sich mit der Beschreibung von Arbeitsschritten und der Festlegung ihrer zeitlichen Dauer und Abfolge.[85] Auch der M&A-Prozeß läßt sich

[84] Bei den hier vorgestellten Organisationskonzepten handelt es sich um Modelle, die in dieser Extremform von der Praxis abstrahieren müssen und sollen, um Erklärungsbeiträge liefern zu können. Vgl. Bartel (1990), S. 55.

in verschiedene Arbeitsschritte untergliedern, die auch als Phasen des M&A-Prozesses bezeichnet werden. Im folgenden sollen fünf Phasen des M&A-Prozesses unterschieden werden, deren systematische und planmäßige Durchführung entscheidend zum Erfolg der Transaktion beiträgt.[86] Diese Prozeßschritte gelten sowohl für die Unternehmensübernahme als auch für den Unternehmensverkauf.

3.1.1 Initiierung

Die Durchführung einer M&A-Transaktion ist immer auch Ausdruck des Wunsches nach Veränderung in einem Unternehmen. Ursächlich für diesen Veränderungswunsch ist die Ableitung bestimmter Unternehmensziele, die mit den bestehenden Kapazitäten nicht realisierbar sind. In der Initiierungsphase geht es nun darum, die Ziele des Unternehmens zu konkretisieren und zu prüfen, inwieweit eine M&A-Strategie zu deren Umsetzung geeignet ist.[87] Zu diesem Zweck bietet sich ein dreistufiges Vorgehen an:

- Zunächst sollte das Unternehmen, von dem der Veränderungswunsch ausgeht, eine *Vision formulieren.* Diese Vision besitzt Ziel- und Richtungscharakter und ist wegweisend für das weitere Vorgehen.[88] Je konkreter die Vision ist, um so präziser lassen sich daraus konkrete Ziele ableiten.

---

[85] Vgl. Krüger (1994), S. 126.

[86] Je nach Detaillierungsgrad wird eine unterschiedliche Anzahl von Prozeßschritten unterschieden. Vgl. z.B. die dreistufige Unterteilung bei Zimmerer (1993), Sp. 4295 ff. im Gegensatz zur neunstufigen Unterteilung bei Blex/Marchal (1990), S. 86 f.

[87] Vgl. Gomez/Weber (1989), S. 71.

[88] Vgl. Simon (1999), S. 69.

- In einem zweiten Schritt ist es wichtig, die *aktuelle Unternehmenssituation zu erfassen und zu analysieren.* Hier geht es insbesondere darum, die Stärken und Schwächen des eigenen Unternehmens sowie die Chancen und Risiken auf den für das Unternehmen relevanten Märkten zu bestimmen.[89] Vor diesem Hintergrund lassen sich die zuvor abgeleiteten Ziele weiter präzisieren.

- In einem dritten Schritt erfolgt – aufbauend auf den Ergebnissen der beiden vorhergehenden Schritte – die *strategische Geschäftsfeldplanung.*[90] Hierbei wird die Entscheidung getroffen, in welche Geschäftsfelder das Unternehmen eintreten beziehungsweise aus welchen Geschäftsfeldern es sich zurückziehen wird.

Wesentlicher Bestandteil der Initiierungsphase ist der Vergleich aller möglichen Alternativen, die für die Umsetzung der Geschäftsfeldstrategie in Frage kommen. Auf diese Weise kann geprüft werden, ob die Ableitung einer M&A-Strategie die bestgeeignete ist, um die Unternehmensziele zu erreichen.

3.1.2 Suche, Auswahl und Ansprache eines geeigneten Kandidaten

Nachdem die Unternehmensziele abgeleitet und die Entscheidung zur Durchführung einer M&A-Strategie getroffen wurde, steht in der zweiten Phase des M&A-Prozesses die Suche eines geeigneten Kandidaten im Mittelpunkt.[91] Dabei handelt es sich im Falle der Unternehmensübernahme um ein geeignetes Akquisitionsobjekt beziehungsweise einen Fusionspartner, im Falle eines Divestments um einen Käufer.[92]

---

[89] Vgl. Pausenberger (1989b), Sp. 21.
[90] Vgl. Krüger (1988), S. 374.
[91] Vgl. Hagemann (1996), S. 123.
[92] Der Unternehmensverkauf wird auch heute noch vielfach nur unter steuerlichen oder rechtlichen Aspekten betrachtet. Die Auswahl eines geeigneten Verkäufers zur Sicherung der Wettbewerbsfähigkeit des Unternehmens kommt dabei oft zu kurz. Vgl. Senbert (1998), S. 30.

Bei der Suchphase handelt es sich um ein iteratives Verfahren, bei dem zunächst eine Vorauswahl an möglichen Kandidaten aufgestellt wird. Mit Hilfe von Checklisten, auf denen bestimmte Anforderungen an einen geeigneten Kandidaten zusammengetragen sind, wird diese Vorauswahl reduziert, bis schließlich wenige Unternehmen als potentielle Kandidaten übrigbleiben.[93] Diese werden nochmals anhand bestimmter Kriterien überprüft, um schließlich dasjenige Unternehmen auszuwählen, das für die M&A-Transaktion am besten geeignet zu sein scheint.

Im Anschluß an die Suchphase wird mit dem "Wunschkandidaten" Kontakt aufgenommen, um über die gemeinsame Durchführung der M&A-Transaktion zu sprechen und die gegenseitigen Interessen zu klären. Die Kontaktanbahnung erfordert ein besonders sensibles Vorgehen, da dem in der Suchphase ausgewählten Kandidaten bereits einige Informationen über das eigene Unternehmen sowie die beabsichtigte M&A-Transaktion offengelegt werden müssen.[94] Zum anderen ist jedoch in diesem frühen Stadium auch ein Höchstmaß an Diskretion zu wahren, um im Falle des Scheiterns der Gespräche die Verbreitung von Unternehmensinterna sowie einen möglichen Gesichtsverlust zu verhindern. Diese Gradwanderung zwischen Information und Diskretion erfordert den Einsatz eines geeigneten Vermittlers zwischen beiden Unternehmen.

3.1.3 Evaluierung des Partners

Sind nach Abschluß der zweiten Phase die beteiligten Unternehmen der Meinung, daß die gemeinsame Durchführung der M&A-Transaktion erstrebenswert und für beide Seiten nutzbringend ist, geht es in einem nächsten Schritt darum, den Partner zu evaluieren. Ziel dieser Evaluierung ist es, weitere Informationen über den Partner zu erhalten und eine Grundlage für die Kaufpreisfindung zu schaffen.[95]

[93] Vgl. Storck (1993), S. 78.
[94] Vgl. Picot/Land (1999), S. K3.
[95] Vgl. Klein/Jonas (1999), S. 161.

Die Evaluierung sollte erst dann stattfinden, wenn die beteiligten Unternehmen eine schriftliche Absichtserklärung, den sogenannten Letter of Intent, unterzeichnet haben. Darin versichern die potentiellen Käufer und Verkäufer die ernstgemeinte Absicht zur Durchführung der Transaktion sowie absolute Verschwiegenheit und Diskretion bezüglich sämtlicher Informationen, die im Rahmen einer detaillierten Evaluierung ausgetauscht werden.[96]

Die Evaluierung sollte in zwei Stufen erfolgen:

- In einem ersten Schritt geht es darum, detaillierte Informationen über den Partner im Rahmen verschiedener spezifischer *Due Diligence* Prüfungen zu erhalten. Der Begriff Due Diligence stammt aus dem angloamerikanischen Sprachraum und bezeichnet die sorgfältige Prüfung einer Transaktion, in diesem Falle einer Unternehmensübernahme, vor deren Durchführung.[97] In der Regel wird die Due Diligence Prüfung vom Käufer durchgeführt, der sich auf diese Weise Klarheit darüber verschafft, ob und inwieweit das Akquisitionsobjekt dazu geeignet ist, die mit der M&A-Transaktion verbundenen Ziele zu realisieren.[98] Diese Prüfung kann dabei unterschiedliche Inhalte haben. Die wohl bekanntesten Formen der Due Diligence Prüfung sind die Financial und die Legal Due Diligence. Der Financial Due Diligence Review zielt auf die Beschaffung von Informationen, die dem Käuferunternehmen ein besseres Verständnis des Geschäfts und der finanziellen Situation des Akquisitionsobjektes vermitteln.[99] Dabei wird differenziert zwischen der Analyse der Vermögens-, Finanz- und Ertragslage des Zielobjekts sowie einer detaillierten Planungsrechnung zur Analyse der Zukunftserwartungen.[100] Der Legal Due Diligence Review hat zum Ziel zu untersuchen, welche rechtlichen Besonderheiten und Risiken bei der Übernahme eines Unternehmens zu beachten sind. Es geht insbesondere darum zu prüfen, ob die Unternehmenstätigkeit des Akquisitionsobjektes

[96] Vgl. Sebastian/Niederdrenk/Tesch (1999), S. 294.
[97] Zur Herkunft des Begriffs Due Diligence vgl. ausführlich Berens/Strauch (1999), S. 6 ff.
[98] Vgl. Ganzert/Kramer (1995), S. 577.
[99] Vgl. Brauner/Scholz (1999), S. 253 ff.
[100] Vgl. Kolb/Görtz (1997), S. 312.

einwandfrei begründet und ausgeübt wird und welchen offenen oder verdeckten Haftungsrisiken sie ausgesetzt ist.[101] Ein weiterer wichtiger Bestandteil der Legal Due Diligence Prüfung ist die wettbewerbsrechtliche Analyse.[102] Neben diesen beiden bekanntesten Due Diligence Prüfungen können noch eine Reihe weiterer Prüfungen Anwendung finden, wenn es die Situation des Akquisitionsobjektes erfordert.[103]

- In einem zweiten Schritt erfolgt dann die *Unternehmensbewertung* des Akquisitionsobjektes mit Hilfe der zur Verfügung stehenden Bewertungsmethoden. Die Wahl der geeigneten Methode hängt dabei maßgeblich vom Informationsstand über das Akquisitionsobjekt und damit unmittelbar von der Due Diligence Prüfung ab.[104] Eine stichtagsbezogene Unternehmensbewertung im Rahmen eines Unternehmenskaufs bildet meist die wesentliche Grundlage für die Preisbestimmungen zwischen Käufer und Verkäufer. Da der Kaufpreis einen starken Einfluß auf den Erfolg der Übernahme hat, kommt einer angemessenen Bewertung des Akquisitionsobjektes besondere Bedeutung zu.[105]

Zur Unternehmensbewertung sind im wesentlichen drei verschiedene Wertansätze denkbar, die unter der Annahme der Unternehmensfortführung ermittelt werden:[106]

- Zunächst sind die *substanzorientierten Verfahren* zu nennen, bei denen der Unternehmenswert als Aggregation der Werte einzelner Vermögensgegenstände ermittelt wird, die zu ihren aktuellen Wiederbeschaffungskosten[107] angesetzt werden.

---

[101] Vgl. Brauner/Fritzsche (1999), S. 269.

[102] Mit der steigenden Anzahl internationaler Unternehmensübernahmen erfordert die Legal Due Diligence Prüfung detaillierte Kenntnisse über die Entwicklung im internationalen Wettbewerbsrecht. Vgl. o.V. (1998a), S. 34 f.

[103] Neben den hier genannten Formen der Due Diligence gibt es weitere, die je nach Unternehmenssituation zusätzlich Anwendung finden, z.B. Tax-, Environmental-, Market-, Cultural- oder Human Resource- Due Diligence Prüfungen. Einen Überblick geben Berens/Strauch (1999), S. 14.

[104] Vgl. Klein/Jonas (1999), S. 172.

[105] Vgl. Picot/Jansen (1999), S. K3.

[106] Vgl. Volkart (1999), S. 36.

[107] Man spricht hier auch vom Teilreproduktionswert. Vgl. Fischer (1996), S. 100 – 106.

- Als weitere Methode stehen die *ertragsorientierten Verfahren* zur Unternehmensbewertung zur Verfügung. Der Unternehmenswert auf Basis dieser Meßkonzepte ergibt sich aus der Bewertung zukünftiger Ergebnisgrößen. Als Ergebnisgrößen kommen beispielsweise zukünftige Erträge, Cash-Flows oder Gewinne in Betracht, die mit Hilfe unterschiedlicher Zinssätze auf ihren Gegenwartswert diskontiert werden. Investitionstheoretisch ausgedrückt ergibt sich der Unternehmenswert als Barwert der mit einem Kalkulationszinssatz diskontierten Periodenüberschüsse.[108]

- Eine dritte Möglichkeit der Unternehmensbewertung ergibt sich aus den *markt- und vergleichsorientierten Verfahren.* Eine marktorientierte Bewertung erfolgt über den Kapitalmarkt im Falle börsennotierter Unternehmen. Wertmaßstab ist dann die jeweilige Marktkapitalisierung, also das Produkt aus Aktienkurs und Aktienanzahl.[109] Eine vergleichsorientierte Bewertung wird anhand eines Vergleichsunternehmens vorgenommen. Als Vergleichswerte können zur Unternehmensbewertung insbesondere ähnliche Übernahmetransaktionen herangezogen werden, bei denen das entsprechende Kaufobjekt als Vergleichsmaßstab dient[110] oder auch die Marktkapitalisierung eines vergleichbaren Unternehmens.

Neben diesen Ansätzen besteht zudem die Möglichkeit der Kombination verschiedener Bewertungsmethoden. So wird beispielsweise eine kombinierte Ertrags- und Substanzwertbestimmung in der Praxis häufig angewendet, um sowohl vergangenheits- als auch zukunftsbezogene Größen in die Unternehmensbewertung einfließen zu lassen.[111]
Die bisher genannten Verfahren gehen von der Annahme der Unternehmensfortführung aus. Neben diesen Wertansätzen kommt auch der Liquidationswert als Wert-

---

[108] Vgl. Coenenberg (1992), S. 93 – 95.
[109] Vgl. Faßbender/Killat (1996), S. 61.
[110] Dieses Verfahren erweist sich meist als schwierig, da sich völlig vergleichbare Unternehmen kaum finden lassen und detaillierte Vereinbarungen aus früheren Transaktionen selten bekannt werden. Vgl. Schulte (1994), S. 9.
[111] Vgl. Beck (1995), S. 524.

kategorie in Betracht. Er ergibt sich als Barwert der Nettoeinzahlungen, die sich bei einer Unternehmensliquidation erzielen lassen.[112]

Welches der genannten Verfahren zur Unternehmensbewertung im Rahmen eines M&A-Projekts herangezogen wird, hängt ab von den zur Verfügung stehenden Informationen und dem Anlaß des Kaufs beziehungsweise Verkaufs.

3.1.4 Vertragsverhandlung und Vertragsabschluß

Gegenstand der Verhandlungsphase ist insbesondere die Einigung der an der Transaktion beteiligten Unternehmen über die Art und den Inhalt der Transaktion, den Kaufpreis, die Art der Finanzierung sowie mögliche Garantie- und Gewährleistungsvereinbarungen:

- Bezüglich der *Art der Transaktion* kommen als grundsätzliche Möglichkeiten der Unternehmensübernahme der Share Deal und der Asset Deal in Betracht. Bei ersterem erwirbt der Käufer die Anteile an der Zielgesellschaft, bei letzterem einzelne oder alle Vermögensgegenstände.[113] Die beiden Varianten unterscheiden sich insbesondere durch eine unterschiedliche steuerrechtliche Behandlung.[114]

- Der *Kaufpreis* pendelt sich ein zwischen der Preisobergrenze, die der Käufer für sich festlegt, und der Preisuntergrenze, die der Verkäufer sich selbst vorgibt. Er wird ermittelt auf Basis des in der vorherigen Phase festgelegten objektivierten Unternehmenswertes sowie subjektiver Nutzenerwartungen des Käufers.[115]

- Die *Finanzierung* einer Übernahme kann zum einen durch das Käuferunternehmen erfolgen, und zwar in Form von freien Cash Flows oder durch Eigen- und Fremdkapital über die Bilanz des Käuferunternehmens. Zum anderen kann eine Finanzie-

[112] Vgl. Thommen/Achleitner (1998), S. 557.
[113] Vgl. auch Abschnitt 1.4 der vorliegenden Arbeit.
[114] Vgl. Picot/Aleth (1999), S. K3.
[115] Vgl. Berens/Mertes/Strauch (1999), S. 58 ff.

rung erfolgen durch Eigen- oder Fremdkapital über die Bilanz des Zielunternehmens.[116]

- Während der Verhandlung muß weiterhin überprüft werden, ob das gesetzliche *Gewährleistungs- und Haftungsrecht* ausreicht, um mögliche Ansprüche nach Vertragsunterzeichnung zu regeln. Ist dies nicht der Fall oder bestehen Zweifel, sollten zusätzliche Vereinbarungen getroffen werden, um in Streitfällen einen angemessenen Interessenausgleich erzielen zu können.[117]

Auf Basis der in den genannten Punkten erzielten Vereinbarungen kann nun ein Vertragsentwurf konzipiert werden, in dem sämtliche Übernahmemodalitäten festgehalten sind. Bestandteil des Vertragsentwurfs ist auch die Festlegung des Zeitpunktes, zu dem die Vertragsparteien den Großteil ihrer Verpflichtungen vollziehen müssen (closing). Nach nochmaliger Überprüfung der im Vertragsentwurf festgehaltenen Vereinbarungen entsteht der endgültige Vertrag, der von den beteiligten Parteien unterzeichnet wird (signing).

3.1.5 Vorgehen nach Vertragsunterzeichnung

Nachdem der Kaufvertrag unterzeichnet worden ist und das Käuferunternehmen die Verfügungsmacht über das Akquisitionsobjekt übernommen hat, ist die Phase der gemeinsamen Verhandlung abgeschlossen. Ab diesem Moment gehen das erwerbende und das verkaufende Unternehmen getrennte Wege, weshalb an dieser Stelle auch separat auf die Problematik der Integration im Käuferunternehmen sowie der Desintegration im Verkäuferunternehmen eingegangen werden soll.

- *Integration im Käuferunternehmen*: Die erfolgreiche Integration des Akquisitionsobjektes ist ein wesentlicher Aspekt zur Realisierung der mit der Übernahme ver-

[116] Vgl. Müller (1990), S. 171 ff. Vgl. auch Bär (1990), S. 197 ff.
[117] Vgl. Picot/Jaques (1999), S. K3.

bundenen Ziele.[118] Eine erfolgreiche Integration beginnt daher nicht erst in dieser Phase des M&A-Prozesses, sondern wird bereits im Vorfeld geplant.[119] Ziel der Integrationsphase ist es, Strategie, Struktur und Kultur des Akquisitionsobjektes in das Käuferunternehmen einzugliedern. Die Integration erfordert in der Regel mehr Zeit als sämtliche vorhergehenden Phasen des M&A-Prozesses. Daher ist es unbedingt notwendig, Ziele, Meilensteine und Meßgrößen festzulegen, um eine permanente Kontrolle der Zielerreichung zu gewährleisten.[120] Andernfalls besteht die Gefahr, daß der Integrationsprozeß ergebnislos "im Sande verläuft".

- *Desintegration im Verkaufsunternehmen*: Wurde im Rahmen der M&A-Transaktion nur ein Teil eines Unternehmens veräußert (z.B. die Tochtergesellschaft eines Konzerns), so ist es die Aufgabe des Verkaufsunternehmens nach der Vertragsunterzeichnung die notwendigen Maßnahmen zur Desintegration durchzuführen. Davon sind in erster Linie die Strategie und die Struktur des veräußernden Unternehmens betroffen. Unter Umständen sind auch kulturverändernde Maßnahmen zu ergreifen. Bezüglich der Strategie können sich nach der Veräußerung eines Unternehmensteils Änderungen im Geschäftsfeldportfolio ergeben, die eine strategische Neuausrichtung bewirken.[121] Auch die Organisationsstruktur kann durch den Verkauf maßgeblich verändert werden, so daß ein aktives Change Management notwendig wird.[122]

---

[118] Vgl. o.V. (1999a), S. 28.
[119] Vgl. Rumpf/Neumann (1998), S. 59.
[120] Vgl. Rumpf/Neumann (1998), S. 59.
[121] Vgl. Bruppacher (1990), S. 272.
[122] Change Management wird hier verstanden im Sinne der Reorganisation eines Unternehmens. Vgl. Kieser/Oechsler (1999), S. 186.

3.2 Organisationskonzepte des unternehmensinternen M&A-Managements

Aus Sicht des Unternehmens, das die M&A-Transaktion durchführen möchte, bestehen verschiedene Möglichkeiten der organisatorischen Ausgestaltung des internen M&A-Managements. Es geht dabei um die Frage, an welcher Stelle im Unternehmen das Management der einzelnen Phasen des Gesamtprozesses angesiedelt sein kann. Anders ausgedrückt geht es darum, aufzuzeigen, welche Organisationseinheiten im Unternehmen die Projekt- beziehungsweise Prozeßleitung eines internen M&A-Managements übernehmen können. Im folgenden sollen vier organisatorische Gestaltungsmöglichkeiten vorgestellt werden, bei denen jeweils das Management des M&A-Projekts einem unterschiedlichen Verantwortungsbereich zugewiesen wird. Zu diesem Zweck wird zunächst aufgezeigt, wo dieser Verantwortungsbereich im Unternehmen angesiedelt ist und welche originären Aufgaben er zu erfüllen hat. Im Anschluß daran wird erörtert, welche Leistungsbeiträge der jeweilige Verantwortungsbereich zur Durchführung des unternehmensinternen M&A-Managements leisten kann.

3.2.1 Realisierung des M&A-Managements durch die Geschäftsleitung

3.2.1.1 Organisation und originäre Aufgaben der Geschäftsleitung

Bei diesem Organisationskonzept liegen das Management und die Leitung des M&A-Projekts in den Händen der Geschäftsleitung. Je nach Rechtsform und Organisation des Gesamtunternehmens wird die Geschäftsleitung durch den Vorstand, den Geschäftsführer oder den Eigentümer des Unternehmens repräsentiert.[123]

Organisatorisch handelt es sich bei der Geschäftsleitung um eine Instanz oder Leitungsstelle, in der verschiedene Kompetenzen zur Führung des Unternehmens gebündelt werden.[124] Diese Instanz befindet sich an der Spitze der Unternehmenshierarchie und wird häufig durch ein Kontrollorgan überwacht (z.B. Aufsichtsrat in Aktiengesell-

---

[123] Allgemein ausgedrückt kann man hier auch von Top- oder Spitzenmanagement sprechen.
[124] Vgl. Laux/Liermann (1997), S. 182.

schaften). Sie kann in Form einer Singular- oder einer Pluralinstanz ausgestaltet sein. Während im ersten Fall lediglich eine Person die Funktionen der Geschäftsleitung übernimmt (z.B. in eigentümergeführten Kleinunternehmen), teilen sich im zweiten Fall mehrere Personen diese Aufgabe (z.B. im Vorstand einer Aktiengesellschaft).[125] Die Durchführung des M&A-Managements findet bei diesem Organisationskonzept folglich an höchster Stelle im Unternehmen statt und ist stark zentralisiert.

Jedoch ist die Durchführung des M&A-Managements nur eine von vielen Aufgaben der Geschäftsleitung. Der eigentliche Fokus des Topmanagements liegt in originären Leitungsaufgaben, die für den Bestand und die Entwicklung des Unternehmens von großer Bedeutung sind. Diese Aufgaben lassen sich in normative, strategische und operative Tätigkeiten unterscheiden.[126] Sie beinhalten sowohl unternehmenspolitische Richtlinien-Entscheidungen oder Entscheidungen in außergewöhnlichen Fällen als auch Entscheidungen zur laufenden Betriebsabstimmung.[127] In dieses Aufgabenspektrum läßt sich auch das Management von M&A-Projekten einordnen. Die Entscheidung, ein M&A-Projekt durchzuführen, besitzt häufig strategische Relevanz. Der Abgleich zwischen M&A-Strategie und Unternehmensstrategie läßt sich dann den strategischen Aufgaben der Geschäftsleitung zuordnen. Es sind jedoch auch operative Tätigkeiten mit einem M&A-Projekt verbunden wie beispielsweise die Durchführung einer Unternehmensbewertung des Akquisitionsobjektes in der Evaluierungsphase. In welchen Phasen des M&A-Prozesses sich die Geschäftsleitung in besonderem Maße selbst einbringt und in welchen Phasen sie die Aufgaben weitgehend delegiert, wird im folgenden Abschnitt gezeigt.

---

[125] Vgl. Vahs (1999), S. 71 f.
[126] Vgl. Bleicher (1991), S. 30 ff.
[127] Vgl. Staehle (1999), S. 90.

3.2.1.2 Wesentliche Leistungsbeiträge der Geschäftsleitung im internen M&A-Management

Liegen die Projektverantwortung und die Prozeßleitung des internen M&A-Managements bei der Geschäftsleitung, so ist diese zwar verantwortlich für die Planung, Entscheidung, Aufgabenübertragung und Kontrolle jeder Phase des M&A-Prozesses. In welchem Maße die einzelnen Aufgaben von der Geschäftsleitung selbst erfüllt werden, kann jedoch von Phase zu Phase unterschiedlich sein.[128] So verfügt die Geschäftsleitung über bestimmte Kompetenzen, die ihr die Abwicklung einzelner Phasen erleichtern. Bei anderen Phasen steht die Aufgabenübertragung im Vordergrund, so daß die Geschäftsleitung die Abwicklung der Phase delegiert und hauptsächlich die Kontrollfunktion wahrnimmt. Die in Kapitel 3.1 dargestellten Leistungsinhalte des M&A-Managements werden also in unterschiedlichem Maße von der Geschäftsleitung selbst erbracht.

Einen wichtigen Leistungsbeitrag des M&A-Managements erbringt die Geschäftsleitung in der *Initiierungsphase* eines M&A-Projekts. Beabsichtigt ein Unternehmen, eine M&A-Transaktion durchzuführen, ist es wichtig zu wissen, im Rahmen welcher Gesamtstrategie diese Anwendung finden soll.[129] Die Strategieentwicklung auf Ebene des Gesamtunternehmens bezieht sich im wesentlichen auf die Zusammensetzung des Geschäftsfeldportfolios sowie das Zusammenwirken der verschiedenen Unternehmensbereiche.[130] Da eine M&A-Transaktion unmittelbar Einfluß nimmt auf die Zusammensetzung des Geschäftsfeldportfolios und auch auf das Verhältnis der einzelnen Geschäftsbereiche untereinander, ist es unbedingt notwendig, Unternehmensstrategie und M&A-Strategie abzugleichen. Diese Aufgabe sollte durch die Geschäftsleitung erbracht werden, da diese in der Regel auch für die Entwicklung und Durchsetzung der Unternehmensstrategie verantwortlich ist.[131]

---

[128] Bei der Übernahme von Aktiengesellschaften hat der Vorstand mitunter sogar bestimmte *Pflichten* im Zusammenhang mit der Durchführung des M&A-Managements, die sich laut Übernahmekodex oder WpHG für ihn ergeben (z.B. Informationspflicht, Publizitätspflicht). Vgl. Schander/Lucas (1997), S. 555 f.

[129] Vgl. Oehlrich (1999), S. 56 f.

[130] Vgl. Kübler (1996), S. 99.

[131] Vgl. Naber (1987), S. 44.

Zur Umsetzung des in der ersten Phase entwickelten Strategiekonzeptes ist es meist sinnvoll, daß sich die Geschäftsleitung auch in der zweiten Phase, also bei der *Suche, Auswahl und Ansprache eines geeigneten Kandidaten* verstärkt einbringt.[132] Auf diese Weise kann ernsthaft die Absicht zum Kauf oder Verkauf dokumentiert und die Erwartung adäquater Ansprechpartner auf der Gegenseite erfüllt werden.[133] Unter Umständen kann es jedoch auch im Interesse des Unternehmens sein, eine mögliche Kauf- oder Verkaufsabsicht zunächst nicht publik werden zu lassen. In diesem Fall erscheint es ratsam, in der Suchphase Externe einzusetzen, um die Geheimhaltung zu gewährleisten.[134]

In der *Evaluierungsphase* ist in der Regel eine verstärkte Delegation von Aufgaben nötig, da die Geschäftsleitung nicht unbedingt über die entsprechenden Fachkenntnisse verfügt. Hinzu kommt, daß es sich bei der Erstellung von Due Diligence Reviews und der Durchführung einer Unternehmensbewertung meist um standardisierte Tätigkeiten handelt, die sowohl an interne als auch externe Spezialisten ausgelagert werden können. Es ist hierbei folglich nicht nötig, daß die Geschäftsleitung sich diesen Aufgaben persönlich widmet. Allerdings sollte sie über die wesentlichen Schritte und Ergebnisse informiert werden.

In der *Phase der Vertragsverhandlung* ist der persönliche Einsatz der Geschäftsleitung wiederum von großer Bedeutung. Dadurch wird zum einen die ernsthafte Absicht dokumentiert, das M&A-Projekt zum Abschluß bringen zu wollen. Zum anderen bringt die Geschäftsleitung die notwendige Flexibilität in die Verhandlung ein, die sich dadurch ergibt, daß die Geschäftsleitung in der Lage ist, unmittelbar auf unvorhergesehene Änderungen zu reagieren, ohne zuvor Rücksprache halten zu müssen.[135]

Nach der Vertragsunterzeichnung ist wieder eine verstärkte Delegation der Aufgaben möglich und sinnvoll. So kann die Integration eines Akquisitionsobjektes auch durch

---

[132] Vgl. Müller-Stewens/Schreiber (1993), S. 277.
[133] Vgl. Spickers (1995), S. 226.
[134] Vgl. Storck (1993), S. 106.
[135] Vgl. Gomez/Weber (1989), S. 75.

den jeweiligen operativen Bereich – unterstützt durch bestimmte Fachabteilungen – vorgenommen werden. Hierbei übernimmt die Geschäftsleitung dann hauptsächlich eine Kontrollfunktion.
Ist nach Abschluß des M&A-Projekts eine Restrukturierung des Unternehmens nötig, sollte sich die Geschäftsleitung im Rahmen ihrer strategischen Tätigkeiten wieder verstärkt einbringen. In diesem Fall muß sie prüfen, welche Änderungen sich im Unternehmen durch den Kauf oder Verkauf ergeben und diese Änderungen an die betroffenen Mitarbeiter kommunizieren.[136]

3.2.2 Realisierung des M&A-Managements durch Fachabteilungen

3.2.2.1 Organisation und originäre Aufgaben der Fachabteilungen

Bei diesem Organisationskonzept wird das interne M&A-Management durch bereits bestehende Fachabteilungen im Unternehmen betreut. Darunter versteht man Abteilungen, die eigentlich eine andere fachspezifische Funktion im Unternehmen ausüben, so daß die Durchführung des M&A-Managements einen zusätzlichen Arbeitsaufwand für die betroffenen Mitarbeiter darstellt.[137] Entscheidend ist jedoch, daß die Fachkenntnisse der Mitarbeiter auch für die Durchführung des M&A-Managements eine wesentliche Bedeutung haben. Aus diesem Grund sind bestimmte Fachbereiche, wie die Strategieabteilung, das Controlling und speziell das Beteiligungscontrolling, die Finanz-, die Rechts- oder die Personalabteilung prädestiniert für die Durchführung des M&A-Managements.

Organisatorisch können diese Fachabteilungen entweder als Instanzen, Zentral- oder Stabsstellen ausgestaltet sein. Dies hängt maßgeblich von der Organisationsstruktur des Gesamtunternehmens ab. In einem funktional gegliederten Unternehmen sind Finanzen, Personal und Controlling häufig als Instanzen ausgeprägt und unterstehen un-

---

[136] Vgl. Müller-Stewens/Salecker (1991), S. 105 sowie Mündemann (1998), S. 411.
[137] Vgl. Müller-Stewens/Schreiber (1993), S. 278.

mittelbar der Geschäftsleitung.[138] Als Instanz sind diese Bereiche mit entsprechenden Kompetenzen ausgestattet und haben Weisungsrechte.[139] Über solche Weisungsrechte verfügen Zentralstellen nur eingeschränkt und Stabsstellen gar nicht.[140] Dies hat natürlich auch Auswirkungen auf das M&A-Management. Während Instanzen in der Lage sind, eigenmächtig Entscheidungen bei der Durchführung des M&A-Managements zu treffen, sind Zentral- und Stabsstellen auf die Entscheidungsfindung der Geschäftsleitung beziehungsweise der ihr übergeordneten Instanz angewiesen. Ihre Verantwortung beschränkt sich folglich auf die Entscheidungsvorbereitung und die Beratung dieser Instanzen.

Bezüglich ihrer originären Aufgaben unterscheiden sich die genannten Fachbereiche stark. Ihre Gemeinsamkeit besteht lediglich darin, daß sie aufgrund ihres Fachwissens bei der Durchführung des M&A-Managements einen wesentlichen Beitrag leisten können. Während sich die Controlling- oder Finanzabteilung hauptsächlich mit Fragen der Finanzplanung, Investitionsentscheidungen und der Finanzierung beschäftigen, liegen die eigentlichen Aufgaben der Personalabteilung in der Einstellung und Entwicklung von Mitarbeitern. Die Strategieabteilung beschäftigt sich in erster Linie mit Aspekten der strategischen Planung. Die Rechtsabteilung übernimmt hauptsächlich Beratungsfunktion in rechtlichen Belangen. Aus diesen originären Aufgaben ergeben sich auch die wesentlichen Leistungsbeiträge der Fachabteilungen im internen M&A-Management, wie im folgenden gezeigt wird.

---

[138] Die Rechts- und die Strategieabteilung (auch: Abteilung für Unternehmensentwicklung, Interne Unternehmensberatung, Abteilung für Strategische Planung) sind in der Regel als Zentral- oder Stabsstelle und nicht als Instanz ausgerichtet. Vgl. Oefinger (1986), S. 16 f.

[139] Vgl. Vahs (1999), S. 68.

[140] Vgl. Schulte-Zurhausen (1999), S. 154 und S. 155.

3.2.2.2 Wesentliche Leistungsbeiträge der Fachabteilungen im internen M&A-Management

Ähnlich wie bei der Realisierung des M&A-Managements durch die Geschäftsleitung können auch die Fachabteilungen bestimmte Phasen des M&A-Projekts vollkommen eigenständig durchführen, während sie in anderen Phasen auf die Unterstützung durch interne oder externe Spezialisten angewiesen sind. In welchen Phasen die wesentlichen Leistungsbeiträge erzielt werden können, hängt insbesondere von der Art der Fachabteilung ab (Strategie-, Controlling, Personalabteilung etc.).

In der *Initiierungsphase* ist der Beitrag der Strategieabteilung von besonderer Bedeutung. [141] Da sich diese Organisationseinheit auch sonst mit Fragen der strategischen Planung beschäftigt, ist sie in der Lage, die Auswirkungen des M&A-Projekts auf das Geschäftsfeldportfolio des Unternehmens einzuschätzen. Gleichzeitig kann sie beurteilen, inwieweit sich die übergeordneten Unternehmensziele durch die Realisierung des Projekts verwirklichen lassen. Auch die Personalabteilung muß unter Umständen schon in der Initiierungsphase tätig werden, um die Auswirkungen des M&A-Projekts auf die Beschäftigungssituation des Unternehmens zu planen.

Auch bei der *Suche nach einem geeigneten Kandidaten* ist die Strategieabteilung wichtig. Da sie häufig einen guten Überblick über das Wettbewerbsumfeld des Unternehmens hat, kann sie mögliche Akquisitionsobjekte oder Käuferunternehmen aus diesem Kreis schnell identifizieren. Unter Umständen verfügt sie sogar bereits über eine sogenannte „Watchlist", auf der einige Wunschkandidaten vermerkt sind.
Um schließlich einen konkreten Kandidaten auszuwählen, ist häufig noch eine quantitative Vorab-Bewertung notwendig. Diese wird meist durch die unternehmensinterne Finanz- oder Controllingabteilung durchgeführt. Die Ansprache des jeweiligen Kandidaten kann ebenfalls durch eine Fachabteilung erfolgen, allerdings nur in enger Absprache mit der Geschäftsleitung.

[141] Vgl. Bereuter (1995), S. 93.

Die wesentliche Bedeutung der Finanz- und Controllingabteilung kommt in der dritten Phase, also bei der *Evaluierung des Partners* zum Tragen.[142] Sowohl bei der Erstellung eines Financial Due Diligence Reviews als auch bei der Unternehmensbewertung ist das finanzspezifische Know-how dieser Organisationseinheiten wichtig. Die Bewertung der Humanressourcen eines Akquisitionsobjektes erfolgt hingegen oft durch die Personalabteilung.[143]

Die *Phase der Vertragsverhandlung* erfordert ebenfalls das Spezialwissen der Fachabteilungen. So kann die Finanzabteilung beispielsweise Möglichkeiten zur Finanzierung des M&A-Projekts erarbeiten oder bei der Preisfindung behilflich sein. Die Rechtsabteilung kann Aussagen über mögliche Haftungs- und Gewährleistungsansprüche machen, die ebenfalls einen Einfluß auf den Kaufpreis haben. Die eigentlichen Verhandlungsgespräche werden jedoch häufig von der Geschäftsleitung oder gegebenenfalls dem operativen Bereich geführt. Um sicherzustellen, daß das fachspezifische Know-how in die Verhandlung einfließt, können Verhandlungsteams gebildet werden, in denen auch die Fachabteilungen vertreten sind.
Die *Phase nach der Vertragsunterzeichnung* erfordert verstärkt den Einsatz der Personalabteilung. Im Falle einer Akquisition geht es nun darum, die neuen Mitarbeiter in das bestehende Unternehmen zu integrieren. Zu diesem Zweck sind häufig Maßnahmen der Personalentwicklung notwendig. Unter Umständen kommt es auch zu Maßnahmen der Personalfreisetzung, bei denen der Einsatz der Personalabteilung wichtig ist. Eine besondere Rolle nach der Vertragsunterzeichnung einer Akquisition übernimmt auch das Beteiligungscontrolling. Diese Fachabteilung ist nun verantwortlich für die periodische Analyse und Bewertung der Geschäftsentwicklung des akquirierten Unternehmens.[144]

Ob das M&A-Management in den Händen einer einzigen Fachabteilung liegt, oder ob sämtliche der genannten Fachbereiche für dessen Durchführung zuständig sind, hängt hauptsächlich von der Art des M&A-Projekts sowie den Kompetenzen der Fachabtei-

[142] Vgl. Hoffjan/Eltze (1998), S. 148.
[143] Vgl. Adolph (1998), S. 34.
[144] Vgl. Botta (1994), S. 30. Vgl. auch Hoffjan/Eltze (1998), S. 158.

lungen ab. Bei komplexen und langwierigen Projekten ist der Einsatz mehrerer Fachbereiche sinnvoll. Ist das M&A-Projekt hingegen wenig komplex, kann auch eine einzelne Fachabteilung das M&A-Management durchführen, vorausgesetzt, sie verfügt über entsprechende Kompetenzen und Entscheidungsvollmacht.

3.2.3 Realisierung des M&A-Managements durch eine eigenständige M&A-Organisationseinheit

3.2.3.1 Organisation und originäre Aufgaben der M&A-Organisationseinheit

Bei diesem Organisationskonzept liegt die Prozeßleitung des M&A-Managements in den Händen eines eigenständigen Bereichs – in der Regel einer Abteilung – die sich ausschließlich mit der Betreuung und Koordination von M&A-Projekten beschäftigt. Im Gegensatz zu den beiden vorgenannten Organisationskonzepten stellt das M&A-Management für die in dieser Abteilung beschäftigten Mitarbeiter den eigentlichen Aufgabenschwerpunkt dar. Unter Umständen erfüllen diese Mitarbeiter zusätzlich noch bestimmte Sonderaufgaben, wie Controllingtätigkeiten oder Aufgaben im Management bereits bestehender Beteiligungen. Eine Doppelbelastung, wie die Mitarbeiter in den vorherigen Organisationskonzepten, erfahren sie jedoch nicht in diesem Maße. Organisatorisch kann die interne M&A-Organisationseinheit ganz unterschiedlich ausgestaltet sein. Es kommen dabei insbesondere drei Möglichkeiten in Betracht:[145]

- Die interne M&A-Organisationseinheit kann als *Stabsstelle* ausgerichtet sein. In diesem Fall ist sie unmittelbar einer übergeordneten Instanz – meist der Geschäftsleitung - unterstellt und hat die Aufgabe, diese Instanz zu beraten und bei der Entscheidungsvorbereitung zu unterstützen. Die Stabsstelle besitzt keine Weisungsbefugnis gegenüber Linienstellen.[146] Für das M&A-Management kann die enge Beziehung zwischen Stabsstelle und Geschäftsleitung vorteilhaft sein, da die Ent-

[145] Vgl. Klanke (1992), S. 105, der diese drei Möglichkeiten für den Fall einer internen Beratung aufzeigt.
[146] Vgl. Bühner (1996), S. 70.

scheidungsvorbereitung und Entscheidungsfindung von M&A-Projekten auf höchster Unternehmensebene stattfinden und mit den Zielen des Gesamtkonzerns in Einklang gebracht werden können und die Geschäftsleitung trotzdem entlastet wird. Gleichzeitig kann sich bei dieser Organisationslösung jedoch auch der Nachteil eines Akzeptanzproblems ergeben. Es besteht die Gefahr, daß ein als Stabsstelle ausgerichteter M&A-Bereich von den operativen Einheiten aufgrund seiner mangelnden Weisungsbefugnis und aufgrund der Nähe zur Geschäftsleitung als „graue Eminenz" und Kontrollorgan betrachtet wird.[147] Aus diesem Grund werden zentral getroffene M&A-Entscheidungen von den entsprechenden Geschäftsbereichen möglicherweise nur widerwillig akzeptiert, was unter Umständen negative Auswirkungen auf den Erfolg des M&A-Projekts hat.

- Es besteht auch die Möglichkeit, den internen M&A-Organisationsbereich als *Zentralstelle* auszurichten. Zentralbereiche können ‚neben' den Unternehmensbereichen entstehen, wenn aus diesen bestimmte Aufgaben ausgegliedert werden und an zentraler Stelle ausschließlich diesem Unternehmensbereich zur Verfügung stehen. Sie können aber auch ‚über' den Unternehmensbereichen stehen, wenn die ausgelagerten Aufgaben für alle Unternehmensbereiche auf übergeordneter Ebene zusammengefaßt werden.[148] Eine wichtige Aufgabe des Zentralbereichs besteht darin, eine ganzheitliche Führungsaufgabe wahrzunehmen, um sicherzustellen, daß die Geschäftsbereiche im Interesse des Gesamtunternehmens handeln.[149] Diese Aufgabe ist auch bei der Durchführung eines internen M&A-Managements von besonderer Bedeutung. Nachdem die Realisierung von M&A-Projekten immer auch Auswirkungen auf die Gesamtstruktur des Unternehmens hat, ist es hilfreich, von zentraler Stelle steuernd einzugreifen. Der bei der Stabsstelle erwähnte Nachteil des Akzeptanzproblems kann allerdings auch hier zutreffen. Dabei ergibt sich die mangelnde Akzeptanz durch die Geschäftsbereiche nicht durch die befürchtete Kontrollfunktion des M&A-Bereichs, sondern möglicherweise durch die Distanz des Zentralbereichs zum operativen Geschäft. Den Mitarbeitern des Zentralbereichs wird unter

[147] Vgl. Staehle (1999), S. 708.
[148] Vgl. Frese (1998), S. 463.
[149] Vgl. Bühner (1996), S. 127.

Umständen unterstellt, keine ausreichenden Kenntnisse über das operative Geschäft zu besitzen, um das M&A-Projekt richtig zu bewerten und zu steuern.

- Eine dritte Möglichkeit der organisatorischen Einbindung ist die Bildung eines *eigenständigen Geschäftsbereichs*, der unter Umständen sogar rechtlich verselbständigt werden kann, um seine Dienste auch am Markt anzubieten.[150] Der Vorteil eines eigenständigen M&A-Geschäftsbereichs besteht in dem hohen Grad an Professionalisierung, der bei dieser Organisationslösung erreicht werden kann. Allerdings ergibt sich ein gravierender Nachteil durch das Konkurrenzverhältnis zwischen internen und externen Auftraggebern, falls der M&A-Bereich seine Dienste auch am Markt anbietet.[151] In der Praxis findet dieses Organisationskonzept kaum Anwendung.[152]

Da eine eigenständige M&A-Organisationseinheit ausschließlich zur Koordination des internen M&A-Managements aufgebaut wird, sind ihre originären Aufgaben gleichzusetzen mit ihren Leistungsbeiträgen im M&A-Management.

3.2.3.2 Wesentliche Leistungsbeiträge der M&A-Organisationseinheit im internen M&A-Management

Grundsätzlich können sämtliche Phasen des M&A-Prozesses durch einen solchen Bereich koordiniert werden.[153] Aus Kapazitätsgründen oder aus unternehmenspolitischen Erwägungen kann es jedoch mitunter notwendig sein, bestimmte Prozeßphasen durch andere Unternehmenseinheiten durchführen zu lassen.

---

[150] Vgl. Engels (1997), S. 219 f.

[151] Wie dies beispielsweise beim Management-Holding-Netzwerk der Fall ist. Vgl. Bühner (1992), S. 59 f.

[152] Eine Ausnahme stellt z.B. die Deutsche Bank AG dar, die ein eigenständiges, rechtlich selbständiges Beteiligungsunternehmen, die DB Investor AG gegründet hat, um die Industriebeteiligungen der Deutschen Bank zu verwalten sowie Käufe und Verkäufe eben dieser Beteiligungen durchzuführen. Vgl. o.V. (1998b), S. 23.

[153] Vgl. Bartholomäus (1997), S. 436.

So gehört die strategische Geschäftsfeldplanung als Bestandteil der *Initiierungsphase* häufig nicht zum Aufgabenspektrum einer internen M&A-Organisationseinheit. Stattdessen liegt diese Aufgabe meist in der Verantwortung der Geschäftsleitung, die dabei eventuell durch die Strategieabteilung unterstützt wird, oder in den Händen des jeweiligen operativen Bereichs. Zwar hat der interne M&A-Bereich oftmals ebenfalls gute Kenntnisse über das bestehende Geschäftsfeldportfolio und die strategische Ausrichtung des Unternehmens. Da jedoch häufig das erwähnte Akzeptanzproblem besteht, liegt diese Aufgabe meist direkt bei der Geschäftsleitung oder dem operativen Bereich.

In der *Suchphase* ist der Beitrag der internen M&A-Organisationseinheit wieder in stärkerem Maße gefordert. Häufig besitzt eine solche Abteilung gute Kenntnisse über das Wettbewerbsumfeld und den Markt für Unternehmen und somit auch über mögliche Akquisitionsobjekte oder Käufer. Zudem fungiert sie in der Regel als Ansprechpartner für Investmentbanken und kann in Zusammenarbeit mit diesen, einen geeigneten Gegenpart zur Durchführung des M&A-Projekts finden. Auch die *Ansprache* des Kandidaten kann durch den internen M&A-Bereich erfolgen, wenn es nicht aus unternehmenspolitischen Gründen geboten ist, daß diese Aufgabe durch die Geschäftsleitung übernommen wird.

In der *Evaluierungsphase* hat die interne M&A-Abteilung einen wichtigen Beitrag zu leisten. Im Falle einer Akquisition geht es darum, möglichst viele aussagekräftige Informationen über das Kaufobjekt zu erhalten und im Rahmen der Due Diligence aufzuarbeiten. Auch die darauf basierende Unternehmensbewertung wird häufig vom internen M&A-Bereich vorgenommen, sofern die dazu notwendigen Kapazitäten und Kenntnisse vorhanden sind. Im Falle des Verkaufs eines Unternehmensteils geht es darum, die Informationen und Daten, die der potentielle Käufer zur Durchführung einer Due Diligence benötigt, zusammenzustellen und zu präsentieren. Auch die Ermittlung des gewünschten Verkaufspreises liegt häufig in den Händen des internen M&A-Bereichs.

Auch bei der *Vertragsverhandlung* kann die internen M&A-Abteilung einen wesentlichen Beitrag leisten. Da sie durch die Vorbereitung oder Auswertung der Due Diligence in der Regel bereits umfangreiche Informationen über das potentielle Akquisitionsobjekt oder den potentiellen Käufer hat und häufig auch die Unternehmensbewertung vornimmt, kann sie in hohem Maße zur Ermittlung des Kaufpreises beitragen. Auch in Fragen der eigentlichen Durchführung der Transaktion (z.B. bei der Frage nach share oder asset deal) ist diese Abteilung ein wichtiger Ansprechpartner.

Im Falle einer Akquisition kann der interne M&A-Bereich unter Umständen nochmals in der *Phase nach der Vertragsunterzeichnung* zum Einsatz kommen. Es ist beispielsweise möglich, daß ein abgeschlossenes Akquisitionsobjekt in regelmäßigen Abständen daraufhin überprüft wird, ob es die in der Planungsphase des M&A-Projekts festgelegten Ziele erfüllt. Zu diesem Zweck kann ein Abgleich zwischen den im Business-Plan festgelegten Soll-Werten und den aktuellen Ist-Werten der Akquisition vorgenommen werden. Ob diese Aufgabe allerdings durch die interne M&A-Abteilung durchgeführt wird, ist vom Einzelfall abhängig. Ebenso ist der Einsatz der internen M&A-Abteilung auch nach einem Divestment möglich und zwar dann, wenn es darum geht, die Durchsetzung nachträglicher Haftungsansprüche zu regeln (dies erfolgt meist in Zusammenarbeit mit der Rechtsabteilung).

3.2.4 Realisierung des M&A-Managements durch den operativen Bereich

3.2.4.1 Organisation und originäre Aufgaben der operativen Bereiche

Unter Umständen kann es sinnvoll sein, das Management des M&A-Projekts in die Hände des jeweiligen operativen Bereichs zu legen.[154] Dabei übernimmt diejenige Abteilung, die durch die M&A-Transaktion vornehmlich betroffen ist, die Managementaufgaben des gesamten Projekts. Die Mitarbeiter des operativen Bereichs werden also zusätzlich zu ihren laufenden Tätigkeiten noch mit der Verantwortung für das M&A-Projekt betraut.

---

[154] Der Begriff ‚operativer Bereich‘ ist im Rahmen der vorliegenden Arbeit gleichzusetzen mit den Begriffen ‚Geschäftsbereich‘ und ‚Unternehmensbereich‘.

Die organisatorische Ausgestaltung des operativen Bereichs ist abhängig von der Organisationsstruktur des Gesamtunternehmens. Nach rechtlichen Strukturmerkmalen sind zwei Arten der Gestaltung von operativen Geschäftsbereichen möglich:[155]

- Demnach kann der operative Bereiche als *rechtlich unselbständiger Geschäftsbereich* eines Unternehmens geführt werden, wie dies beispielsweise in der Spartenorganisation der Fall ist. Werden diese Geschäftsbereiche nach Produkten oder Produktgruppen gebildet, so obliegt das M&A-Management derjenigen operativen Einheit, deren Produktlinie durch das M&A-Projekt betroffen ist. Die verantwortlichen Mitarbeiter sind meist die Geschäftsbereichsleiter und sonstige leitende Mitarbeiter (z.B. aus dem Marketing oder der Produktion), auf deren Tätigkeit sich das M&A-Projekt unmittelbar auswirkt.

- Es ist auch möglich, daß der operative Bereich in Form *rechtlich selbständiger Tochtergesellschaften* organisiert ist. Dies ist beispielsweise bei einem Konzern oder in einer Holding der Fall.[156] Gerade dann ist der operative Bereich sehr umfassend, da er durch eine eigenständige Tochtergesellschaft dargestellt wird und ebenso wie der ihm übergeordnete Konzern über eine eigene Organisationsstruktur verfügt. Das bedeutet, daß es auch innerhalb dieser Tochtergesellschaft wieder verschiedene Möglichkeiten gibt, das interne M&A-Management durchzuführen. In der Regel wird es durch die Geschäftsleitung der Tochtergesellschaft oder durch deren Strategieabteilung durchgeführt. Eine solche Abteilung erfüllt ähnliche Aufgaben wie die zentrale Strategieabteilung mit der Besonderheit, daß sich die strategischen Pläne und Entscheidungen lediglich auf die jeweilige Konzerntochter beziehungsweise den jeweiligen Geschäftsbereich beziehen. Daher ist das M&A-Management durch die dezentrale Strategieabteilung vergleichbar mit dem M&A-Management durch die Fachabteilung für Strategie, jedoch nicht auf Ebene des Konzerns, sondern beschränkt auf die entsprechende Tochtergesellschaft.

[155] Vgl. Bühner (1996), S. 126.
[156] Vgl. Bühner (1993), S. 158.

Die originären Aufgaben der Mitarbeiter des operativen Bereichs, die den M&A-Prozeß koordinieren, sind sehr unterschiedlich.[157] Die Leiter von Geschäftsbereichen und Tochtergesellschaften nehmen hauptsächlich Führungsfunktionen war und berichten direkt an die Geschäftsleitung des Gesamtunternehmens. Die Strategieabteilung kümmert sich um Aufgaben der strategischen Planung für den jeweiligen operativen Bereich. Wie erwähnt, können auch leitende Mitarbeiter aus bestimmten Funktionen wie dem Marketing- und dem Produktionsbereich das M&A-Management durchführen. Ihre originären Aufgaben ergeben sich aus dem jeweiligen Bereich, in dem sie tätig sind.

3.2.4.2 Wesentliche Leistungsbeiträge der operativen Bereiche im internen M&A-Management

Nachdem im operativen Bereich verschiedene Mitarbeiter an der Koordination des M&A-Managements beteiligt sein können, sind auch die jeweiligen Leistungsbeiträge ganz unterschiedlich. Sie ergeben sich in der Regel aus den originären Aufgaben des Mitarbeiters, d.h. die Leistungsbeiträge sind dort am größten, wo Kenntnisse erforderlich werden, die der Mitarbeiter auch bei seiner eigentlichen Arbeit benötigt. Dennoch lassen sich auch einige allgemeine Aussagen über die wesentlichen Leistungsbeiträge des operativen Bereichs treffen, die sich aus der dezentralen Struktur des M&A-Managements ergeben. Die Verlagerung des M&A-Managements von zentralen Bereichen des Unternehmens in die operative Ebene ist für die Durchführung bestimmter Phasen von Vorteil, während sie in anderen Phasen nachteilig sein kann.

Zudem muß hier eine Differenzierung zwischen dem Fall der Akquisition und dem Fall des Verkaufs vorgenommen werden. Während bei der Akquisition die Einbindung des operativen Bereichs sehr sinnvoll sein kann, ergeben sich beim Unternehmensverkauf Probleme dadurch, daß der operative Bereich quasi sich selbst oder einen Teil von sich veräußern muß. Da der Verkauf eines Geschäftsbereichs jedoch häufig den Widerstand der betroffenen Mitarbeiter zur Folge hat, ist eine objektive Abwicklung des Verkaufs-

[157] Vgl. Poensgen/Marx (1982), S. 240 ff.

prozesses durch den operativen Bereich schwierig.[158] Jedoch sollte auch beim Verkauf nicht ganz auf den Einsatz des operativen Bereichs verzichtet werden, da dieser über spezifische Informationen verfügt, die bei der Veräußerung berücksichtigt werden sollten (z.B. technisches Know-how, über das der potentielle Käufer informiert werden möchte).

In der *Initiierungsphase* ist die Beteiligung des operativen Bereichs sehr wichtig, sofern dieser durch das geplante M&A-Projekt direkt betroffen ist. Die Durchführung eines M&A-Projekts hat aber gleichzeitig oft auch Auswirkungen auf die Strategie des Gesamtunternehmens. Daher ist es wichtig, daß in dieser ersten Phase eine Abstimmung zwischen Geschäftsbereichsstrategie und Unternehmensstrategie stattfindet. Als Ansprechpartner auf zentraler Ebene bieten sich die Unternehmensleitung, der Fachbereich für Strategie aber auch die eigenständige M&A-Organisationseinheit an.

Die *Suche nach geeigneten Kandidaten* kann wiederum problemlos auf dezentraler Ebene stattfinden. Die operativen Einheiten können meist sehr gut selbst beurteilen, welches Unternehmen als Akquisitionsobjekt in Frage kommt. Im Falle eines Verkaufs kann es ebenfalls im Interesse des operativen Bereichs liegen, auf die Suche nach einem potentiellen Käufer Einfluß zu nehmen. Ob auch die *Ansprache eines potentiellen Kandidaten* durch den operativen Bereich erfolgt, hängt stark vom Zentralisierungsgrad des gesamten Unternehmens ab. Grundsätzlich gilt, daß in dezentralen Unternehmen (wie z.B. einer Management-Holding) den operativen Einheiten mehr Entscheidungsvollmachten übertragen werden, wozu durchaus auch die Ansprache eines Akquisitionskandidaten zählt.

Zur Durchführung des *Evaluierungsprocederes* sind bestimmte Kenntnisse notwendig, über die der operative Bereich nicht zwangsläufig verfügt. Soll diese Phase dennoch durch den jeweiligen Geschäftsbereich betreut werden, besteht die Möglichkeit, externe Berater einzusetzen, die eine Due Diligence Prüfung sowie die Bewertung des Akquisitionsobjektes durchführen. Die abschließende Evaluierung des Kandidaten liegt

---

158 Vgl. Moser (1991b), S. 61.

danach wiederum in den Händen des operativen Bereichs, der dabei auf die Ergebnisse der externen Spezialisten zurückgreift.

Bezüglich der *Vertragsverhandlung* ist der Einsatz des Geschäftsbereichs möglich und sinnvoll. Er ist jedoch ebenfalls abhängig vom Zentralisierungsgrad des Gesamtunternehmens und den damit verbundenen Entscheidungskompetenzen der operativen Ebene. Bei dezentralen Unternehmen ist es wahrscheinlich, daß die Vertragsverhandlung durch den jeweiligen Geschäftsbereichsleiter durchgeführt wird.
Wird die Vertragsverhandlung durch den operativen Bereich geführt, ergeben sich als wesentliche Vorteile zum einen die Berücksichtigung technischen oder geschäftsbereichsspezifischen Know-hows und zum anderen eine erhöhte Akzeptanz des Verhandlungsergebnisses bei der durch das M&A-Projekt betroffenen Einheit.

In der *Phase nach der Vertragsunterzeichnung* kommt dem operativen Bereich eine besondere Bedeutung zu. Wesentliche Maßnahmen im Zusammenhang mit der Integration können optimal durch den jeweiligen Geschäftsbereich, der durch die Akquisition betroffen ist, koordiniert werden, da dieser auch mögliche Integrationsschwierigkeiten rechtzeitig erkennen kann.[159] Die Festlegung der Geschäftsführung sowie die Managementintegration sollten möglichst früh erfolgen und erfordern meist das Einwirken der Gesamtunternehmensleitung. Die Erschließung von Synergie- und Restrukturierungspotentialen liegt dann wieder in der Verantwortung des operativen Bereichs.

Es zeigt sich, daß grundsätzlich alle genannten Organisationskonzepte geeignet sind, ein unternehmensinternes M&A-Managements durchzuführen, wenngleich die Leistungsbeiträge in den einzelnen Phasen variieren. Die nachfolgende Abbildung 3 gibt einen Überblick über die vier Organisationskonzepte des unternehmensinternen M&A-Managements und zeigt auf, in welchen Phasen die wesentlichen Leistungsbeiträge jedes Organisationskonzeptes liegen.

---

[159] Vgl. Hagemann (1996), S. 151.

Organisationskonzepte des unternehmensinternen M&A-Managements	Wesentliche Leistungsbeiträge in den Phasen des M&A-Prozesses
Realisierung des M&A-Managements durch die Geschäftsleitung	Überwiegend strategische Aufgaben in der Initiierungsphase und bei der Auswahl geeigneter Kandidaten; Dokumentation seriöser Absichten in der Verhandlungsphase; bei der Evaluierung und bei der (Des-)Integration hauptsächlich Überwachungsfunktion.
Realisierung des M&A-Managements durch Fachabteilungen	Leistungsinhalte richten sich nach der Art der Fachabteilung: Strategieabteilung übernimmt planerische Aufgaben bei der Initiierung und der Kandidatensuche; Finanz- oder Controllingabteilung führen die Evaluierung des Partners durch und unterstützen die Kaufpreisbestimmung; Personalabteilung übernimmt wesentliche Aufgaben bei der (Des-)Integration; Rechtsabteilung unterstützt Vertragsverhandlung und regelt Haftungsansprüche nach der Vertragsunterzeichnung.
Realisierung des M&A-Managements durch eine eigenständige M&A-Organisationseinheit	Grundsätzlich Einsatz während aller Prozeßphasen möglich: Schwerpunkte sind Suche nach geeigneten Kandidaten und Evaluierung des Partners (Unternehmensbewertung) sowie Begleitung der Vertragsverhandlungen.
Realisierung des M&A-Managements durch den operativen Bereich	Sofern das M&A-Projekt auf Geschäftsbereichsebene stattfindet, kann Betreuung sämtlicher Prozeßphasen erfolgen; Schwerpunkte sind die Geschäftsfeldplanung in der Initiierungsphase, die Kandidatensuche und die (Des-)Integration.

Abb. 3: Organisationskonzepte des M&A-Managements

3.2.5 Mischformen

Die in den vorherigen Kapiteln dargestellten Organisationskonzepte sind Extremformen der Durchführung eines unternehmensinternen M&A-Managements. Demgegenüber läßt sich in der Realität selten feststellen, daß tatsächlich sämtliche Phasen eines M&A-Projekts ausschließlich durch eine einzige unternehmensinterne Organisationseinheit koordiniert werden. Dafür gibt es zwei wesentliche Gründe:[160]

- Häufig sind in den relevanten Organisationseinheiten nicht genügend *Kapazitäten* vorhanden, um sämtliche Aufgaben in den einzelnen Phasen selbst zu erfüllen. Dieses Problem tritt insbesondere bei der Realisierung des M&A-Managements durch die Geschäftsleitung, durch Fachbereiche und durch den operativen Bereich auf, da die Mitarbeiter dieser Organisationseinheiten noch weitere Aufgaben neben der Koordination von M&A-Projekten zu erfüllen haben. Hier können relativ schnell Kapazitätsgrenzen erreicht werden, die durch den Einsatz zusätzlicher interner oder externer Spezialisten überwunden werden können.[161]

- Eine weitere Schwierigkeit ergibt sich dadurch, daß den relevanten Organisationseinheiten häufig die notwendigen *Kenntnisse und Kompetenzen* zur Betreuung sämtlicher Prozeßphasen fehlen. Dies wurde bereits deutlich bei der Darstellung der wesentlichen Leistungsbeiträge der einzelnen Organisationskonzepte. So verfügt beispielsweise eine eigenständige M&A-Abteilung oft über das notwendige Know-how, kann dieses aber aufgrund fehlender Kompetenzen, die sich durch die Ausgestaltung als Stabs- oder Zentralbereich ergeben, nicht zur Entscheidungsfindung nutzen. Umgekehrt verfügt der operative Bereich in einem dezentral strukturierten Konzern möglicherweise über die notwendigen Entscheidungsvollmachten, hat aber keine ausreichenden Kenntnisse, um die Evaluierung eines potentiellen Akquisitionsobjektes vornehmen zu können.[162]

Aus den genannten Gründen sind in der Praxis oft Mischformen des unternehmensinternen M&A-Managements anzutreffen, bei denen die verschiedenen Prozeßphasen

---

[160] Vgl. Lengerich (1992), S. 252.
[161] Vgl. Klein/Knorpp (1974), S. 22 ff.

durch mehrere der genannten Organisationseinheiten des Unternehmens durchgeführt werden. Welche Organisationseinheiten miteinander kombiniert werden, ist in starkem Maße vom Unternehmen und dem jeweiligen M&A-Projekt abhängig. Grundsätzlich sind alle Kombinationen denkbar, so lange die notwendigen Kompetenzen und Kenntnisse zusammengeführt werden.
Charakteristisch für diese Mischformen ist häufig die Trennung von Projekt- und Prozeßverantwortung.[163] Während eine Organisationseinheit (z.B. der operative Bereich) die Projektleitung übernimmt und damit für die Durchsetzung der geplanten Ziele verantwortlich zeichnet, beschäftigt sich eine andere Organisationseinheit (z.B. die M&A-Abteilung) mit der Prozeßleitung und übernimmt so die Verantwortung für die Zeitplanung und die Zuteilung der erforderlichen Ressourcen.

Der Vorteil dieser sogenannten Mischformen des M&A-Managements liegt in der Überwindung von Kapazitäts- und Kompetenzgrenzen, die sich für eine einzelne Organisationseinheit möglicherweise stellen würden. Es kann gewährleistet werden, daß das M&A-Management durchgängig in den Händen unternehmensinterner Organisationseinheiten liegt und daß die damit verbundenen Vorteile genutzt werden können.[164]

Gleichzeitig muß jedoch auch berücksichtigt werden, daß bei diesen Mischformen keine durchgängige Verantwortung für den M&A-Prozeß an eine bestimmte Organisationseinheit übertragen werden kann.[165] Dadurch ergibt sich möglicherweise eine Schnittstellenproblematik, die im Falle eines Mißerfolgs im M&A-Management nachträglich eine Identifizierung des Verantwortlichen erschwert.

Ein weiterer Aspekt, der in der bisherigen Betrachtung noch keine Berücksichtigung fand, ist der Einsatz externer Berater zur Unterstützung des unternehmensinternen M&A-Managements. Da diese eine Sonderrolle einnehmen und lediglich ergänzende

---

[162] Vgl. Klanke (1992), S. 116.
[163] Vgl. auch Kapitel 1.3 der vorliegenden Arbeit.
[164] Die Vorteile des unternehmensinternen im Vergleich zum externen M&A-Management wurden bereits in Abschnitt 2.2 im Rahmen der Erklärungsansätze ausführlich dargelegt.
[165] Vgl. Hagemann (1996), S. 155.

Funktionen wahrnehmen, werden sie nicht den in diesem Abschnitt behandelten Organisationskonzepten zugeordnet, sondern im folgenden Abschnitt separat betrachtet.

3.3 Die Rolle externer Berater im unternehmensinternen M&A-Management

Entscheidet sich ein Unternehmen dafür, mit Hilfe eines der genannten Organisationskonzepte ein unternehmensinternes M&A-Management aufzubauen, so bedeutet das nicht zwangsläufig den totalen Verzicht auf externe Berater.[166] Vielmehr ist der gezielte Einsatz externer Spezialisten eine wichtige Ergänzung für die erfolgreiche Durchführung eines unternehmensinternen M&A-Managements. Im folgenden soll ein Überblick darüber gegeben werden, welche Arten externer M&A-Berater es gibt und unter welchen Voraussetzungen ihr Einsatz sinnvoll erscheint.

3.3.1 Arten externer Berater

Der Markt für externe M&A-Berater ist vielseitig. Man unterscheidet M&A-Berater im engeren und im weiteren Sinne.[167] Zu den M&A-Beratern im engeren Sinne zählen hauptsächlich

- Investmentbanken,
- Spezialabteilungen großer Universalbanken sowie
- die sogenannten M&A-Boutiquen.

[166] Unter externen Beratern werden Selbständige oder Angestellte einer von dem beratenen Unternehmen unabhängigen Beratungsgesallschaft verstanden, die beauftragt werden, bei der Lösung bestimmter Unternehmensprobleme unterstützend tätig zu werden. Ziel einer solchen Beratung ist der Transfer externer Problemlösungskapazität. Vgl. Wirtz (1985), S. 28.

[167] Vgl. Achleitner (1999), S. 150 – 155.

Bei letzteren handelt es sich um zumeist kleinere Beratungsunternehmen, die ihr Angebot ausschließlich auf die Betreuung von M&A-Transaktionen ausgerichtet haben. All diesen M&A-Beratern im engeren Sinne ist gemein, daß sie sämtliche Phasen des M&A-Prozesses betreuen können. Folglich können sie das Management einer solchen Transaktion von Anfang bis Ende durchführen, was dem externen M&A-Management gleichkommt. Selbstverständlich kann diese Art von M&A-Beratern auch für Spezialaufgaben in einzelnen Phasen des M&A-Prozesses eingesetzt werden.

Demgegenüber sind die M&A-Berater im weiteren Sinne auf bestimmte Prozeßphasen spezialisiert.[168] Zu diesem Beratertypus zählen insbesondere

- Wirtschaftsprüfer,
- Steuerberater,
- Rechtsanwälte,
- Strategieberater und
- Unternehmensmakler.

Während Wirtschaftsprüfer, Steuerberater und Rechtsanwälte vornehmlich in den Phasen der Unternehmensbewertung und der Vertragsverhandlung zum Einsatz kommen, bietet sich der Einsatz von Strategieberatern in der Planungs- und Integrationsphase an. Unternehmensmakler übernehmen ausschließlich die Aufgabe, Angebot und Nachfrage am Markt zusammenzuführen, d.h. ihr Einsatzbereich liegt in erster Linie in der Phase der Kontaktanbahnung.[169]

---

[168] Vgl. Bross/Caytas/Mahari (1991), S. 42 ff.
[169] Vgl. Deiß (1997b), S. 498.

3.3.2 Gründe für den Einsatz externer Berater im internen M&A-Management

Externe Berater können einen wesentlichen Beitrag zur erfolgreichen Umsetzung eines unternehmensinternen M&A-Managements leisten, wenn ihr Einsatz zum richtigen Zeitpunkt und mit den richtigen Schwerpunkten erfolgt. Insgesamt lassen sich drei Umstände identifizieren, bei denen die Einbindung externer Berater hilfreich ist:[170]

- Überwindung von Kapazitätsengpässen
  Die Durchführung eines unternehmensinternen M&A-Managements erfordert den intensiven Einsatz von Humanressourcen. Je nachdem, welcher Mitarbeiter das interne M&A-Management durchführt, ist es möglich, daß er neben dieser Tätigkeit noch andere Aufgaben im Unternehmen wahrzunehmen hat. In diesem Fall stößt der einzelne Mitarbeiter relativ schnell an Kapazitätsgrenzen und kann die ihm übertragenen Aufgaben nicht mit der entsprechenden Sorgfalt ausführen. Wird demgegenüber ein Teil der Aufgaben an externe Spezialisten ausgelagert, so können derartige Kapazitätsengpässe umgangen werden. Dabei sollte es sich um Aufgaben handeln, die klar definiert sind und deren Ergebnisse im nachhinein problemlos in das interne M&A-Management integriert werden können.[171]

- Bedarf an Spezialwissen
  Ein weiterer wichtiger Grund für den Einsatz externer Berater ist dann gegeben, wenn in bestimmten Phasen des M&A-Prozesses Spezialwissen benötigt wird, das im Unternehmen nicht vorhanden ist. Wird dieses Spezialwissen nur für das Management eines einzigen M&A-Projekts benötigt, so erscheint der interne Aufbau des Know-hows wenig sinnvoll.[172] Statt dessen bietet es sich an, auf externe Berater zurückzugreifen, um auf diese Weise die situationsbedingte Unsicherheit zu reduzieren, die sich durch das fehlende interne Know-how ergibt. Als typische Situation, in der das interne Wissen oftmals nicht ausreicht, läßt sich die Durchführung

[170] Vgl. Chobrok (1999), S. 109. Vgl. Behrens (1993), S. 165 ff.
[171] Dies ist beispielsweise bei der Auslagerung von Due Diligence Prüfungen der Fall. Vgl. Bucher/Schuldig (1998), S. 37.
[172] Vgl. Krauß (1999), S. 26.

eines grenzüberschreitenden M&A-Projekts nennen.[173] Hier kann auf den Einsatz landeskundiger Rechts- oder Steuerexperten kaum verzichtet werden.

- Bedarf an Objektivität
  Bei einem internen M&A-Management besteht die Gefahr, daß die beteiligten Mitarbeiter durch ihr unternehmensspezifisches Wissen voreingenommen sind. Insbesondere beim Auftreten bestimmter Probleme im M&A-Prozeß fehlt den Mitarbeitern häufig die nötige Distanz, um zu einer Problemlösung zu gelangen. Ein externer Berater, der sich durch seine Unabhängigkeit vom Unternehmen auszeichnet, kann in einem solchen Fall einen wertvollen Beitrag leisten, da er das Problem aus einem anderen Blickwinkel betrachtet als der Mitarbeiter.[174] Auf diese Weise wird ein bestimmtes Maß an Objektivität sichergestellt, das bei einer rein internen Durchführung des M&A-Managements nicht immer gegeben ist.

In den genannten drei Fällen wird ein Teil der Aufgaben des M&A-Managements an externe Spezialisten ausgelagert. Der gezielte Einsatz externer Berater stiftet dabei einen hohen Nutzen für die erfolgreiche Durchführung eines M&A-Projekts.

[173] Vgl. Blankenburg (1996), S. 215.
[174] Vgl. Bruppacher/Brand (1995), S. 175.

4. Voraussetzungen für den Einsatz der unterschied-lichen Organisationskonzepte

Für welches der in Kapitel 3.2 dargestellten Organisationskonzepte zur Durchführung eines internen M&A-Managements sich ein Unternehmen entscheidet, ist von verschiedenen Voraussetzungen abhängig. Diese Voraussetzungen ergeben sich insbesondere aus der Situation des jeweiligen Unternehmens.[175] Diese wird wiederum bestimmt durch die vier übergeordneten und interdependenten Kriterien Strategie, Struktur, Kultur und Personal (Abb. 4).[176]

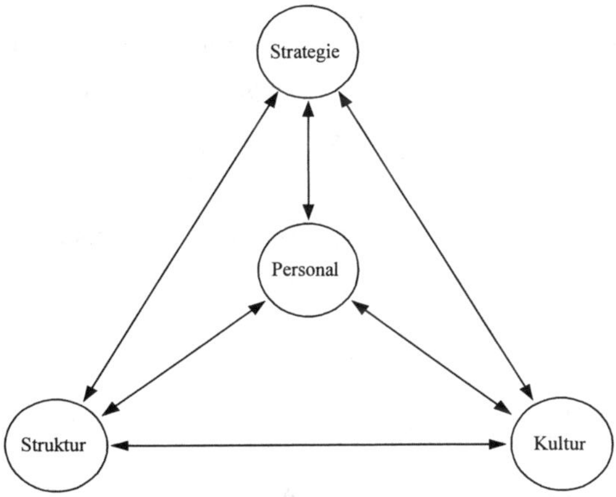

Abb. 4: Strategie, Struktur, Kultur und Personal als situationsbestimmende Variablen eines Unternehmens

---

[175] Neben den hier betrachteten unternehmensspezifischen Voraussetzungen spielen auch transaktionsspezifische Kriterien (z.B. Komplexität und Volumen des M&A-Projekts) eine Rolle bei der organisatorischen Umsetzung des M&A-Managements. Diese werden hier jedoch aufgrund der Fokussierung der Arbeit auf unternehmensspezifische Aspekte nicht weiter vertieft.

[176] Diese integrierte Betrachtungsweise findet sich in verschiedenen Managementansätzen wieder. Sie ist z.B. Grundlage des Zürcher Ansatzes der Führungslehre und dient dazu, das Unternehmen zu erfassen, zu analysieren und zu beurteilen. Vgl. Rühli (1996), S. 43. Auch das St. Galler Management Konzept basiert auf einer ähnlichen Betrachtung, die verschiedene Kriterien integriert, um eine ganzheitliche Sichtweise des Managements zu gewährleisten. Vgl. Bleicher (1999), S. 55 ff. Vgl. ähnlich Hilb (1999), S. 25 ff.

Die *Strategie* umfaßt alle Aspekte, die sich aus dem Inhalt der Geschäftstätigkeit ergeben, die *Struktur* bestimmt sich aus aufbau- und ablauforganisatorischen Gegebenheiten der Unternehmensorganisation, die *Kultur* beschreibt die von den Mitarbeitern eines Unternehmens gemeinsam getragenen Werte und Normen und das *Personal* ist dafür verantwortlich, das Unternehmensziel durch seinen Arbeitseinsatz zu erreichen. Strategie, Struktur, Kultur und Personal müssen sich zur bestmöglichen Erreichung des Unternehmensziels entsprechen und werden gleichberechtigt betrachtet.[177]

Jedes dieser vier Kriterien setzt sich seinerseits wieder aus zahlreichen Einzelaspekten zusammen. Gegenstand der folgenden Ausführungen soll daher sein, einige ausgewählte Aspekte der Kriterien Strategie, Struktur, Kultur und Personal darzustellen, die einen Einfluß auf die Ausgestaltung des internen M&A-Managements haben.[178] In Abhängigkeit der Ausgestaltung dieser Einzelaspekte soll beurteilt werden, inwiefern sich die in Kapitel 3.2 dargestellten Organisationskonzepte zur Umsetzung des M&A-Managements eignen.

4.1 Strategische Voraussetzungen

Unter einer Strategie versteht man „ein Gesamtkonzept zur Erreichung eines oder mehrere Ziele, das auf eine längere Zeit ausgelegt ist und aggregierte Größen beinhaltet.“[179]

Die Strategie eines Unternehmens hat einen nicht unerheblichen Einfluß auf die Ausgestaltung des unternehmensinternen M&A-Managements. Dies begründet sich durch die Tatsache, daß die M&A-Strategie eines Unternehmens in der Regel ein Instrument zur Umsetzung der unternehmerischen Gesamtstrategie ist.[180] Die Strategieentwicklung auf Ebene des Gesamtunternehmens bezieht sich im wesentlichen

---

[177] Vgl. Rühli (1991), S. 84.
[178] Die Auswahl dieser Einzelaspekte wurde auf Basis der Informationen aus der empirischen Untersuchung sowie der Literaturanalyse vorgenommen.
[179] Kreikebaum (1997), S. 19.
[180] Vgl. Oehlrich (1999), S. 56 f.

auf die Zusammensetzung des Geschäftsbereichsportfolios sowie das Zusammenwirken der verschiedenen Unternehmensbereiche.[181] Beide Bereiche werden durch M&A-Projekte beeinflußt, so daß die M&A-Strategie als Bestandteil der Unternehmensstrategie betrachtet werden kann. Somit ist auch die organisatorische Umsetzung eines unternehmensinternen M&A-Managements abhängig von der strategischen Ausrichtung des Unternehmens.

Im folgenden sollen drei ausgewählte Elemente der Unternehmensstrategie dargestellt werden, die einen Einfluß auf die Wahl eines geeigneten Organisationskonzeptes haben:

- Zum einen ist entscheidend, welche *strategischen Ziele* das Unternehmen mit der Durchführung eines M&A-Projekts verfolgt. Diese Ziele können nach marktorientierten, finanzorientierten und persönlichen Zielen unterschieden werden, wobei sich zur Realisierung unterschiedlicher Zielarten auch verschiedene Organisationskonzepte anbieten (vgl. Kapitel 4.1.1).

- Zum anderen spielt auch die Form der *M&A-Strategie* eine Rolle bei der Wahl eines geeigneten Organisationskonzeptes. Man unterscheidet hierbei Wachstums- und Schrumpfungsstrategien, die ein unterschiedliches internes M&A-Management erfordern (vgl. Kapitel 4.1.2).

- Als drittes Element der Strategie bleibt in diesem Zusammenhang die *Bedeutung des externen Unternehmenswachstums* zu nennen. Wie stark ein Unternehmen auf externes Wachstum angewiesen ist, hängt in erster Linie von dessen Branchenzugehörigkeit und dem Wettbewerbsumfeld ab und hat ebenfalls Auswirkungen auf die organisatorische Ausgestaltung des M&A-Managements (vgl. Kapitel 4.1.3).

[181] Vgl. Kübler (1996), S. 99.

Im folgenden sollen die genannten Strategieelemente dargestellt werden, um aufzuzeigen, inwiefern sie eine Voraussetzung für die Wahl eines bestimmten Organisationskonzeptes sind.

4.1.1 Strategische Zielvereinbarung bei M&A-Projekten

4.1.1.1 Ziele von M&A-Projekten

Die Motive, die der Durchführung von M&A-Transaktionen zugrunde liegen, sind vielschichtig. Sie hängen in starkem Maße von der Geschäftstätigkeit des Unternehmens und seinem marktlichen Umfeld ab. Die häufigsten Ursachen für den Übergang von Unternehmen lassen sich anhand marktbezogener, finanzieller und persönlicher Ziele systematisieren.

- Marktbezogene Ziele
  Marktbezogene M&A-Transaktionen haben ihre Ursachen in der Absicht des Unternehmens,

  - seine Position in einem bestehenden Markt auszubauen,
  - in einen neuen Markt vorzudringen oder
  - sich aus einem bisherigen Markt ganz oder teilweise zurückzuziehen.

  Während die ersten beiden Alternativen im Zuge einer Wachstumsstrategie mit Hilfe eines Unternehmenskaufs oder einer Fusion realisiert werden können, bietet sich für den letzten Fall ein Divestment im Rahmen einer Schrumpfungsstrategie an.[182] Der Wunsch nach einer der genannten Änderungen ist häufig das Ergebnis einer vorgeschalteten Unternehmensanalyse, die Defizite und/oder Verbesserungspotentiale in den bisherigen Märkten aufzeigen soll.

[182] Die speziellen Auswirkungen von Wachstums- und Schrumpfungsstrategien auf die Ausgestaltung des internen M&A-Managements werden ausführlich in Kapitel 4.1.2 dargestellt.

- Finanzielle Ziele
  Neben marktbezogenen können auch finanzielle Ziele mit der Durchführung einer M&A-Transaktion verbunden sein. Als wesentliche finanzielle Ziele einer M&A-Transaktion sind zu nennen:[183]

  - die Realisierung eines Finanzgewinns durch den günstigen Kauf eines Unternehmens
  - das Ausschöpfen von Steuervorteilen beim Unternehmenszusammenschluß und
  - das Beschaffen von Kapital durch den Unternehmensverkauf.

- Persönliche Ziele
  Einen nicht unerheblichen Einfluß auf die Entscheidung zur Durchführung einer M&A-Transaktion spielt mitunter die persönliche Motivlage der Eigentümer oder des Topmanagements der Unternehmung. Die Interessen von Managern und Eigentümern einer Unternehmung können stark differieren. Dies kann dazu führen, daß ein Manager Kauf- oder Verkaufsentscheidungen trifft, die nicht den Interessen der Anteilseigner entsprechen. In diesem Fall nutzt er den Ermessensspielraum, der sich aufgrund der Trennung von Eigentum und Kontrolle im Unternehmen ergibt.[184] Diese Trennung kann dazu führen, daß der Manager über bessere Informationen verfügt als die Eigenkapitalgeber und diesen Informationsvorsprung bei der Durchführung eines M&A-Projekts entsprechend seiner persönlichen Ziele ausnutzt. Als persönliche Ziele des Topmanagements im Rahmen von Unternehmensübernahmen lassen sich insbesondere die folgenden Aspekte nennen:[185]

  - Streben nach Macht und Geld,
  - Reduzierung des Arbeitsaufwandes sowie

---

[183] Vgl. Frank (1993), S. 116.
[184] Vgl. Huemer (1991), S 29.
[185] Vgl. Berens/Mertes/Strauch (1999), S. 49.

- Erhöhung des Abhängigkeitsverhältnisses und Absicherung des eigenen Arbeitsplatzes.

Auch der Eigentümer kann persönliche Ziele mit der Durchführung eines M&A-Projekts verfolgen. Hierbei sind zu nennen:[186]

- Sicherung der Unternehmensnachfolge in Familienunternehmen
- Profilierung der eigenen Persönlichkeit als „Unternehmenspatriarch"
- Mehrung des persönlichen Profits.

4.1.1.2 Auswirkungen der Ziele auf die Organisation des M&A-Managements

Im folgenden wird der Einfluß der strategischen Ziele auf die Wahl eines geeigneten Organisationskonzeptes zur Durchführung des M&A-Managements dargestellt.

4.1.1.2.1 Organisation des M&A-Managements zur Realisierung marktorientierter Ziele

Unternehmen, deren vorrangiges Motiv bei der Durchführung eines M&A-Projekts in der Realisierung marktbezogener Ziele liegt, verändern dadurch ihr strategisches Geschäftsfeldportfolio, gleichgültig, ob sie eine Wachstums- oder eine Schrumpfungsstrategie verfolgen. Je nach Tragweite eines solchen Projekts sowie in Abhängigkeit der Auswirkungen auf das Gesamtunternehmen sollten bei der Durchführung des M&A-Managements die obersten Entscheidungsebenen einbezogen werden.

Aus diesem Grund ist die Einbindung der *Geschäftsleitung* in das M&A-Management eine wesentliche Komponente, da Entscheidungen, die das gesamte

---

[186] Vgl. Alten (1998), S. 35, sowie o.V. (1999b), S. 30.

Unternehmen betreffen, vom Topmanagement getragen werden müssen.[187] Dies gilt insbesondere dann, wenn ein Unternehmen ein M&A-Projekt nutzt, um aus risiko- und wachstumspolitischen Gründen in neue Märkte vorzudringen.[188] Dabei soll die Abhängigkeit von risikoreichen Märkten reduziert und gleichzeitig die Möglichkeit eröffnet werden, in wachstumsstarke Märkte einzutreten. Die Reduktion des Gesamtrisikos des Unternehmens wird dabei unter anderem durch die Streuung von Geschäftsaktivitäten erreicht.[189] In welcher Form diese Streuung vorgenommen wird, liegt im Ermessen der Geschäftsleitung.

Damit sollte deutlich werden, daß die Geschäftsleitung eine wichtige Rolle bei der Durchführung des Managements von marktbezogenen M&A-Projekten spielt. Zur Betreuung des Projekts sind jedoch spezifische Kenntnisse und Fähigkeiten notwendig, über die das Topmanagement verfügen sollte.

Die Realisierung marktbezogener Ziele erfordert ein hohes Maß an Professionalität, so daß sich als Organisationskonzept auch die Betreuung des M&A-Managements durch eine *eigenständige und darauf spezialisierte Organisationseinheit* anbietet. Diese Organisationseinheit besitzt den Vorteil, an zentraler Stelle des Unternehmens angesiedelt zu sein,[190] und somit ebenso wie die Geschäftsleitung die Sicht des Gesamtunternehmens zu vertreten. Dadurch wird das zur Realisierung marktbezogener Ziele notwendige Produkt-Markt-Denken sichergestellt.[191] Gleichzeitig verfügt diese Organisationseinheit jedoch über ein deutlich höheres M&A-spezifisches Fachwissen als die Geschäftsleitung, da ihre originären Aufgaben ausschließlich in der Betreuung von M&A-Projekten liegen. Die Kombination einer zentralen Stellung im Unternehmen mit dem Vorhandensein M&A-spezifischer Kenntnisse läßt die interne M&A-Abteilung als Organisationskonzept bei marktori-

---

[187] Vgl. Hungenberg (1992), S. 348.
[188] Vgl. Pausenberger (1989a), S. 623.
[189] Vgl. Stein (1992), S. 123.
[190] Wie bereits erwähnt, ist eine internen M&A-Abteilung in der Regel als Stabsstelle oder Zentralbereich ausgestaltet und befindet sich somit an zentraler Stelle im Unternehmen. Vgl. Kap. 3.2.3.1.
[191] Darunter versteht man die Fähigkeit, die Produkte eines Unternehmens und seine relevanten Märkte im Gesamtzusammenhang zu erkennen und nicht isoliert voneinander zu betrachten. Vgl. Allanson (1985), S. 22.

entierten Zielen vorteilhaft erscheinen. Daher ist dieses Organisationskonzept zur Durchführung des M&A-Managements zur Realisierung marktorientierter Ziele sehr geeignet.

Eine weitere organisatorische Möglichkeit ist die Realisierung des M&A-Managements durch *operative Einheiten*. Sie ist insbesondere dann von Interesse, wenn im Vordergrund des M&A-Projekts die Realisierung positiver Synergien steht.[192] Synergieeffekte ergeben sich im Zusammenhang mit Unternehmensübernahmen durch leistungswirtschaftliche Vorteile infolge der Integration der Leistungserstellung und –verwertung von Käuferunternehmen und Akquisitionsobjekt.[193] Mit der Realisierung positiver Synergien ist das Ziel verbunden, einen gemeinsamen Unternehmenswert zu schaffen, der größer ist als die Summe der Werte der einzelnen, voneinander unabhängigen Unternehmen vor dem Zusammenschluß.[194]

Die Beurteilung von Synergievorteilen kann häufig am besten durch den jeweiligen operativen Bereich vorgenommen werden, der durch die Unternehmensübernahme unmittelbar betroffen ist. Das liegt daran, daß der operative Bereich die besten Kenntnisse über seine Produkte besitzt und daher beurteilen kann, ob die Produkte des Akquisitionsobjektes zu Synergien im eigenen Produktportfolio führen. Daher ist die Betreuung des M&A-Managements durch operative Bereiche ein geeignetes Organisationskonzept, sofern es sich um die Realisierung marktorientierter Ziele in Form von Synergieeffekten durch den Transfer von Wissen und Know-how auf Ebene eines bestimmten Unternehmensbereichs handelt.[195] Beziehen sich die Synergievorteile nicht auf einen einzelnen Unternehmensbereich, sondern auf das Gesamtunternehmen (z.B. Vermeidung von Doppelarbeiten durch Umstrukturierung des Geschäftsportfolios oder Nutzung eines gemeinsamen Vertriebsweges durch

---

192 Vgl. Pausenberger (1989b), Sp. 19.
193 Vgl. Ziegler (1997), S. 16.
194 Vgl. Berkovitch/Narayanan (1993), S. 350; vgl. auch Gomez (1992), S. 9.
195 Vgl. Ossadnik (1995), S. 71.

Zusammenschluß mit einem Partner)[196], ist eine zentrale Durchführung des M&A-Managements durch die Geschäftsleitung oder eine M&A-Abteilung vorzuziehen.

Die organisatorische Eingliederung des M&A-Managements in *Fachabteilungen* erscheint im Falle marktbezogener Ziele weniger sinnvoll. Diese Fachabteilungen kennzeichnen sich durch Spezialwissen in bestimmten Bereichen, wie beispielsweise Fragen der Unternehmensbewertung (Finanzabteilung) oder der Integration von Mitarbeitern (Personalabteilung). In der Regel verfügen sie jedoch nicht über ein ausgeprägtes Produkt-Markt-Denken wie die zuvor genannten Organisationseinheiten. Ein solches Verständnis für die Auswirkungen eines M&A-Projekts auf das Produkt- und Geschäftsfeldportfolio des Unternehmens ist jedoch bei der Realisierung marktorientierter Ziele unbedingt notwendig.

Es bleibt festzuhalten, daß zur Realisierung marktbezogener Ziele im Rahmen eines M&A-Projekts dessen organisatorische Anbindung an die Geschäftsleitung, die M&A-Abteilung oder den jeweiligen operativen Bereich möglich ist. Inwieweit hierbei nochmals eine Differenzierung nach Wachstums- und Schrumpfungsstrategien vorgenommen werden muß, wird in Kapitel 4.1.2 diskutiert.

4.1.1.2.2 Organisation des M&A-Managements zur Realisierung finanzieller Ziele

Verfolgt ein Unternehmen mit der Durchführung eines M&A-Projekts in erster Linie finanzielle Ziele, stellt sich zunächst die Frage, ob diese Ziele auch strategischen Charakter besitzen. Die Absicht eines finanziell motivierten M&A-Projekts liegt nämlich nicht in der Umstrukturierung beziehungsweise Neuorientierung des bestehenden Geschäftsportfolios. Vielmehr geht es um die Realisierung eines Finanzgewinns oder das Ausschöpfen von Steuervorteilen durch den Kauf oder Verkauf von Unternehmen. Da jedoch finanzielle Motive relativ häufig die Grundlage

---

[196] Vgl. Reissner (1992), S. 108 ff.

eines M&A-Projekts bilden und zudem einen Einfluß auf dessen organisatorische Durchführung haben, sollen sie an dieser Stelle näher betrachtet werden.

Finanzgewinne als Folge eines Unternehmenstransfers lassen sich im wesentlichen auf drei Arten realisieren:

- Die Realisierung eines Finanzgewinns durch einen günstigen Unternehmenskauf ergibt sich häufig als Folge einer Unterbewertung des Kaufobjektes am Markt.[197] Schätzt das Käuferunternehmen den Wert des Akquisitionsobjektes höher ein als der Markt, so spricht man von einer Unterbewertung des Targets.[198]
  Die Absicht des Käuferunternehmens ist es, die Bewertungsdifferenz in irgendeiner Form freizusetzen. Dies erfolgt entweder durch die Restrukturierung des akquirierten Unternehmens oder durch dessen Zerschlagung und Veräußerung der Einzelteile.[199]

- Neben der Realisierung einer günstigen Kaufoption ist ein anderes finanzielles Ziel von M&A-Transaktionen die Nutzung von Steuervorteilen.[200] Die Freisetzung von Steuervorteilen bei Unternehmensübernahmen basiert im wesentlichen auf der Nutzung von steuerlichen Verlustvorträgen beim Kaufobjekt. Die Verlustvorträge können den zu versteuernden Gewinn des Käuferunternehmens und damit die Steuerlast reduzieren.[201]

---

197 Ursache solcher Bewertungsunterschiede kann die Ineffizienz des Managements sein, aber auch das Auftreten von Wechselkursänderungen (bei grenzüberschreitenden Transaktionen) oder kurzfristigen Börsenschwankungen (bei börsennotierten Unternehmen). Vgl. Cooke (1988), S. 29. Vgl. auch Bressmer/Moser/Sertl (1989), S. 22.

198 Vgl. Achleitner (1999) S. 140.

199 Vgl. Dabui (1998), S. 36. Vgl. auch Zwahlen (1994), S. 61.

200 Der Zusammenschluß von Unternehmen durch Kauf oder Fusion ist nicht nur mit steuerlichen Vorteilen verbunden, sondern auch mit der Aufdeckung stiller Reserven und verkehrssteuerlichen Belastungen, die den Steuervorteilen gegenübergestellt werden müssen. Vgl. Herzig (1993), Sp. 4457.

201 Vgl. Kirchner (1991), S. 151.

- Finanziell motivierte Unternehmens*verkäufe* basieren in erster Linie auf dem Wunsch des Eigentümers, liquide Mittel in Form des Verkaufserlöses zu beschaffen. Zu diesem Zweck entscheidet er sich dazu, das Unternehmen als Ganzes oder bestimmte Unternehmensteile zu veräußern.

Betrachtet man die Ursachen, die zu finanziell motivierten Unternehmenstransfers führen können, wird deutlich, daß zur Durchführung solcher Transfers spezifisches Fachwissen notwendig ist. Dies wirkt sich auch auf die organisatorische Anbindung des jeweiligen M&A-Prozesses aus.

Im Falle von unterbewerteten Targets und zur Realisierung von Steuervorteilen bietet sich als Organisationskonzept die Eingliederung des M&A-Managements in entsprechende *Fachabteilungen* an. Eine besondere Rolle spielen hierbei die Finanz- und die Steuerabteilung des akquirierenden Unternehmens, die über spezifisches Know-how in Bewertungs- und Steuerfragen verfügen. Diese Kenntnisse sind bei der Durchführung finanziell motivierter Unternehmenskäufe sehr wichtig, so daß sich die Einordnung des M&A-Managements in entsprechende Fachabteilungen eignet.

Eine weitere organisatorische Lösungsmöglichkeit, die insbesondere im Falle finanziell motivierter Unternehmens*ver*käufe relevant ist, stellt die Anbindung des M&A-Managements an die *Geschäftsleitung* dar. Die Bedeutung dieses Organisationskonzeptes ergibt sich aus dem Interesse der Geschäftsleitung beziehungsweise des Eigentümers, das durch den Verkauf erlöste Kapital einer besseren Verwendung zuzuführen. Wird die Entscheidung getroffen, das Unternehmen als Ganzes zu verkaufen, so steckt dahinter häufig die Absicht des Eigentümers, sich mit dem erlösten Kapital einer neuen Tätigkeit zuzuwenden, von der er sich eine höhere Rendite auf das eingesetzte Kapital verspricht.[202] Werden demgegenüber nur Teile des Unternehmens verkauft, verfolgt der Eigentümer meist das Ziel, mit dem erlösten Kapital das Unternehmenswachstum in den Kerngeschäftsfeldern zu sichern.[203] Das

[202] Vgl. Moser (1991b), S. 52.
[203] Vgl. Liedtke (1998), S. 26.

Ausscheiden nicht betriebsnotwendiger Beteiligungen stellt hier eine Möglichkeit dar, notwendige Investitionen oder Akquisitionen zu finanzieren.
Da also Eigentümer respektive Geschäftsleitung bereits konkrete Absichten bezüglich der Verwendung des durch den Verkauf erlösten Kapitals besitzen, liegt es in ihrem Interesse, das M&A-Management zu betreuen, um gegebenenfalls steuernd in den Verkaufsprozeß eingreifen zu können.

Die organisatorische Anbindung des M&A-Managements in eine eigenständige *M&A-Abteilung* oder in *operative Einheiten* ist bei finanziell motivierten Unternehmenstransfers ebenfalls möglich. Für den *operativen Bereich* ist die Begleitung eines solchen M&A-Prozesses allerdings nur dann interessant, wenn der Finanzgewinn auch diesem Bereich zugute kommt. Dies ist jedoch in der Regel nur in stark dezentralen Unternehmen der Fall.[204]

Die eigenständige *M&A-Abteilung* kann das Management finanziell motivierter Unternehmenstransfers übernehmen, sofern sie über das notwendige Know-how verfügt. Dies ist jedoch insbesondere in steuerlichen Fragen häufig nicht der Fall. Zudem erfolgt bei dieser Art von M&A-Projekten keine Ein- beziehungsweise Ausgliederung im bestehenden Unternehmen, da im Vordergrund nur die Realisierung des Finanzgewinns steht. Die Planung der Integration und der Umstrukturierung findet folglich kaum Beachtung. Damit ist jedoch eine wichtige Aufgabe der internen M&A-Abteilung relativ bedeutungslos, so daß ihr Einsatz beim Management rein finanziell motivierter M&A-Projekte nur eingeschränkt sinnvoll erscheint.

---

[204] Dies kann beispielsweise in Holding-Organisationen der Fall sein. Vgl. auch Kap. 4.2.1.2.2.

4.1.1.2.3 Organisation des M&A-Managements zur Realisierung persönlicher Ziele

Ebenso wie die finanziellen besitzen auch die persönlichen Ziele nicht unbedingt strategischen Charakter, da sie nicht in erster Linie darauf ausgerichtet sind, das strategische Geschäftsportfolio zu beeinflussen, sondern darauf, die persönlichen Interessen der Geschäftsleitung durchzusetzen. Da dieses Ziel jedoch häufig über die Veränderung des Geschäftsportfolios erreicht werden kann, haben persönlich motivierte M&A-Projekte strategische Auswirkungen, auch wenn diese nicht den Ausschlag zur Durchführung des Projekts gegeben haben. Insofern sind auch persönliche Motive im Zusammenhang mit der strategischen Zielvereinbarung bei M&A-Projekten zu berücksichtigen.

Ein wesentliches persönliches Ziel, das von seiten des Topmanagements häufig hinter der Durchführung eines M&A-Projekts steht, ist das Streben nach Macht und Ansehen.[205] Diese immateriellen Werte sollen durch die Übernahme eines anderen Unternehmens und die damit verbundene Öffentlichkeitswirkung erreicht werden. Neben den immateriellen Anreizen sind jedoch häufig auch materielle – und dabei in erster Linie monetäre – Anreize ausschlaggebend für die Durchführung einer M&A-Transaktion.[206] Der erfolgreiche Abschluß einer Unternehmensübernahme geht in der Mehrzahl der Fälle mit einer zum Teil nicht unbeträchtlichen Gehaltssteigerung des Topmanagements der Käuferunternehmung einher.[207] Auch dieser Aspekt ist bei der Entscheidung zur Durchführung einer M&A-Transaktion nicht zu unterschätzen.

---

[205] Vgl. Gut-Villa (1997), S. 36.

[206] Vgl. Stein (1992), S. 44.

[207] Eine besondere Bedeutung gewinnt dieser Aspekt bei grenzüberschreitenden Transaktionen, sofern die Managementgehälter des Übernahmekandidaten höher sind als die des Käuferunternehmens. In diesem Fall kommt es in der Regel zu einer Gehaltsanpassung im Käuferunternehmen an die Gehälter des Akquisitionsobjektes, wie z.B. bei der Fusion der Automobilkonzerne Daimler-Benz und Chrysler. Die Gehälter des deutschen Managements wurden nach der Fusion an die deutlich höheren amerikanischen Maßstäbe angepaßt. Vgl. Salz/Schnitzler (1999), S. 38.

Neben dem Streben nach Macht und finanziellem Vermögen kann auch der persönliche Wunsch des Managers nach mehr Freizeit eine Rolle bei der Unternehmensübernahme spielen. Sieht das Topmanagement des Käuferunternehmens die Möglichkeit, durch eine M&A-Transaktion dem persönlichen Interesse eines reduzierten Arbeitsaufwands näher zu kommen (beispielsweise durch die Erhöhung der Anzahl von Führungskräften nach der Übernahme), forciert es unter Umständen die Durchführung der Transaktion, auch wenn damit nicht unbedingt die Steigerung des Unternehmenswertes verbunden ist. Die persönlichen Interessen des Managements werden somit über die Interessen der Eigenkapitalgeber und des Unternehmens gestellt.
Schließlich kann ein persönliches Motiv des Managements bei der Durchführung einer M&A-Transaktion auch darin bestehen, die eigene

Position im Unternehmen zu sichern. Dies geschieht insbesondere dann, wenn das Akquisitionsobjekt in einem Bereich tätig ist, in dem das Management des Käuferunternehmens besondere Kenntnisse aufweist.[208] Diese Kenntnisse sind unter Umständen notwendig für die Integration des Akquisitionsobjektes in das Käuferunternehmen sowie die strategische Ausrichtung des Gesamtunternehmens nach der Übernahme. Auf diese Weise wird die Person des Managers des Käuferunternehmens zu einem wesentlichen Faktor für den Akquisitionserfolg, was ihre Position im Unternehmen sichert.

Werden mit der Durchführung eines M&A-Projekts in hohem Maße persönliche Ziele des Topmanagements verfolgt, ist zu erwarten, daß auch die organisatorische Anbindung dieses Projektes an die *Geschäftsleitung* erfolgt. Auf diese Weise besitzen die Manager die Möglichkeit, zur Sicherstellung ihrer persönlichen Interessen steuernd in den M&A-Prozeß einzugreifen. Insbesondere wenn es darum geht, die eigene Position im Unternehmen zu sichern, kann das Topmanagement bereits während der verschiedenen Phasen des Prozesses sein Spezialwissen einbringen und sich somit für den Erfolg des Projektes unentbehrlich machen.

[208] Vgl. Berkovitch/Narayanan (1993), S. 350.

Es besteht auch die Möglichkeit, das Management persönlich motivierter M&A-Projekte durch eine eigenständige *M&A-Abteilung* betreuen zu lassen, sofern diese Abteilung der Geschäftsleitung unmittelbar unterstellt ist. Dies ist beispielsweise dann der Fall, wenn die M&A-Abteilung als Stabsstelle ausgestaltet ist und ausschließlich von der Geschäftsleitung Weisungen erhält.[209] Voraussetzung für die organisatorische Anbindung an die M&A-Abteilung ist in jedem Fall eine enge Zusammenarbeit zwischen dieser Abteilung und der Geschäftsleitung, so daß die persönlichen Ziele des Topmanagements entsprechend berücksichtigt werden.

Die Organisationskonzepte der operativen Einheiten und der Fachabteilungen bieten sich zur Realisierung persönlicher Ziele des Topmanagements weniger an. Sie sind häufig als Linienfunktionen ausgeprägt und verfügen daher über Weisungs- und Entscheidungsrechte, die sie vermehrt dazu einsetzen, eigene Ziele zu verwirklichen.[210] Insofern sind diese Bereiche keine geeigneten Mittler zur Sicherstellung persönlicher Interessen des Topmanagements.

---

[209] Vgl. Oefinger (1986), S. 22.

[210] Eine Ausnahme bildet hier die Strategieabteilung, die häufig als Stabsstelle ausgestaltet ist und keine Weisungsrechte besitzt. Vgl. Kap. 3.2.2.1 der vorliegenden Arbeit.

Die nachfolgende Abbildung 5 zeigt die Auswirkungen unterschiedlicher strategischer Zielsetzungen auf die Organisation des M&A-Managements im Überblick.[211]

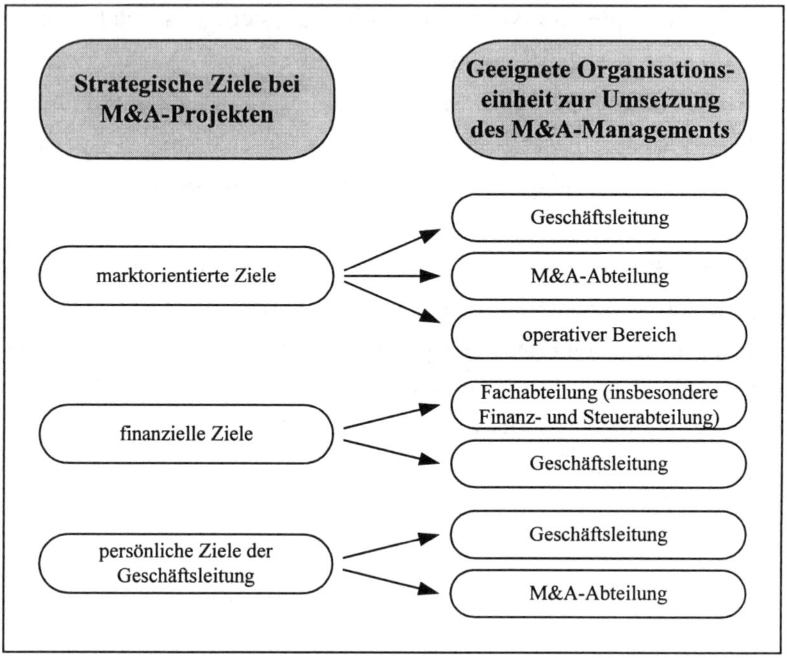

Abb. 5: Auswirkungen der Ziele auf die Organisation des M&A-Managements

[211] Die Reihenfolge, in der die Organisationseinheiten aufgeführt sind, gibt dabei eine Priorisierung wieder.

4.1.2 Wahl der M&A-Strategie

4.1.2.1 Arten von M&A-Strategien

Um die im vorhergehenden Kapitel dargestellten strategischen Ziele mit Hilfe von M&A-Projekten zu realisieren, stehen grundsätzlich zwei verschiedene Möglichkeiten zur Verfügung. Man unterscheidet dabei Wachstums- und Schrumpfungsstrategien:

- Zu den Wachstumsstrategien zählen Unternehmenskäufe und Fusionen, also diejenigen Transaktionen, die in dieser Arbeit als Unternehmens-übernahmen oder -zusammenschlüsse bezeichnet werden.[212]

- Schrumpfungsstrategien werden demgegenüber durch den Verkauf von Unternehmen oder Unternehmensteilen realisiert.[213]

Sowohl Wachstums- als auch Schrumpfungsstrategien dienen dazu, das bestehende Geschäftsportfolio eines Unternehmens zu verändern. Welche M&A-Strategie ein Unternehmen wählt, ist abhängig von der angestrebten Strategieentwicklung. Die Möglichkeiten einer auf Wachstum ausgerichteten Strategieentwicklung lassen sich anhand der Produkt-Markt-Matrix von Ansoff veranschaulichen.[214] Obwohl dieses Konzept bereits vor einigen Jahrzehnten entwickelt wurde, ist es nach wie vor sehr gut geeignet, die verschiedenen Möglichkeiten eines Unternehmens zur Umsetzung einer Wachstumsstrategie aufzuzeigen.

---

[212] Vgl. Storck (1993), S. 67.

[213] Das Ziel von Schrumpfungsstrategien besteht nicht darin, tatsächlich zu schrumpfen, sondern primär darin, das bestehende Portfolio zu konsolidieren, um die Unternehmensstrategie umzusetzen (z.B. Konzentration auf Kerngeschäftsfelder) oder vorzubereiten (z.B. finanzielle Mittel freisetzen und einer besseren Verwendung zuführen). Vgl. Bruppacher (1990), S. 270 f.

[214] Vgl. Ansoff (1966), S. 132.

		Markt	
		gegenwärtig	neu
Produkt	gegenwärtig	Marktdurchdringung	Marktentwicklung
	neu	Produktentwicklung	Diversifikation

Abb. 6: Produkt-Markt-Matrix

Die vier Kombinationsmöglichkeiten zwischen Produkt und Markt lassen sich durch Wachstumsstrategien in Form von Akquisitionen oder Fusionen erreichen:

- Bei der *Marktdurchdringung* beabsichtigt das Unternehmen, die vorhandenen Märkte mit bestehenden Produkten intensiver zu bearbeiten. Zu diesem Zweck kann durch den Zusammenschluß mit einem bisherigen Konkurrenten, der gleiche Produkte herstellt und auf gleichen Märkten tätig ist, die Absatzmenge erhöht und die Intensität der Marktbearbeitung verstärkt werden.

- Die *Marktentwicklung* kann erreicht werden, wenn durch den Zusammenschluß mit einem Unternehmen, das auf einem bisher unbearbeiteten Markt tätig ist,[215] der Zugang zu diesem Markt für die bestehenden Produkte des eigenen Unternehmens eröffnet wird.

[215] Der bisher unbearbeitete Markt muß sich nicht zwangsläufig in einer anderen Region befinden. Es kann sich dabei ebenso um einen Markt handeln, der durch bestimmte Nachfrager definiert wird, die bisher noch keine Zielgruppe des Unternehmens dargestellt haben.

- Im Rahmen einer *Produktentwicklung* beabsichtigt das Unternehmen nach einer Akquisition oder Fusion, auf den bestehenden Märkten neue Produkte anzubieten.

- Das Ziel der *Diversifikationsstrategie* besteht schließlich darin, Wachstum mit neuen Produkten auf neuen Märkten zu generieren. Auch hierzu stellt ein Unternehmenszusammenschluß eine mögliche Vorgehensweise dar.

Verfolgt ein Unternehmen eine der genannten Wachstumsstrategien, ist der Unternehmenszusammenschluß in Form einer Akquisition oder Fusion eine geeignete Möglichkeit zur Umsetzung. Unternehmensübernahmen sind eine Ausprägungsform des externen Unternehmenswachstums, das generiert wird durch den Erwerb der Verfügungsrechte über bereits bestehende Kapazitäten (z.B. Unternehmen oder Unternehmensteile).[216] Im Vergleich zum internen Unternehmenswachstum, das durch die originäre Schaffung und Kombination von Produktionsfaktoren zustande kommt, bedeutet externes Wachstum meist eine Zeitersparnis im Entwicklungsprozeß des Käuferunternehmens.[217] Zudem lassen sich durch den Erwerb eines Unternehmens im Vergleich zum Eigenaufbau leichter Markteintrittsbarrieren überwinden.[218]

Was die Produkt-Markt-Matrix von Ansoff nicht berücksichtigt, ist die Möglichkeit des gezielten Rückzugs aus einem bestehenden Markt, der ebenfalls die Ursache für die Durchführung eines M&A-Projektes sein kann. In diesem Fall geht es um den Verkauf von Unternehmen und Unternehmensteilen bzw. die Aufspaltung von Unternehmen. Häufig steht im Mittelpunkt dieses Rückzugs aus einem Markt die Restrukturierung einer übergeordneten Einheit, beispielsweise eines Konzerns. Dabei ist die Abspaltung einzelner Unternehmen oder Unternehmensteile oft das Ergebnis einer strategischen Neuorientierung des Gesamtkonzerns.[219] Durch die Konzentrati-

---

[216] Zur Übertragung von Verfügungsrechten vgl. ausführlich Richter (1994), S. 10 ff.
[217] Vgl. Pausenberger (1989a), S. 625.
[218] Vgl. Fuchs (1990), S. 246.
[219] Vgl. Bruppacher (1990), S. 272.

on auf bestimmte Geschäftsfelder werden die Aktivitäten, die nicht mehr dem strategischen Konzept des Unternehmens entsprechen, herausgelöst. Gleichzeitig kann der Verkaufserlös für strategische Akquisitionen und den Auf- oder Ausbau eines bestimmten Geschäftsfeldes verwendet werden.

Im folgenden soll aufgezeigt werden, inwiefern sich die Entscheidung eines Unternehmens zur Durchführung von Wachstums- und Schrumpfungsstrategien auf die Organisation des M&A-Managements auswirkt.

4.1.2.2 Auswirkungen der M&A-Strategien auf die Organisation des M&A-Managements

Die Entscheidung eines Unternehmens für eine Wachstums- oder eine Schrumpfungsstrategie und damit für Akquisitionen oder für Divestments hat einen Einfluß auf den Ablauf des M&A-Prozesses. Auch wenn sich die Phasen des M&A-Managements bis auf den letzten Punkt – das Vorgehen nach der Vertragsunterzeichnung – nicht maßgeblich voneinander unterscheiden,[220] sind doch unterschiedliche Schwerpunkte bei der internen Betreuung einer Akquisition und bei der eines Divestments zu setzen. Aus diesem Grund bieten sich für die beiden Strategiealternativen auch unterschiedliche Organisationskonzepte des M&A-Managements an.

4.1.2.2.1 Wachstumsstrategien

Ein Unternehmen, das verstärkt auf Unternehmenszusammenschlüsse als Form des Wachstums setzt, hat bei der Durchführung des entsprechenden M&A-Managements grundsätzlich die Möglichkeit, sämtliche der genannten Organisationskonzepte einzusetzen. Die Entscheidung für eine Wachstumsstrategie ist somit nicht zwangsläufig mit der einen oder anderen Form der organisatorischen Eingliederung des M&A-Managements verbunden. Je nachdem, auf welchen Märkten das Unternehmen wachsen möchte, kann jedoch eine unterschiedliche organisatorische

---

[220] Vgl. Kap. 3.1 der vorliegenden Arbeit.

Lösung angebracht sein. Das Unternehmenswachstum durch M&A kann sich auf verschiedene Märkte richten. Man unterscheidet entsprechend der marktlichen Dimension horizontale, vertikale und laterale M&A-Transaktionen.

- Unter einer *horizontalen Unternehmensübernahme* versteht man die Übernahme eines Unternehmens derselben Branche, das sich auf der gleichen Produktionsstufe befindet wie das Käuferunternehmen.[221] Horizontale Unternehmensübernahmen bieten sich insbesondere dann an, wenn das mit dem M&A-Projekt verbundene Ziel in der Sicherung der aktuellen Marktposition besteht, wie dies bei der Marktdurchdringung, aber auch bei der Produkt- oder Marktentwicklung der Fall ist. Durch den Zusammenschluß mit einem unmittelbaren Konkurrenten können Synergien realisiert werden. Die Marktposition wird aber auch dadurch gestärkt, daß der Markt durch den Konzentrationsprozeß enger geworden ist und das aus dem Zusammenschluß oder der Übernahme hervorgegangene Unternehmen nun einen höheren Anteil am Gesamtmarkt hält.[222]

  Zur Durchführung eines horizontalen Unternehmenszusammenschlusses sind intensive Marktkenntnisse notwendig. Bisherige Konkurrenten müssen als Transaktionspartner identifiziert und der Mehrwert ihrer Produkte für das eigene Unternehmen beurteilt werden. Diese Notwendigkeit spricht für die organisatorische Eingliederung des M&A-Managements in den *operativen Bereich.* Die Mitarbeiter dieses Organisationsbereichs können durch die Nähe zum Produkt in der Regel am besten beurteilen, ob die Produktpalette eines Konkurrenten eine sinnvolle Ergänzung der eigenen Erzeugnisse darstellt.

  Möglich ist ebenfalls die Betreuung des M&A-Managements durch eine eigenständige *M&A-Abteilung*, da diese meist über gute Informationen bezüglich Wettbewerbern verfügt. Gleiches gilt für die Betreuung durch die *Geschäftsleitung*.

---

[221] Vgl. Bühner (1990), S. 5.
[222] Vgl. Schmidt/Röhrich (1992), S. 179.

Eine Betreuung durch *Fachabteilungen* erscheint eher unwahrscheinlich, da diese in der Regel nicht über solch umfassende Wettbewerbsinformationen verfügen wie die vorher genannten Organisationsbereiche und auch die möglichen Synergieeffekte eines horizontalen Unternehmenszusammenschlusses weniger gut einschätzen können.

- Neben der horizontalen besteht auch die Möglichkeit der *vertikalen Unternehmensübernahme*, bei der das Akquisitionsobjekt einer vor- oder nachgelagerten Produktionsstufe entstammt. Sehr häufig handelt es sich dabei um eine Unternehmensverknüpfung mit Kunden oder Lieferanten.[223] Vorrangiges Ziel ist dabei die Sicherung von Einkaufsquellen und Absatzmärkten.[224] Bei einer Rückwärtsintegration, d.h. der Übernahme eines Unternehmens einer vorgelagerten Produktionsstufe, geht es insbesondere darum, quantitative, qualitative oder zeitliche Beschaffungsengpässe zu vermeiden. Demgegenüber zielt die Vorwärtsintegration, also die Übernahme eines Unternehmens einer nachgelagerten Produktionsstufe, darauf ab, den Absatz zu sichern oder unter Umständen absatzpolitische Verbesserungspotentiale zu realisieren. In beiden Fällen eröffnet eine Unternehmensübernahme die Möglichkeit, Einfluß und Kontrolle über die vor- oder nachgelagerten Geschäftspartner auszuüben.[225] Zum anderen erhoffen sich die an einer vertikalen Integration beteiligten Unternehmen – ähnlich wie bei horizontalen M&A-Transaktionen – auch die Nutzung von positiven Synergieeffekten. Diese resultieren im Fall der vertikalen Unternehmensübernahme vornehmlich aus dem Transfer von Wissen einer Produktionsstufe in eine andere. Zudem können Kommunikationskosten gesenkt werden, deren Höhe maßgeblich durch die Transparenz des vor- oder nachgelagerten Marktes bestimmt wird. Die vertikale M&A-Strategie eignet sich sowohl zur Sicherung bestehender Märkte (Marktdurchdringung) als auch zum Eintritt in neue Märkte (Marktentwicklung).

---

[223] Vgl. Clever (1993), S. 11.
[224] Vgl. Pausenberger (1989a), S. 622.
[225] Vgl. Gösche (1991), S. 20.

Für die organisatorische Anbindung eines vertikalen M&A-Projekts ergeben sich keine wesentlichen Änderungen gegenüber der horizontalen Akquisition. Auch hier sind gute Branchenkenntnisse und die richtige Einschätzung von Synergievorteilen durch den Zusammenschluß mit einem Zulieferer oder Abnehmer notwendig. Folglich bietet sich ebenfalls eine Einbindung des M&A-Managements in den *operativen Bereich*, die *M&A-Abteilung* oder die *Geschäftsleitung* an.

- Neben der horizontalen und vertikalen M&A-Strategie kommt als dritte Ausprägungsform die *laterale Unternehmensübernahme* in Betracht. Darunter versteht man die Übernahme eines Unternehmens, das einer vollkommen anderen Branche entstammt als das akquirierende Unternehmen und somit für den Erwerber den Eintritt in neue Produkt- und Marktfelder bedeutet (Diversifikation).[226] Auf diese Weise hat das Käuferunternehmen die Möglichkeit, in Wachstumsmärkte oder Branchen mit höherer Rentabilität und/oder anderer Risikostruktur einzutreten.

Die Durchführung eines lateralen M&A-Projekts ist für interne Organisationseinheiten häufig mit erhöhten Schwierigkeiten verbunden, da in der Regel im Unternehmen keine Informationen über die bisher noch nicht bearbeiteten Märkte und Produkte vorliegen. Es besteht die Möglichkeit, das Management einer lateralen Akquisition durch den eigenständigen *M&A-Organisationsbereich* durchführen zu lassen. Dieser Bereich hat neben der Betreuung von M&A-Projekten keine weiteren originären Aufgaben, so daß er sich ausschließlich darauf konzentrieren kann, Informationen über die neuen Produkte und Märkte einzuholen und zu verarbeiten. Hierbei ist jedoch der verstärkte Einsatz externer Berater geboten. Sie dienen als Informationslieferant und können somit eine wertvolle Unterstützung der internen M&A-Abteilung sein.[227]

---

[226] Vgl. Sautter (1989), S. 23.
[227] Vgl. Storck (1990), S, 377.

Auch der Einsatz der *Geschäftsleitung* ist bei lateralen Akquisitionen von Bedeutung. Der Eintritt in ein bisher unbekanntes Terrain erfordert klare Zielvorgaben und eine Planung von übergeordneter Stelle. Diese Aufgabe sollte durch die Geschäftsleitung übernommen werden. Sie dient auch der Steuerung externer Spezialisten.

Die *operativen Bereiche* und die *Fachabteilungen* sind zur Betreuung einer lateralen Akquisition weniger geeignet, da sie in der Regel nicht über branchenfremde Kenntnisse oder Kontakte verfügen.

4.1.2.2.2 Schrumpfungsstrategien

Als Schrumpfungsstrategie oder Konsolidierungsstrategie wird der Verkauf von Unternehmen oder Unternehmensteilen (Spin Off) bezeichnet. Bei einem solchen Spin Off trennt sich das Unternehmen von Randbereichen, die wenig rentabel sind oder nicht in die Gesamtstrategie des Unternehmens passen.[228] So kann es beispielsweise sein, daß ein Unternehmen sich auf seine Kernkompetenzen besinnen möchte und sich von sämtlichen Unternehmensbereichen trennt, die nicht darunter zusammenzufassen sind.

Bezüglich der organisatorischen Anbindung von Spin Offs ist eine grundsätzliche Besonderheit zu beachten. Während zur Durchführung von Wachstumsstrategien sämtliche der in Kapitel 3.2 beschriebenen internen Organisationseinheiten eingesetzt werden können, ergibt sich bei Schrumpfungsstrategien eine Schwierigkeit im Falle der Betreuung durch operative Bereiche. Hat ein Unternehmen die Absicht, sich von einem Geschäftsbereich komplett zu trennen, kann die Durchführung des Verkaufsprozesses kaum in die Hände dieses Geschäftsbereichs gelegt werden. Es besteht die Gefahr, daß unternehmensspezifische Interessen nicht adäquat verfolgt werden können, da der operative Bereich seine eigenen Interessen zu stark in den Vordergrund rückt. Diese Interessen bestehen nicht selten darin, den eigenen Ver-

[228] Vgl. Rüdesheim (1998), S. 36.

kauf zu verhindern. Anders verhält es sich, wenn nicht der ganze Unternehmensbereich veräußert werden soll, sondern nur Teile davon. Dann kann es möglicherweise sehr hilfreich sein, bestimmte Mitarbeiter des operativen Bereichs in den Verkaufsprozeß einzubinden, da diese die besten Kenntnisse über den zu veräußernden Geschäftsbereich besitzen.

Es wird deutlich, daß die Einbindung des operativen Bereichs zur Durchsetzung von Schrumpfungsstrategien schwierig ist. Auf der einen Seite sind die Fachkenntnisse des Geschäftsbereichs nötig, um eine gute Position bei der Verkaufsverhandlung einnehmen zu können. Auf der anderen Seite kann man von dem betroffenen operativen Bereich kaum erwarten, daß er sich selbst veräußert.
Inwieweit die übrigen drei Organisationskonzepte, also die Betreuung durch die Geschäftsleitung, die Fachabteilung oder die eigenständige M&A-Abteilung geeignet sind, hängt hauptsächlich von dem gewählten Veräußerungsverfahren ab. Dabei unterscheidet man drei grundsätzliche Verkaufsalternativen, die eine entsprechende Organisationslösung erfordern:

- Erstens können Anteile des Unternehmens im Rahmen eines *Initial Public Offering* (IPO) an der Börse plaziert werden. Ein IPO bezeichnet die erstmalige Emission von Aktien auf dem Kapitalmarkt.[229] Auf diese Weise werden dem Verkäuferunternehmen neue Finanzmittel zugeführt, die zu Investitionszwecken verwendet werden können. Kennzeichnend für den Börsengang ist die Tatsache, daß die Unternehmensteile nicht an einen einzelnen oder wenige, sondern an zahlreiche Käufer veräußert werden. Die Vorgehensweise eines solchen IPO unterscheidet sich sehr von den typischen Phasen eines M&A-Projekts, da beispielsweise die Suche und Auswahl eines geeigneten Käufers und auch die Vertragsverhandlung in der beschriebenen Form nicht stattfinden. Aus diesem Grunde fallen IPOs auch nicht unter den Begriff M&A im engeren Sinne.
  Die Betreuung eines IPO wird in der Regel nicht in gleichem Maße durch interne Organisationseinheiten durchgeführt wie die eigentlichen M&A-Projekte.

[229] Vgl. Achleitner (1999), S. 234.

Statt dessen ist ein verstärkter Einsatz externer Berater notwendig, da die Seltenheit solcher Börsengänge den Aufbau internen Spezialwissens kaum rechtfertigt und die Komplexität eines solchen Vorhabens entsprechende Kenntnisse und Erfahrung erfordert, die in der Regel nicht in vollem Umfang im Unternehmen vorhanden sind.
Die Möglichkeiten einer internen Betreuung von IPOs sollen an dieser Stelle nicht weiter erörtert werden, da sie zu sehr von den Organisationskonzepten herkömmlicher M&A-Projekte abweichen.

- Zweitens besteht die Möglichkeit, das Unternehmen oder Teile davon an *einen oder wenige Investoren* zu verkaufen. Diese Form ist die gebräuchlichste Art, ein Unternehmen zu veräußern. Als Investoren kommen insbesondere andere Marktteilnehmer aber auch Finanzinvestoren in Betracht.[230] Bei dieser Form des Verkaufs besteht die Möglichkeit, zwischen drei Verfahrensformen zu wählen.[231]

  - Der Verkauf durch *opportunistische Wahrnehmung von Angeboten* ist das am häufigsten angewendete Verkaufsverfahren. Hierbei ist das Zustandekommen der M&A-Transaktion das Ergebnis von sich zufällig bietenden Angeboten. Häufig wendet sich ein Interessent direkt an den Eigentümer eines Unternehmens, um sein Kaufinteresse zu bekunden. Auf diese Weise ist eine strategische Verkaufsplanung kaum möglich, da die Auswahl des besten Angebots aufgrund der Intransparenz konkurrierender Angebote nicht möglich ist.[232]
    Bezüglich der organisatorischen Anbindung eines M&A-Projekts, das sich aufgrund solch zufälliger Angebote ergibt, sind keine wesentlichen Besonderheiten zu beachten. Grundsätzlich sind sämtliche organisatorischen Lösungskonzepte zur Durchführung des M&A-Managements möglich. In die-

[230] Vgl. Becker (1999), S. 20.
[231] Vgl. Illenberger/Berlage (1991), S. 441.
[232] Vgl. Storck (1993), S. 97.

sem Fall hat die Wahl des Verkaufsverfahrens folglich keinen Einfluß auf die Wahl des Organisationskonzeptes.

- Beim Verkauf im Rahmen einer *gezielten Exklusivverhandlung* wendet sich der Verkäufer gezielt an einen bestimmten Kaufinteressenten, den er – nach einer vorhergehenden Analyse verschiedener potentieller Käufer – für geeignet hält, das Akquisitionsobjekt zu übernehmen. Als problematisch erweist sich dieses Verfahren dann, wenn der ausgewählte Käufer sich aus den Verhandlungen zurückzieht und der gesamte Auswahlprozeß sowie die Verhandlungen erneut beginnen müssen.[233]

  Die gezielte Ansprache eines potentiellen Käufers sollte dort angesiedelt sein, wo möglicherweise bereits Kontakte zu dem Käuferunternehmen bestehen. Dies ist häufig bei der *Geschäftsleitung*, bei der *eigenständigen M&A-Abteilung* oder beim *operativen Bereich* der Fall, die im Rahmen ihrer bisherigen Tätigkeit bereits eine Verbindung zu dem möglichen Transaktionspartner aufgebaut haben.

  Bestehen noch keine Kontakte zu dem potentiellen Käufer, so bietet sich die Ansprache des Unternehmens durch eine zentrale Einheit wie die *Geschäftsleitung* oder die *M&A-Abteilung* an. Auf diese Weise kann gegenüber internen und externen Anspruchsgruppen (z.B. Mitarbeitern, Kunden, Geschäftspartnern) zunächst Diskretion gewahrt werden, um unnötige Unsicherheit in der Frühphase eines möglichen Unternehmenstransfers zu vermeiden.

  Da es im Interesse des Unternehmens liegt, einen ganz bestimmten Käufer für das Kaufobjekt zu gewinnen, sollten auch die Vertragsverhandlungen an zentraler Stelle des Verkaufsunternehmens (also bei der *Geschäftsleitung* oder der *M&A-Abteilung*) angesiedelt sein. Auf diese Weise kann auf mögliche Forderungen des potentiellen Käufers schneller reagiert werden, um den Vertragsabschluß nicht zu gefährden.

  Es bietet sich daher an, das M&A-Management im Rahmen einer Exklusivverhandlung an zentraler Stelle im Unternehmen, d.h. bei der Geschäftslei-

[233] Vgl. Illenberger/Berlage (1991), S. 442.

tung oder der internen M&A-Abteilung anzusiedeln, sofern keine direkten Kontakte zum potentiellen Käufer an anderer Stelle im Unternehmen bestehen.

- Als dritte Veräußerungsmöglichkeit bietet sich das *Auktionsverfahren* an, wobei man die öffentliche und die kontrollierte Auktion unterscheidet.[234]
  Im Rahmen einer *öffentlichen Auktion* gibt der Verkäufer seine Verkaufsabsichten öffentlich bekannt, woraufhin interessierte potentielle Käufer Informationen über das Akquisitionsobjekt anfordern können. Zu einem festgesetzten Zeitpunkt geben die Kaufinteressenten ein unverbindliches Angebot ab und legen gleichzeitig bereits ihre Pläne bezüglich der Übernahme der Mitarbeiter und der strategischen und organisatorischen Eingliederung dar. Daran anschließend wählt der Verkäufer eine kleine Anzahl von Interessenten aus, läßt diesen weitere Informationen zukommen und verlangt schließlich ein verbindliches Angebot. Nach detaillierten Verhandlungen fällt schließlich die Entscheidung zugunsten eines Interessenten.[235]
  Der Verkauf im Rahmen einer *kontrollierten Auktion* unterscheidet sich von der öffentlichen Auktion dadurch, daß vorab analysiert wird, welche Käufer Interesse an einer Übernahme haben könnten.[236] Einige von ihnen werden ausgewählt und angesprochen, wobei jedoch die Identität des Verkäufers zunächst noch nicht preisgegeben wird. Bevor den Interessenten der Name des Verkäufers sowie detaillierte Informationen über das Akquisitionsobjekt bekanntgegeben werden, müssen diese eine Vertraulichkeitserklärung unterzeichnen. Danach läuft das Verfahren im wesentlichen wie das der öffentlichen Auktion ab. Nach einem unverbindlichen Angebot erfolgt eine weitere Selektion und anschließend das verbindliche Angebot einiger weniger Interessenten, aus denen der Verkäufer schließlich einen als Käufer auswählt.

Sowohl für die öffentliche als auch die kontrollierte Auktion sind bestimmte Kenntnisse zum Verfahrensablauf notwendig. Über diese Kenntnisse verfü-

---

[234] Vgl. Storck (1993), S. 97 f.
[235] Vgl. Illenberger/Berlage (1991), S. 442 ff.
[236] Vgl. Berens/Mertes/Strauch (1999), S. 35.

gen in der Regel weder die *Geschäftsleitung* noch *Fachabteilungen.* Falls solche Kenntnisse im Unternehmen vorhanden sind, werden sie häufig in der *M&A-Abteilung* gebündelt, so daß die Begleitung einer Auktion auch durch diese Abteilung erfolgen sollte. Entsprechend kann auch das gesamte Management des M&A-Projekts bei der M&A-Abteilung angesiedelt sein.
Es besteht allerdings auch die Möglichkeit, das zur Durchführung einer Auktion notwendige Spezialwissen durch externe Berater abzudecken und das Management der übrigen Phasen des Verkaufsprozesses einem der vier internen Organisationsbereiche – *Geschäftsleitung, Fachabteilung, M&A-Abteilung* und, mit Einschränkung, dem *operativen Bereich* – zu übertragen.

Für welches dieser drei Verfahren sich der Verkäufer entscheidet, hängt insbesondere vom relevanten Markt ab, in dem er sich befindet, aber auch vom Zeithorizont, in dem die Transaktion abgeschlossen sein soll.

- Drittens kann der Verkauf an persönliche Investoren in Form eines *Management Buy Out* (*MBO)* stattfinden. Dabei erwirbt das Topmanagement des zu verkaufenden Unternehmens Geschäftsanteile und/oder Vermögensgegenstände desselben Unternehmens.[237] Diese Form des Verkaufs an persönliche Investoren eignet sich insbesondere für Unternehmen, die für andere Investoren (z.B. Beteiligungsgesellschaften, Finanzinvestoren) nicht attraktiv genug sind, oder deren Eigentümer nicht an einen unliebsamen Konkurrenten verkaufen wollen.[238] Da persönliche Investoren häufig nicht genügend Privatvermögen besitzen, um die Übernahme voll zu finanzieren, werden häufig Fremdkapitalgeber hinzugezogen. Eine solche Transaktion, die überwiegend durch langfristiges Fremdkapital finanziert wird, bezeichnet man als Leveraged Buy-Out (LBO).[239]

Bei einem MBO ist es schwierig, das Management des Verkaufsprozesses durch interne Organisationseinheiten durchführen zu lassen. Die *Geschäftsleitung*

[237] Vgl. Wagner (1995), Sp. 1399.
[238] Vgl. Steuernagel (1998), S. 38.
[239] Vgl. Milde (1990), S. 649.

selbst, sprich das Topmanagement, kann sich kaum einbringen, da sie ja Anteile des Unternehmens erwerben möchte und deshalb nicht im Interesse des Verkäufers sondern im eigenen Interesse handelt. Gleiches gilt für eine eigenständige *M&A-Abteilung*, da diese in der Regel sehr eng mit der Geschäftsleitung zusammenarbeitet und von deren Weisungen und Entscheidungen abhängt. Möglich wäre allerdings die organisatorische Anbindung des M&A-Managements bei dem Eigentümer des Unternehmens, sofern dieser ebenfalls Geschäftsleitungsfunktion übernimmt.
Grundsätzlich ist für die Durchführung eines MBO jedoch ein externer Berater sehr hilfreich, um eine neutrale Vermittlerfunktion einzunehmen zwischen dem Verkäufer und dem Käufer, der in diesem Fall durch das Topmanagement des Verkäuferunternehmens dargestellt wird.

Die nachfolgende Abbildung 7 stellt, bezogen auf die verschiedenen Möglichkeiten von Wachstums- und Schrumpfungsstrategien, die geeigneten Organisationskonzepte zur Anbindung des M&A-Managements dar.

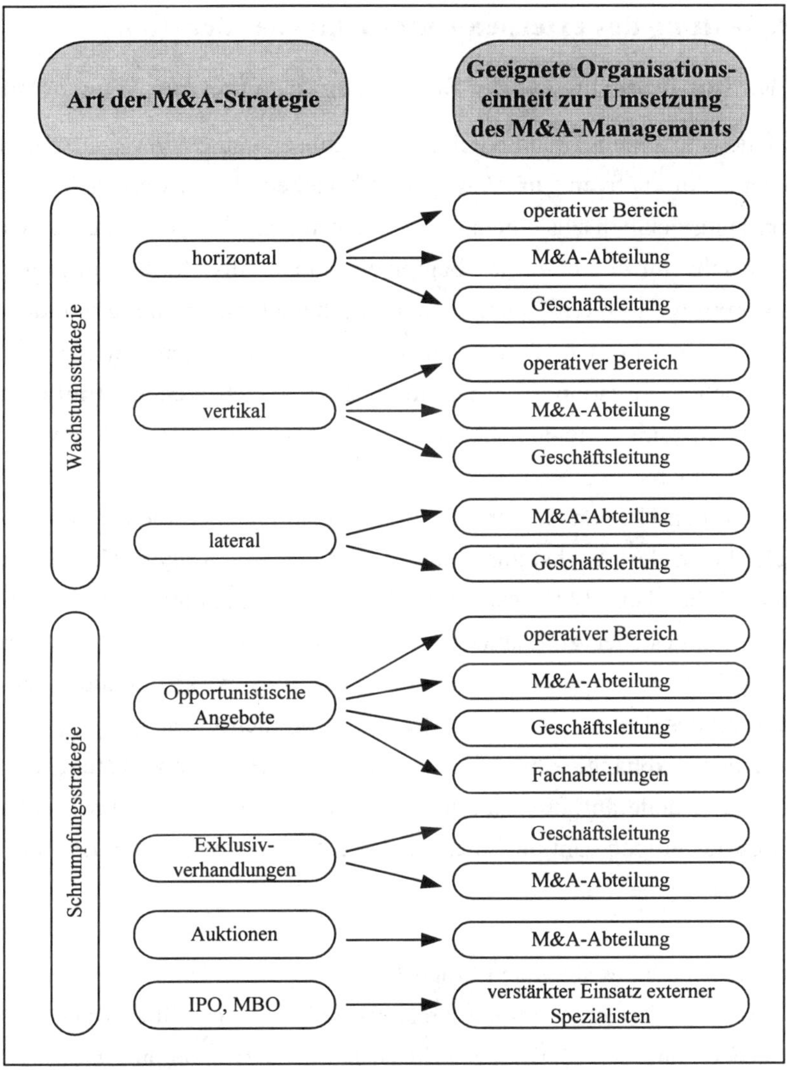

Abb. 7: Auswirkungen der M&A-Strategie auf die Organisation des M&A-Managements

4.1.3 Bedeutung des externen Unternehmenswachstums

4.1.3.1 Einflußfaktoren auf die Bedeutung des externen Wachstums

Grundsätzlich stehen einem Unternehmen zur Umsetzung einer Wachstumsstrategie verschiedene Alternativen zur Verfügung.[240] Neben dem externen Wachstum in Form von Unternehmenszusammenschlüssen kommen auch das interne Wachstum oder das Wachstum durch zeitlich begrenzte Kooperationsformen in Frage.[241] Für welche Alternative sich ein Unternehmen entscheidet, ist abhängig von den mit ihr verbundenen Kosten (auch Opportunitätskosten) und Erträgen sowie der unternehmensspezifischen Situation.[242] Einen nicht zu unterschätzenden Einfluß auf die Wahl der Wachstumsstrategie haben auch die Branche und das Wettbewerbsumfeld eines Unternehmens.

Unter bestimmten Umständen kann es sein, daß ein Unternehmen verstärkt auf eine spezifische Form des Wachstums festgelegt ist und die übrigen Alternativen nicht in Betracht ziehen kann (z.B. wenn schnelles Wachstum gefordert ist, um im Wettbewerbsumfeld bestehen zu können). Besteht somit eine erhöhte Abhängigkeit von der Alternative des externen Unternehmenswachstums, wirkt sich dies auch auf die Durchführung des dazu notwendigen M&A-Managements aus.

Für eine solche Abhängigkeit vom externen Unternehmenswachstum lassen sich verschiedene Gründe anführen, die ihren Ursprung überwiegend im Wettbewerbsumfeld des jeweiligen Unternehmens haben.[243] Als wesentliche Einflußfaktoren sind hierbei zu nennen:

- Notwendigkeit eines schnellen Wachstums
  In bestimmten Branchen besteht die Notwendigkeit, schnell zu wachsen, um mit der Entwicklung des Marktes Schritt zu halten (z.B. Computerindustrie). Dazu

[240] Vgl. Oehlrich (1999), S. 41.

[241] Das interne Unternehmenswachstum vollzieht ein Unternehmen in der Regel durch die Umsetzung eines gezielten Innovationsmanagements. Vgl. ausführlich Vahs/Burmester (1999), S. 2 ff.

[242] So erfordern beispielsweise die Kooperation und die Akquisition das Vorhandensein eines geeigneten Partners. Demgegenüber ist es beim internen Wachstum notwendig, das entsprechende Know-how zur Eigenerstellung im Unternehmen zu haben.

[243] Vgl. Porter (1995), S. 28 f.

ist das externe Wachstum deutlich besser geeignet als das interne, das sich möglicherweise über Jahrzehnte hinzieht.[244]

- Bedeutung eines hohen Marktanteils
  Die relative Größe eines Unternehmens in einem Markt, ausgedrückt durch den jeweiligen Marktanteil, kann in bestimmten Industrien ein entscheidender Wettbewerbsvorteil sein. Insbesondere im sogenannten Volumengeschäft ist das Erreichen einer kritischen Mindestgröße (economies of scale) notwendig, um zu wettbewerbsfähigen Kosten zu produzieren (z.B. Aluminiumindustrie).[245] Eine solche Mindestgröße in Verbindung mit einem entsprechend hohen Marktanteil läßt sich am schnellsten durch externes Unternehmenswachstum erreichen.

- Branchenspezifischer Akquisitionszwang
  In stagnierenden oder schrumpfenden Märkten tritt häufig die Situation eines konstanten Nullsummenspiels ein, bei dem Gewinne eines Anbieters nur auf Kosten der anderen Marktteilnehmer erzielt werden können (z.B. Automobilindustrie).[246] Gerade in solchen Branchen sind starke Konzentrationstendenzen beobachtbar, um die Anzahl der Wettbewerber, deren Gewinne auf Kosten des eigenen Unternehmens gehen, zu reduzieren. Es entsteht eine Art Akquisitionszwang, um dadurch das Risiko zu reduzieren, selbst übernommen zu werden.

Die genannten Einflußfaktoren auf die Bedeutung des externen Unternehmenswachstums finden ihren Ursprung überwiegend in der Branche, dem Produkt oder dem Wettbewerbsumfeld eines Unternehmens. Je größer die Relevanz des externen Unternehmenswachstums ist, umso häufiger wird ein Unternehmen M&A-Projekte durchführen, was wiederum Auswirkungen auf die Umsetzung des M&A-Managements hat.

---

[244] Vgl. Schmidt/Röhrich (1992), S. 179.
[245] Vgl. Petri (1992), S. 67.
[246] Vgl. ausführlich Meffert (1985), S. 475 – 491.

4.1.3.2 Auswirkungen der Bedeutung des externen Unternehmenswachstums auf die Organisation des M&A-Managements

Die Häufigkeit, mit der M&A-Projekte in einem Unternehmen durchgeführt werden, hat Auswirkungen auf den Professionalisierungsgrad, mit dem das jeweilige interne Management dieser Projekte betrieben wird.[247]

4.1.3.2.1 Hohe Relevanz des externen Unternehmenswachstums

Für solche Unternehmen, deren Wachstumsstrategie überwiegend extern ausgerichtet ist, stellen M&A-Projekte keine Ausnahmeerscheinung dar. Ihre Betreuung erfordert einen hohen Grad an Professionalität, der aufgrund der großen Anzahl der Transaktionen durch unternehmensinterne Organisationseinheiten bereitgestellt werden sollte.[248] Es bietet sich daher insbesondere der Aufbau einer *eigenständigen M&A-Abteilung* an, deren originäre Aufgabe in der Durchführung solcher Projekte besteht. In einer solchen Abteilung kann auch das notwendige Spezialwissen angesammelt werden, um den hohen Professionalisierungsgrad sicherzustellen.

Die übrigen Organisationskonzepte (*Geschäftsleitung*, *Fachbereiche*, *operative Einheiten*) sind zur Durchführung des M&A-Managements grundsätzlich ebenfalls geeignet. Es besteht jedoch die Gefahr, daß aufgrund der starken Doppelbelastung der jeweiligen Mitarbeiter, deren originäre Aufgabe nicht in der Betreuung von M&A-Projekten besteht, sowie des möglicherweise vorhandenen Defizits an Spezialwissen, eine professionelle Durchführung nicht gewährleistet werden kann.

4.1.3.2.2 Geringe Relevanz des externen Unternehmenswachstums

Hat ein Unternehmen die Möglichkeit, auf andere Formen des Wachstums zurückzugreifen, reduziert sich dadurch unter Umständen die Anzahl der

---

[247] Je häufiger das interne M&A-Management stattfindet, desto wichtiger ist der Aufbau und die Bündelung von spezifischem Wissen zur Betreuung von M&A-Projekten.
[248] Dies wurde bereits in Kap. 2.1.3 der vorliegenden Arbeit ausführlich dargestellt.

durchzuführenden M&A-Projekte. In diesem Fall ist die Institutionalisierung einer *eigenständigen M&A-Abteilung* weniger sinnvoll. Statt dessen bietet sich an, das M&A-Management bei einem der anderen Organisationskonzepte anzusiedeln, da die jeweiligen Mitarbeiter die Betreuung solcher Projekte aufgrund deren Seltenheit zusätzlich zu ihren eigentlichen Aufgaben wahrnehmen können. Ob eine Einbindung bei der *Geschäftsleitung*, einem *Fachbereich* oder der *operativen Einheit* empfehlenswert ist, hängt vom Einzelfall ab.

Die nachfolgende Abbildung 8 zeigt den Zusammenhang zwischen Bedeutung des externen Unternehmenswachstums und der organisatorischen Ausgestaltung des M&A-Managements.

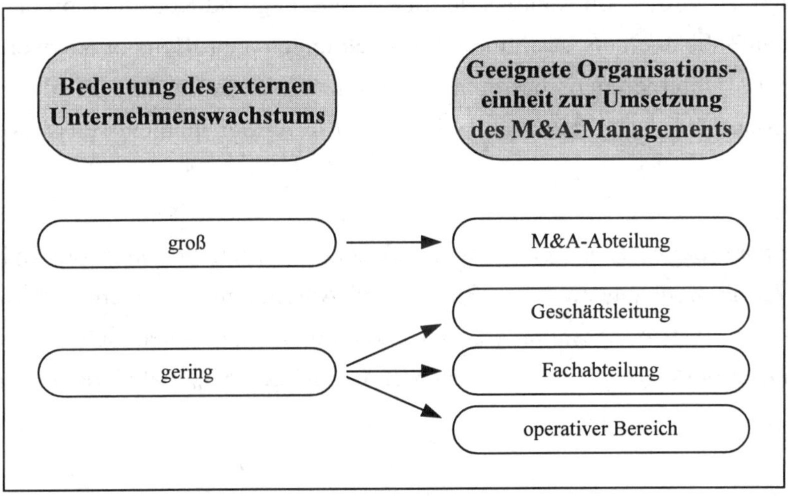

Abb. 8: Auswirkungen der Bedeutung des externen Unternehmenswachstums auf die Organisation des M&A-Managements

4.2 Strukturelle Voraussetzungen

Als zweite wichtige Einflußgröße auf die Wahl eines geeigneten Organisationskonzeptes zur Umsetzung des unternehmensinternen M&A-Managements ist neben der Strategie die Struktur zu nennen. Damit ist die Organisationsstruktur des Unternehmens gemeint, das die Transaktion durchführt. Die Organisationsstruktur bezeichnet die durch Regeln geschaffene Ordnung eines sozialen Systems, in diesem Falle des Unternehmens, das kauft beziehungsweise verkauft.[249] Dieses formale Regelwerk dient zum einen dazu, die Unternehmensaufgabe in mehrere Teilaufgaben aufzuspalten, was auch als Spezialisierung bezeichnet wird. Zum anderen trägt es aber auch dazu bei, das Zusammenwirken einzelner Organisationseinheiten bei der Verwirklichung der Unternehmensaufgabe sicherzustellen, was als Koordination bezeichnet wird.[250] Im Rahmen der Spezialisierung und Koordination der Unternehmensaufgabe werden bestimmte Entscheidungen getroffen, durch welche die Struktur des Unternehmens bestimmt wird. Die wesentlichen Entscheidungen, die sich auch auf die Ausgestaltung des internen M&A-Managements auswirken sind folgende:[251]

- Die *Primärorganisation* ergibt sich aufgrund von Stellenbildungsprinzipien, die den Zusammenhang zwischen Stellen und Abteilungen in einem Unternehmen regeln. Je nach Ausgestaltung dieser Zusammenhänge lassen sich verschiedene Organisationskonzepte des internen M&A-Managements realisieren (vg. Kapitel 4.2.1).

---

[249] Vgl. Schreyögg (1998), S. 12.
[250] Vgl. Schewe (1998), S. 41.
[251] Es lassen sich noch weitere Dimensionen der Organisationsstruktur nennen, wie z.B. das Weisungssystem (Einlinien- vs. Mehrliniensystem), der Regelungscharakter (Einzelregelung vs. Rahmenregelung; befristete vs. dauerhafte Regelung), die Unternehmensverfassung (Personen- vs. Kapitalgesellschaft) uvm. Vgl. Ringlstetter (1997), S. 86, Bleicher (1999), S. 238, vgl. auch Bühner (1996), S. 353 ff. Diese sind jedoch für die Auswirkungen auf die Organisation des M&A-Managements nur von nachrangiger Bedeutung und finden an dieser Stelle keine Beachtung.

- Der *Grad an Entscheidungszentralisation* beschreibt, wie die Entscheidungskompetenzen in einem Unternehmen aufgeteilt sind. Dieses Strukturierungskriterium wirkt sich insofern auf das Konzept des internen M&A-Managements aus, als ein hoher Grad an Entscheidungs-zentralisation in der Regel mit einem zentralen M&A-Management einhergeht (vgl. Kapitel 4.2.2).

- Ein weiterer strukturspezifischer Einflußfaktor auf die Ausgestaltung des internen M&A-Managements ist die *Unternehmensgröße*. Für kleinere Unternehmen sind bestimmte Organisationskonzepte nicht geeignet, da ihre Umsetzung bestimmte Strukturen benötigen, die dort oft nicht verfügbar sind (vgl. Kapitel 4.2.3).

Im folgenden sollen die drei Strukturdimensionen und ihre Ausprägungsformen dargestellt werden, um zu analysieren, inwiefern sie eine Voraussetzung für die Wahl eines bestimmten Organisationskonzeptes für das M&A-Management sind.

4.2.1 Ausgestaltung der Primärorganisation

4.2.1.1 Prinzipien der Stellenbildung als Grundlage der Primärorganisation

Die Primärorganisation eines Unternehmens wird erzeugt durch die Verbindung aller dauerhaften Stellen und Abteilungen zu einer hierarchischen Struktur.[252] Sie bildet das Grundgerüst der Aufbauorganisation und läßt sich anhand bestimmter Gliederungskriterien beschreiben. Diese Kriterien legen fest, nach welchem Prinzip die Stellen und Abteilungen in einem Unternehmen zusammengefaßt werden. Dabei ergeben sich folgende relevante Formen der Primärorganisation:[253]

---

[252] Vgl. Vahs (1999), S. 131.

[253] Neben diesen Grundformen der Primärorganisation existieren auch neuere Ansätze wie Netzwerk-, Projekt- oder Prozeßorganisation, die jedoch aufgrund ihrer geringeren Verbreitung an dieser Stelle nicht weiter untersucht werden. Für nähere Erläuterungen vgl. Geldern (1997), S. 135 ff. oder Probst (1992), S. 243 ff.

Kriterien der Stellenbildung	Formen der Primärorganisation
Verrichtungen	• Rein funktionale Organisation • Stablinienorganisation
Objekte	• Spartenorganisation[254] (Sparten sind rechtlich unselbständig) • Holdingorganisation (Sparten sind rechtlich selbständig)
Kombination zweier funktions- und objektorientierter Kriterien	• Matrixorganisation

Abb. 9: Kriterien der Stellenbildung

Die Bestimmung der Primärorganisation erfolgt dabei jeweils durch die Art der Aufgabenverteilung nach dem Gliederungskriterium auf der zweiten Hierarchieebene des Unternehmens.[255] Aufgrund ihrer hierarchischen Struktur ist die Primärorganisation in der Regel nicht flexibel genug, um bestimmte Aufgabenstellungen wie Schnittstellenprobleme oder innovative Tätigkeiten zu erfüllen. Aus diesem Grund wird sie häufig durch Formen der Sekundärorganisation überlagert, die sich durch eine höhere Flexibilität auszeichnen und die Aufgabe haben, inflexible Strukturen der Primärorganisation zu überbrücken. Unter einer Sekundärorganisation versteht man die in der Regel zeitlich befristete Überlagerung der durch die Primärorganisation vorgegebenen durch flexiblere Strukturen.[256] Typische Beispiele für die Sekundärorganisation sind das Produkt-, Projekt- oder Prozeßmanagement.[257]

Bei den in Kapitel 3 genannten Organisationskonzepten wird das M&A-Management jeweils in die bestehende Primärorganisation eingebettet, da die Ge-

---

[254] Neben dem Begriff Spartenorganisation sind auch Geschäftsbereichs-, Divisionale- oder Profit-Center-Organisation gängige Bezeichnungen objektorientierter Organisationsformen.
[255] Vgl. Schulte-Zurhausen (1999), S. 237.
[256] Vgl. Bea/Göbel (1999), S. 337.
[257] Vgl. Vahs (1999), S. 132 f.

schäftsleitung, die Fachabteilungen, die eigenständige M&A-Abteilung und der operative Bereich allesamt institutionalisierte Organisationseinheiten innerhalb der Primärorganisation darstellen. Aufgrund der inflexiblen hierarchischen Strukturen der Primärorganisation ergibt sich dadurch häufig der Nachteil einer einseitigen Betrachtungsweise des M&A-Managements, so daß in der Praxis oft auf die Möglichkeiten einer flexibleren Sekundärorganisation in Form des Projektmanagements zurückgegriffen wird. Dabei werden Projektteams gebildet, die sich aus Mitarbeitern verschiedener Instanzen und Zentralbereiche zusammensetzen, um ihr Fachwissen zur Durchführung des M&A-Projekts einzubringen.[258]

Im folgenden soll aufgezeigt werden, welche Chancen und Risiken sich bei der Einordnung des M&A-Managements in die Organisationseinheiten verschiedener Formen der Primärorganisation ergeben. Dabei beschränkt sich die Betrachtung auf die relevanten Arten der verrichtungsorientierten, der objektorientierten und der dualen (Matrix-) Primärorganisation. Anschließend wird kurz auf die Möglichkeiten der Sekundärorganisation zur Durchführung des M&A-Managements eingegangen.

4.2.1.2 Auswirkungen der Primärorganisation auf die Organisation des M&A-Managements

4.2.1.2.1 Verrichtungsorientierte Organisationsformen

Sowohl bei der rein funktionalen Organisation als auch bei der Stablinienorganisation als wesentliche Ausprägungsformen der verrichtungsorientierten Primärorganisation erfolgt eine Strukturierung der zweiten Hierarchieebene nach gleichartigen Funktionen.[259] Die so entstehenden Funktionsbereiche (z.B. Beschaffung, Produktion, Marketing) sind unmittelbar der Unternehmensleitung unterstellt und nur ihr gegenüber verantwortlich. Die nachfolgende Abbildung 10 zeigt das Beispiel einer verrichtungsorientierten Organisationsform.

---

[258] Vgl. Beck (1996), S. 147.

[259] Vgl. Bühner (1996), S. 110.

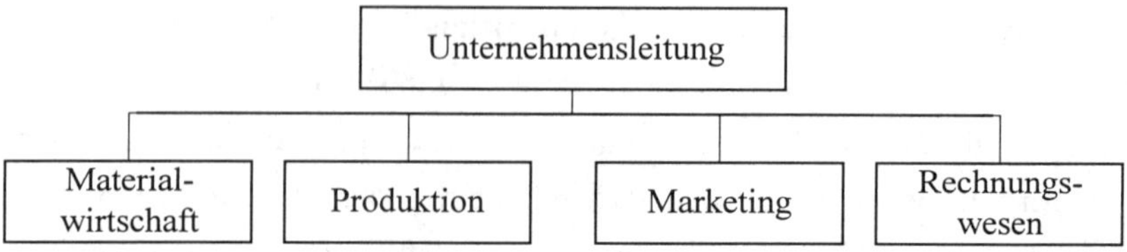

Abb. 10: Verrichtungsorientierte Organisationsform

Jeder der Funktionsbereiche erfüllt im Rahmen des gesamtunternehmerischen Prozesses der Leistungserstellung und -verwertung eine spezialisierte Aufgabe. Damit diese Aufgaben zu einer zielgerichteten Erfüllung des ganzheitlichen Unternehmenserfolges führen, übernimmt die Unternehmensleitung eine Koordinationsfunktion.

Als wesentliche Eigenschaften einer verrichtungsorientierten Organisationsform, durch die die Ausgestaltung des M&A-Managements beeinflußt wird, können genannt werden:[260]

- Eine strikte Gliederung nach Funktionsbereichen, wodurch Aufgaben gebündelt und Größenvorteile erzielt werden können.

- Eine eindeutige Regelung der Weisungsbefugnis, bei der jeder Mitarbeiter nur von dem ihm übergeordneten Mitarbeiter Weisungen empfängt.

- Ein hoher Koordinationsaufwand der Unternehmensleitung, der sich durch die strikte funktionale Gliederung ergibt.

- Eine möglicherweise geringe Motivationseffizienz, die aus der Autonomie und Abgeschlossenheit der einzelnen Funktionsbereiche resultiert.[261]

---

[260] Vgl. Schulte-Zurhausen (1999), S. 240 f.
[261] Zu den beiden letztgenannten Eigenschaften vgl. ausführlich Frese (1998), S. 393 ff.

Wird das M&A-Managements in einem funktional gegliederten Unternehmen bei der *Geschäftsleitung* angesiedelt, ergibt sich eine noch stärkere Belastung des Topmanagements. Der ohnehin schon hohe Koordinationsaufwand wird durch die Planung, Entscheidung, Aufgabenübertragung und Kontrolle in den einzelnen Phasen des M&A-Prozesses noch verstärkt. Hierdurch entsteht das Risiko einer zu starken Belastung der verantwortlichen Manager. Gleichzeitig ist jedoch auch festzuhalten, daß aufgrund der strikten Trennung zwischen den einzelnen Funktionsbereichen eine übergeordnete Koordination notwendig ist. Da die Geschäftsleitung die Koordinationsfunktion zwischen den einzelnen Funktionsbereichen auch bei der Durchführung der regulären Geschäftstätigkeit wahrnimmt, liegt es nahe, die dabei gewonnen Erkenntnisse bei der Durchführung des M&A-Managements einzubringen. Auf diese Weise würde auch dem Prinzip der eindeutigen Regelung der Weisungsbefugnisse Rechnung getragen, da die Entscheidungen im Zusammenhang mit M&A-Projekten von der Geschäftsleitung getroffen und an die ausführenden Einheiten kommuniziert werden könnten. Die betroffenen Mitarbeiter würden Weisungen im Zusammenhang mit M&A-Projekten dann von denselben Vorgesetzten erhalten, denen sie auch bei der Durchführung der regulären Geschäftstätigkeit unterstellt wären. Es bleibt jedoch zu bedenken, daß bei dieser Form des M&A-Managements in funktional gegliederten Unternehmen – insbesondere bei einer großen Zahl von M&A-Projekten – eine überdurchschnittliche Belastung des Topmanagements eintreten würde.

Dieses Problem kann abgemildert werden, wenn das M&A-Management in einer eigenständigen *M&A-Abteilung* angesiedelt wird, die als Stabsstelle oder Zentralbereich ausgestaltet ist. Auf diese Weise wird das M&A-Management – wie auch bei der Anbindung an die Geschäftsleitung – von zentraler Stelle ausgeführt, wobei die übergeordnete Koordinationsfunktion wahrgenommen werden kann. Gleichzeitig erfolgt jedoch eine Entlastung der Geschäftsleitung, da diese die Planung, Entscheidung, Aufgabenübertragung und Kontrolle in den einzelnen Phasen des M&A-Prozesses nur noch eingeschränkt wahrnehmen muß und einen Großteil der Aufgaben an die M&A-Abteilung delegieren kann. Eine Schwierigkeit bei dieser Form des M&A-Managements in verrichtungsorientierten Unternehmen ergibt sich möglicherweise daraus, daß die M&A-Abteilung nicht über Weisungskompetenzen verfügt (z.B. als Stabsabteilung) und damit wiederum die Geschäftsleitung belastet wird.[262] Ebenso kann es sein, daß die M&A-Abteilungen zwar Weisungsrechte besitzt (z.B. als Zentralbereich), diese jedoch von den einzelnen Funktionsbereichen nicht akzeptiert werden.[263] Diese Problematik ergibt sich durch die eindeutige Regelung der Weisungsbefugnisse in funktionalen Unternehmen bei Durchführung der regulären Geschäftstätigkeit. Eine davon abweichende Regelung im Rahmen des M&A-Managements stößt folglich möglicherweise auf Ablehnung.

Wird das M&A-Management in einem bestimmten *Fachbereich* angesiedelt, muß zunächst unterschieden werden, ob es sich bei diesem Fachbereich um eine Stabs- beziehungsweise Zentralabteilung handelt (z.B. Strategische Unternehmensplanung) oder um einen eigenständigen Funktionsbereich des Unternehmens (z.B. Marketing). Im erstgenannten Fall ergeben sich die gleichen Auswirkungen wie bei der M&A-Abteilung, d.h. es kann eine übergeordnete Koordinierung stattfinden, was in der funktionalen Organisationsform von Bedeutung ist, um die Trennung zwischen den Funktionsbereichen zu überwinden. Gleichzeitig bestehen jedoch Schwierigkeiten aufgrund mangelnder oder nicht akzeptierter Weisungsbefugnisse der Fachabteilungen. Ist demgegenüber das M&A-Management in einem Funktionsbereich angesiedelt, besteht die Gefahr, daß aufgrund der strikten Trennung von anderen Funktionsbereichen sämtliche Entscheidungen im Zusammenhang mit M&A-Projekten unter einseitiger Betrachtung erfolgen. Ist beispielsweise der Marketingfachbereich mit der Durchführung des M&A-Managements beauftragt, kann es sein, daß das Projekt überwiegend unter marktorientierten Aspekten (z.B. möglichen Synergieeffekten) betrachtet wird. Finanzwirtschaftliche Implikationen (z.B. die schlechte wirtschaftliche Lage des Akquisitionsobjektes) bleiben unter Umständen aufgrund der mangelnden Einbindung des Finanzbereichs unberücksichtigt.

---

[262] Vgl. Ringlstetter (1997), S. 84.
[263] Vgl. Vahs (1999), S. 147.

Dies beeinträchtigt letztendlich auch die Akzeptanz der M&A-spezifischen Entscheidungen durch diejenigen Funktionsbereiche, die nicht oder nicht in genügendem Maße daran beteiligt waren. Allerdings muß auch berücksichtigt werden, daß bei dieser fachspezifischen Betreuung von M&A-Projekten ein hohes Maß an Spezialwissen des verantwortlichen Fachbereichs genutzt werden kann, was bei bestimmten Projekten durchaus notwendig sein kann (z.B. technisches Know-how zur Akquisition von Produktionsanlagen).

Wird das M&A-Management bei *operativen Einheiten* angesiedelt, gilt das gleiche wie im Falle der Fachbereiche auf Ebene der Funktionsbereiche. In einem funktional strukturierten Unternehmen haben die Funktionsbereiche nämlich operativen Charakter, so daß die Funktionen Marketing, Finanzwesen, Materialwirtschaft etc. die operativen Einheiten darstellen.[264] Wird also das M&A-Management in einem bestimmten operativen Bereich angesiedelt, ergibt sich dieselbe Situation wie im vorhergehenden Abschnitt beschrieben. Es kommt zu einer einseitigen Beurteilung des M&A-Projekts und unter Umständen mangelnder Akzeptanz durch die nicht eingebundenen operativen Einheiten (Funktionsbereiche). Gleichzeitig kann bei der einseitigen Betreuung durch einen spezifischen Fachbereich ein hohes Maß an Spezialwissen unterstellt werden, das für den reibungslosen Ablauf des M&A-Prozesses dringend notwendig ist.

4.2.1.2.2 Objektorientierte Organisationsformen

Eine andere grundsätzliche Alternative bei der Stellen- und Abteilungsbildung ist die Orientierung an Objekten, die bei der Spartenorganisation Anwendung findet. Hier stellen Produkte, Regionen oder Märkte das Kriterium für Arbeitsteilung und Spezialisierung dar, wie die nachfolgende Abbildung 11 zeigt. Die Sparten selbst werden auf der dritten oder auf tieferen Hierarchiestufen häufig wieder funktional gegliedert.[265]

---

[264] Vgl. Vahs (1999), S. 135.
[265] Vgl. Schulte-Zurhausen (1999), S. 242.

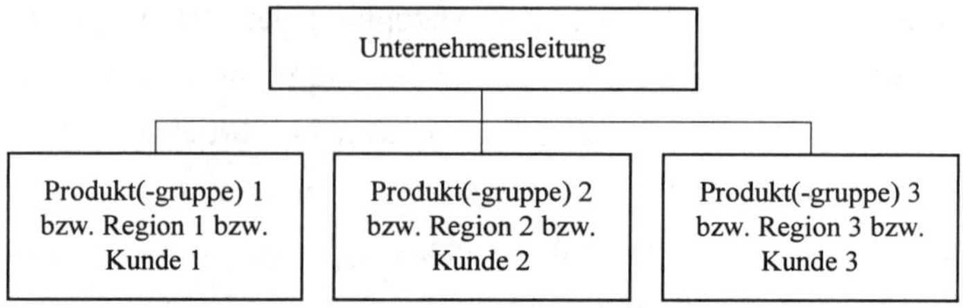

Abb. 11: Objektorientierte Organisationsform

Die wichtigste Voraussetzung für den Einsatz der divisionalen Organisationsstruktur ist die Zerlegbarkeit der geschäftlichen Aktivitäten in homogene, voneinander weitgehend unabhängige Sektoren. Die Geschäftsbereichsorganisation ist häufig bei stark diversifizierten Unternehmen anzutreffen, weil dadurch besser auf die unterschiedlichen Marktanforderungen und Strategien der einzelnen Divisionen eingegangen werden kann als beispielsweise bei der funktionalen Organisation.[266]

Als wesentliche Eigenschaften der Geschäftsbereichsorganisation, die Auswirkungen auf die Ausgestaltung des M&A-Managements haben, können festgehalten werden:[267]

- Spezifische Ausrichtung auf die Strategie einzelner Sparten
- Flexibilität durch Bildung homogener Einheiten
- Redundanzen durch Erfüllung gleichartiger Funktionen in unterschiedlichen Geschäftsbereichen.

[266] Vgl. Gomez (1992), S. 168.
[267] Vgl. Bühner (1989), S. 228 f.

Innerhalb einer Spartenorganisation ist die Anbindung des M&A-Managements an die *Geschäftsleitung* durchaus möglich. Sie erscheint insbesondere dann sinnvoll, wenn das zu betreuende M&A-Projekt darin besteht, eine neue Division zu akquirieren oder eine vorhandene Division im Ganzen zu veräußern. In diesem Fall betrifft das M&A-Projekt das Gesamtunternehmen und sollte von zentraler Stelle betreut werden. Erfolgt die Akquisition oder das Divestment demgegenüber auf Geschäftsbereichsebene, kann ein wesentlicher Grund dafür darin bestehen, daß der Gesamtunternehmensleitung das notwendige Spezialwissen (z.B. produktspezifisches oder technisches Know-how) fehlt, um das M&A-Projekt umfassend zu betreuen. In diesem Fall erscheint eine dezentrale Durchführung des Projekts sinnvoller.

Das M&A-Management kann ebenfalls bei bestimmten *Fachbereichen* angesiedelt sein. Hierbei gilt es zu unterscheiden, auf welcher Unternehmensebene sich diese befinden.
Zum einen besteht die Möglichkeit, die Betreuung von M&A-Projekten von einer *zentralen Fachabteilung* des Gesamtunternehmens durchführen zu lassen (z.B. der zentralen Controlling- oder Strategieabteilung).[268] In diesem Fall gilt das gleiche wie bei der Betreuung durch die Geschäftsleitung: eine zentrale Betreuung kann sinnvoll sein, wenn das M&A-Projekt der Umsetzung der Gesamtunternehmensstrategie dient. Wenn die Akquisition oder das Divestment demgegenüber nur auf Geschäftsbereichsebene stattfinden, fehlt dem zentralen Fachbereich möglicherweise das die jeweilige Sparte betreffende Spezialwissen.
Zum anderen besteht auch die Möglichkeit, daß das M&A-Management bei einem *dezentralen Fachbereich* auf Ebene der Sparte angesiedelt wird. So kann beispielsweise sein, daß das M&A-Management durch die Marketing- oder Controllingabteilung der entsprechenden Sparte durchgeführt wird. Diese Variante ist dann empfehlenswert, wenn das M&A-Projekt eine bestimmte Sparte betrifft, jedoch nicht unbedingt von unternehmensweitem Interesse ist.

---

[268] An dieser Stelle ist auch die Anbindung des M&A-Managements an eine eigenständige M&A-Abteilung zu nennen, da diese häufig als Zentral- oder Stabsbereich auf Ebene des Gesamtunternehmens ausgestaltet ist.

Folglich ist sowohl eine Betreuung durch zentrale Fachbereiche auf Ebene des Gesamtunternehmens als auch durch dezentrale Fachbereiche auf Ebene der Sparten möglich. Ob das M&A-Management an zentrale oder dezentrale Fachbereiche angebunden wird, ist abhängig von der Relevanz des jeweiligen Projekts für das Gesamtunternehmen.

Weiterhin besteht die Möglichkeit, das M&A-Management bei den *operativen Einheiten* anzusiedeln. Diese sind in der Geschäftsbereichsorganisation die nach Produkten, Regionen oder Kunden segmentierten Sparten. Aufgrund der klaren Trennung dieser Divisionen ist die Eingliederung des M&A-Managements in die operativen Bereiche vorteilhaft, sofern es sich um Projekte handelt, die nur eine Division betreffen. Je nachdem, wie hoch der Autonomiegrad der einzelnen Geschäftsbereiche ist, ist eine zentrale Steuerung des M&A-Managements kaum noch möglich. Bezüglich des Autonomiegrades unterscheidet man die Cost-, Profit- und Investment-Center-Organisation.[269] Wird die Division beispielsweise als Investment-Center geführt, liegt die Verantwortung für Investitionsentscheidungen und somit auch für M&A-Projekte bei ihr. Folglich wird auch das M&A-Management auf dezentraler Ebene, also bei der operativen Einheit selbst angesiedelt sein. Aber auch bei den weniger autonomen Profit- und Cost-Center-Organisationen ist die Eingliederung des M&A-Managements sinnvoll. Auf diese Weise kann sichergestellt werden, daß das die Division betreffende fachliche oder technische Know-how bei der Betreuung eines M&A-Projekts einfließt.

Ein wesentlicher Nachteil dieses dezentralen Organisationskonzeptes aus Sicht des Gesamtunternehmens besteht allerdings darin, daß keine zentrale Stelle existiert, bei der M&A-spezifisches Know-how gebündelt wird. Somit kommt es zu dem für die Geschäftsbereichsorganisation typischen Risiko der doppelten Verrichtung bestimmter Aufgaben, da die verschiedenen Divisionen aufgrund ihrer strikten Tren-

---

[269] Werden die Geschäftsbereiche als Cost-Center geführt, tragen sie ausschließlich Verantwortung für die von ihnen verursachten Kosten. Beim Profit-Center übernehmen sie zusätzlich Verantwortung für das von ihnen generierte Ergebnis und beim Investment-Center bezieht ihr Verantwortungsbereich auch Investitionsentscheidungen mit ein. Vgl. Probst (1992), S. 63 f.

nung nicht von den bereits gemachten M&A-Erfahrungen der jeweils anderen profitieren können.

Als besondere Form der objektorientierten Primärorganisation ist die *Holding* zu nennen. Für sie gelten im wesentlichen auch die zuvor gemachten Aussagen bezüglich der organisatorischen Ausgestaltung des M&A-Managements in Spartenorganisationen. Unter einer Holding versteht man ein Unternehmen, dessen Ziel es ist, langfristige Beteiligungen an rechtlich selbständigen Unternehmen zu halten.[270]

Charakteristische Merkmale einer Holding sind:

- eine Spitzeneinheit, die Holding-Obergesellschaft als Konzernzentrale
- rechtliche Selbständigkeit der einzelnen Konzerneinheiten
- unterschiedlicher Führungsanspruch der Holdingspitze, der sich durch das Ausmaß und den Inhalt der Entscheidungen definiert, die auf Ebene der Geschäftsbereiche getätigt werden, im Gegensatz zu denen, die von der Holding-Obergesellschaft getroffen werden.[271]

Im Gegensatz zu den zuvor beschriebenen Formen der Geschäftsbereichsorganisation weist die Holding aufgrund der rechtlichen Selbständigkeit der Divisionen ein höheres Maß an Dezentralität auf. Bezüglich der Durchführung des M&A-Managements ist daher die Unterteilung in M&A-Projekte auf Konzernebene und solche auf Geschäftsbereichsebene noch bedeutsamer. Die Projekte, die den gesamten Konzern betreffen, beispielsweise im Rahmen einer Restrukturierung, sollten

---

[270] Vgl. Thom/Wenger (1996), S. 9.

[271] Entsprechend dem unterschiedlichen Führungsanspruch lassen sich Finanz-, Management- und Operative Holding abgrenzen, wobei die Holding-Obergesellschaft im ersten Fall den geringsten Führungsanspruch geltend macht, im letzten Fall den größten. Vgl. ausführlich Schulte-Zurhausen (1999), S. 258 ff.

von zentraler Stelle betreut werden.[272] Hier kommen sowohl die *Geschäftsleitung* als auch eine *zentrale M&A-Abteilung* beziehungsweise *zentrale Fachabteilung* als Verantwortliche in Frage. Projekte auf Geschäftsbereichsebene, die keine oder nur unwesentliche Auswirkungen auf den Gesamtkonzern haben, sollten demgegenüber eher bei den *operativen Einheiten* angesiedelt sein, da diese über das notwendige, die Division betreffende Fachwissen verfügen. Da es sich bei den Tochtergesellschaften einer Holding um selbständige Unternehmen mit eigener Rechtspersönlichkeit handelt, kann auch hier das M&A-Management in unterschiedlichen Verantwortungsbereichen liegen (z.B. bei der Geschäftsbereichsleitung, in einzelnen Fachbereichen oder sogar bei einer eigenen M&A-Abteilung innerhalb des Geschäftsbereichs). Handelt es sich allerdings um Transaktionen auf Geschäftsbereichsebene, die eine bestimmte Größenordnung besitzen und daher von Konzerninteresse sind, ist auch hier eine zentrale Betreuung möglich und oft sogar nötig.

4.2.1.2.3 Matrixorganisation

Im Gegensatz zu funktionalen und objektorientierten Formen der Primärorganisation werden bei der Matrixorganisation die Organisationseinheiten der zweiten Hierarchieebene unter gleichzeitiger Anwendung zweier Gestaltungsdimensionen, meist Funktionen und Objekte, gebildet.[273] Dadurch sind die Kommunikations- und Weisungsbeziehungen innerhalb der Matrixorganisation durch ein Mehrliniensystem geregelt.[274] Bezüglich der Gestaltung der Kommunikations- und Weisungsbeziehungen unterscheidet man grundsätzlich, ob eine Stelle Weisungen und Informationen jeweils nur von einer (Einliniensystem) oder von mehreren übergeordneten Instanzen (Mehrliniensystem) empfangen kann.[275] Der wesentliche Vorteil des Einliniensystems liegt in der klaren Zuordnung von Auftragserteilung und Auftrags-

---

[272] Gleichwohl setzen erfolgreiche Restukturierungsprozesse die aktive Einbindung aller Mitarbeiter voraus. Vgl. Arbeitskreis ‚Organisation' der Schmalenbach-Gesellschaft (1996), S. 625.

[273] Vgl. Vahs (1999), S. 152.

[274] Die funktionale und objektorientierte Primärorganisation besitzen ein Einliniensystem, wobei in der Praxis Ein- und Mehrliniensystem kaum in ihrer reinen Form auftreten, sondern häufig beide Arten Anwendung finden.

[275] Vgl. Grochla (1995), S. 103.

empfang. Damit verbunden sind jedoch ein hoher Koordinationsaufwand und ein mitunter langer Dienstweg. Umgekehrt hat das Mehrliniensystem den Vorteil, Weisungen und Informationen auf dem kürzesten Weg zu übermitteln und Spezialisierungsvorteile zu nutzen. Die Gefahr liegt dabei jedoch in Kompetenz- und Verantwortlichkeitskonflikten sowie einer zu hohen Komplexität.
Die sich durch das Mehrliniensystem ergebende Besonderheit der Matrixorganisation ist darin zu sehen, daß bei Abstimmungskonflikten keine organisatorisch bestimmte Dominanzlösung zugunsten des einen oder anderen Gliederungskriteriums geschaffen wird. Man vertraut auf die Argumentation und die Bereitschaft zur Kooperation der an einem Entscheidungsproblem beteiligten Mitarbeiter.
Weiterhin lassen sich drei Führungsebenen der Matrixorganisation unterscheiden. Auf der obersten Führungsebene befinden sich die sogenannten ‚Leitenden Manager', die die Führungsverantwortung für zwei Linien übernehmen. Hierbei handelt es sich in der Regel um die Geschäftsleitung des Unternehmens. Den leitenden Managern unterstellt sind die Matrixmanager, die für eine bestimmte Funktion oder Division verantwortlich sind. Die dritte Führungsstufe stellen die sogenannten doppelt-berichtenden Manager dar, die im Rahmen des Mehrliniensystems zwei Matrixmanagern gleichzeitig unterstellt sind. Die nachfolgende Abbildung 12 zeigt den Zusammenhang zwischen funktionalen und objektorientierten Instanzen sowie die drei Führungsebenen innerhalb einer Matrixorganisation.

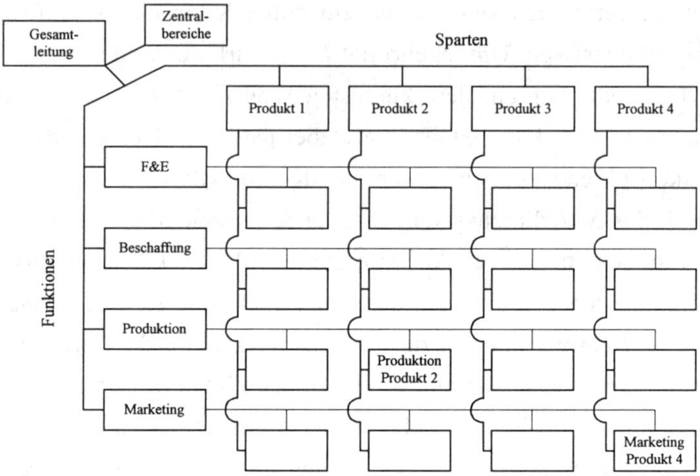

Abb. 12: Matrixorganisation

Die Matrixorganisation läßt sich durch folgende Eigenschaften kennzeichnen, die einen Einfluß auf die Ausgestaltung des M&A-Managements haben:

- Berücksichtigung mehrerer (objekt- und funktionenorientierter) Perspektiven durch Anwendung des Mehrliniensystems

- Große Anzahl von Führungsstufen (drei Managerebenen) und daraus resultierender Koordinationsaufwand.

Der wesentliche Vorteil der Matrixorganisation liegt darin, daß bei Entscheidungsproblemen im operativen Bereich, d.h. auf Ebene der doppelt-berichtenden Manager, grundsätzlich zwei Meinungen zu berücksichtigen sind.[276] Sowohl der Matrixmanager der betroffenen Funktion als auch derjenige der entsprechenden Division werden in die Entscheidung einbezogen, so daß mehrere Perspektiven einfließen. Diesen Vorteil kann man sich auch bei der Durchführung des M&A-Managements

[276] Vgl. Ringlstetter (1997), S. 90.

zunutze machen. Die Betreuung eines M&A-Projekts erfordert ebenfalls die Berücksichtigung mehrerer Perspektiven, weshalb sie in der Praxis häufig im Rahmen des Projektmanagements erfolgt und somit als Sekundärorganisation über die Primärorganisation gelegt wird. Dies ist hier nicht nötig, da die Berücksichtigung mehrerer Perspektiven bereits in der Primärorganisation institutionalisiert ist. Die *Anbindung des M&A-Managements an den operativen Bereich* ist daher eine empfehlenswerte Organisationslösung in einer Matrixorganisation, wenngleich davon ausgegangen werden muß, daß die gleichberechtigte Betreuung eines M&A-Projekts von zwei Verantwortlichen zu Konflikten führen kann.

Selbstverständlich sind grundsätzlich auch die anderen Organisationskonzepte denkbar. Liegt die Durchführung des M&A-Managements beispielsweise in der Verantwortung der *Geschäftsleitung,* ergeben sich die erwähnten Konflikte nicht, da kein Abstimmungsprocedere notwendig ist. Gleichzeitig besteht jedoch die Gefahr einer Überlastung der Geschäftsleitung, da diese bereits für den regulären Geschäftsablauf die aufwendige Funktion einer Koordinations- und Schlichtungsinstanz zwischen den zahlreichen Führungsstufen wahrnehmen muß.[277]

Die Geschäftsleitung könnte entlastet werden, wenn das M&A-Management bei einer eigenständigen *M&A-Abteilung* oder einer *zentralen Fachabteilung* angesiedelt wäre. In diesem Fall würden ebenfalls die Interessenkonflikte vermieden werden, die sich bei der Betreuung eines M&A-Projekts durch die operativen Bereiche ergeben würden. Allerdings besteht auch hier die Gefahr, daß die Entscheidungen solcher Zentralabteilungen auf geringe Akzeptanz durch die betroffenen Geschäftsbereiche stoßen.

Einen Überblick über den Zusammenhang zwischen der Primärorganisation eines Unternehmens und der organisatorischen Anbindung des M&A-Managements gibt folgende Abbildung 13.

---

[277] Vgl. Schulte-Zurhausen (1999), S. 232.

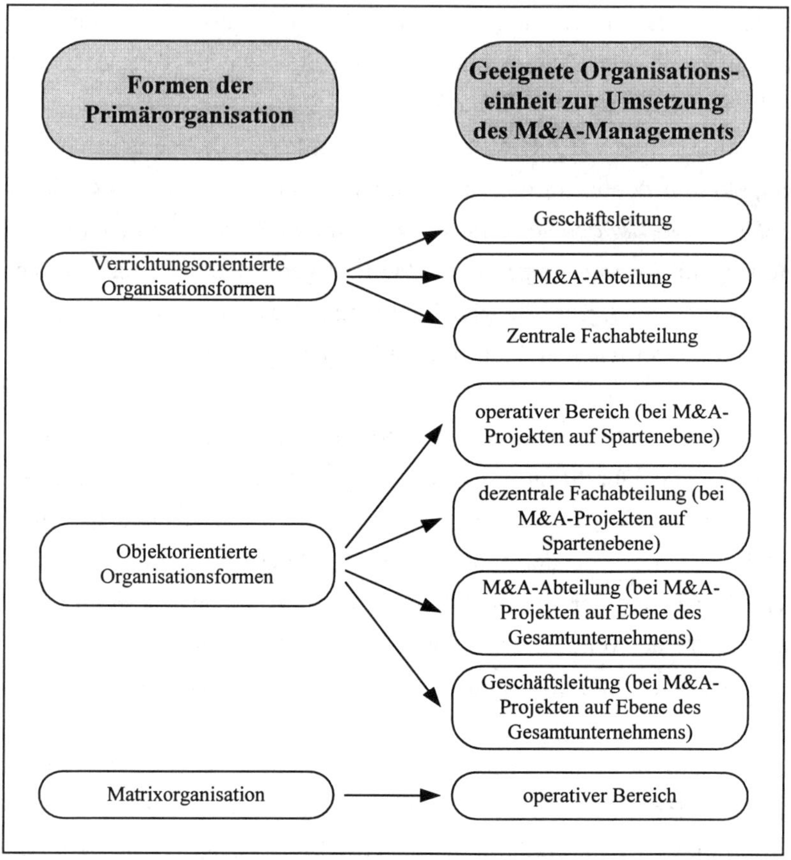

Abb. 13: Auswirkungen der Primärorganisation auf die Organisation des M&A-Managements

4.2.1.2.4 Die Sekundärorganisation des M&A-Managements als Ergänzung zur Primärorganisation

Anhand der vorhergehenden Ausführungen wird deutlich, welche Chancen und Risiken mit der Anbindung des M&A-Managements an die vier Organisationskonzepte der *Geschäftsleitung*, der *M&A-Abteilung*, der *Fachbereiche* sowie der *operativen Einheiten* im Rahmen verschiedener Formen der Primärorganisation verbunden sind. Um die genannten Schwierigkeiten zu umgehen, bietet es sich an, eine Sekundärorganisation in Form des Projektmanagements über die hierarchischen Strukturen zu legen, und innerhalb eines Projektteams Mitarbeiter aus verschiedenen Funktions- und Zentralbereichen zusammenzufassen. Unter Projektmanagement versteht man die Gesamtheit von Planungs-, Steuerungs- und Überwachungsaufgaben zur zielgerichteten Abwicklung eines Projkets.[278] Wie bereits in Abschnitt 3.2.5 der vorliegenden Arbeit angedeutet, treten die vier Organisationskonzepte in der Praxis selten in ihrer reinen Form auf. Häufig werden Mischformen gebildet, an denen mehrere der genannten Organisationseinheiten beteiligt sind. Eine Möglichkeit zur Umsetzung solcher Mischformen bietet das Projektmanagement. Das Projektmanagement erscheint deshalb geeignet, weil sowohl der Kauf als auch der Verkauf von Unternehmen und Unternehmensteilen die wesentlichen Eigenschaften eines Projektes aufweisen.[279] Folglich kann auch das M&A-Management als eine Form des Projektmanagements betrachtet werden.

Zur praktischen Umsetzung werden Mitarbeiter verschiedener Organisationseinheiten für einen bestimmten Zeitraum in einem Projektteam zusammengefaßt, um ihr Fachwissen einzubringen. Ein typisches M&A-Projektteam könnte sich beispielsweise aus Vertretern des betroffenen operativen Bereichs, Mitarbeitern einer unternehmensinternen M&A-Abteilung, Fachbereichsvertretern wie Rechts- oder Finanzexperten und je nach Projekt technischen Spezialisten (z.B. Umweltexperten) und externen Beratern (z.B. Wirtschaftsprüfern) zusammensetzen. Dem damit verbundenen Vorteil der Berücksichtigung mehrerer Perspektiven muß jedoch kritisch gegenübergestellt werden, daß die Entscheidungsfindung im Projektmanagement häufig langwierig und konfliktträchtig ist.[280] Aus diesem Grund ist die Einbindung des M&A-Managements in die Sekundärorganisation eines Projektmanagements der Einbindung in institutionalisierte Organisationseinheiten nicht grundsätzlich

---

[278] Vgl. Vahs (1999), S. 174.

[279] Zu diesen Eigenschaften zählen die Neuartigkeit und Einmaligkeit, die zeitliche Begrenztheit, die Komplexität sowie die Beteiligung mehrerer Stellen und die damit verbundene Konkurrenz um Ressourcen. Vgl. Kraus/Westermann (1995), S. 11.

[280] Vgl. Frese (1998), S. 492.

vorzuziehen. Vielmehr ist diese Entscheidung abhängig von der Art des Projekts und muß situativ getroffen werden.[281]

4.2.2 Aufteilung der Entscheidungskompetenzen

4.2.2.1 Möglichkeiten zur Aufteilung der Entscheidungskompetenz

Ein weiteres Strukturierungskriterium, das die organisatorische Anbindung des M&A-Managements beeinflußt, ist die Aufteilung von Entscheidungskompetenzen in einem Unternehmen. Diesbezüglich lassen sich die beiden Extrempositionen der Entscheidungszentralisation und der Entscheidungsdezentralisation unterscheiden.[282] Reine Entscheidungszentralisation liegt vor, wenn die Unternehmensleitung sich sämtliche Entscheidungen selbst vorbehält und den nachgeordneten Einheiten nur noch die Ausführung dieser Entscheidungen überläßt.[283] Demgegenüber werden bei der reinen Entscheidungsdezentralisation Entscheidungen an nachgeordnete Instanzen delegiert, was einen höheren Grad an Autonomie und Eigenkoordination einzelner Organisationseinheiten zur Folge hat.[284] Da es sich bei den beiden Formen um Extrempositionen handelt, sind in der Praxis hauptsächlich Zwischenformen anzutreffen, die eine Tendenz zur Entscheidungszentralisation oder -dezentralisation aufweisen.

4.2.2.2 Auswirkungen zentraler und dezentraler Entscheidungskompetenzen auf die Organisation des M&A-Managements

Ob ein Unternehmen bezüglich der Entscheidungskompetenzen eher zentral oder dezentral organisiert ist, hat insofern Auswirkungen auf die Anbindung des M&A-

---

[281] Entscheidungskriterien, die für die Einrichtung eines M&A-Projektteams sprechen sind unter anderem die Größe des Projekts, die Auswirkungen auf das Gesamtunternehmen sowie das Vorhandensein qualifizierter Mitarbeiter, die im Projektteam zusammengefaßt werden können. Vgl. Kübler (1996), S. 127 ff.

[282] Vgl. Mintzberg (1992), S. 136.

[283] Vgl. Bühner (1996), S. 106.

[284] Vgl. Drumm (1996), S. 8.

Managements, als die genannten Organisationskonzepte ebenfalls zentrale beziehungsweise dezentrale Strukturen aufweisen.

4.2.2.2.1 Zentrale Entscheidungskompetenzen

Ein Unternehmen mit einem hohen Grad an Entscheidungszentralisation wird dazu tendieren, das M&A-Management ebenfalls an zentraler Stelle anzusiedeln. Dabei kommt die organisatorische Anbindung an die *Geschäftsleitung* oder einen Zentralbereich in Betracht. Dieser Zentralbereich kann sowohl eine eigenständige *M&A-Abteilung* als auch ein bestimmter *Fachbereich* sein. Entscheidend ist jedoch, daß er sich an zentraler Stelle im Unternehmen befindet und nicht nur einem spezifischen Funktions- oder Geschäftsbereich zugeordnet ist. Die wesentlichen Vorteile eines zentralisierten M&A-Managements sind darin zu sehen, daß das M&A-Management zur Leitungsaufgabe gemacht wird und insbesondere strategische Entscheidungen in diesem Zusammenhang schnell und unmittelbar getroffen werden können.[285] Dem steht als Nachteil gegenüber, daß den zentralen Organisationseinheiten eines Unternehmens häufig das technische und produktbezogene Wissen fehlt, um den Wert eines M&A-Projekts für den dadurch betroffenen Unternehmensbereich beurteilen zu können.

4.2.2.2.3 Dezentrale Entscheidungskompetenzen

Für Unternehmen, in denen Entscheidungen tendenziell dezentral getroffen werden, bietet sich demgegenüber eine dezentrale Einordnung des M&A-Managements an. Dabei kommt insbesondere das M&A-Management durch operative Einheiten in Betracht. Auch die Zuordnung zu Fachbereichen kann dezentral sein, sofern diese auf Ebene der Geschäfts- oder Funktionsbereiche angesiedelt sind. Die Beurteilung solch dezentraler Organisationskonzepte ergibt sich spiegelbildlich zu den zentralen Formen.

---

[285] Vgl. Bea/Göbel (1999), S. 262 f.

Der wesentliche Vorteil eines dezentralen M&A-Managements besteht sicherlich in der Tatsache, daß die Betreuung des Projekts durch die Organisationseinheit erfolgt, die durch den Kauf oder Verkauf unmittelbar betroffen ist. Auf diese Weise kann schon während der einzelnen Prozeßphasen entsprechendes, den operativen Bereich betreffendes Fachwissen einbezogen werden. Gleichzeitig besteht jedoch das Risiko, daß die operativen Bereiche bei der Betreuung des M&A-Projekts das Interesse des Gesamtunternehmens nur in ungenügendem Maße berücksichtigen. Es besteht die Gefahr wenig abgestimmter Entscheidungen, wodurch eine verstärkte Ergebniskontrolle von zentraler Seite notwendig werden kann.[286]

Die nachfolgende Abbildung 14 stellt die Beziehung zwischen der Aufteilung von Entscheidungskompetenzen und der Organisation des internen M&A-Managements dar.

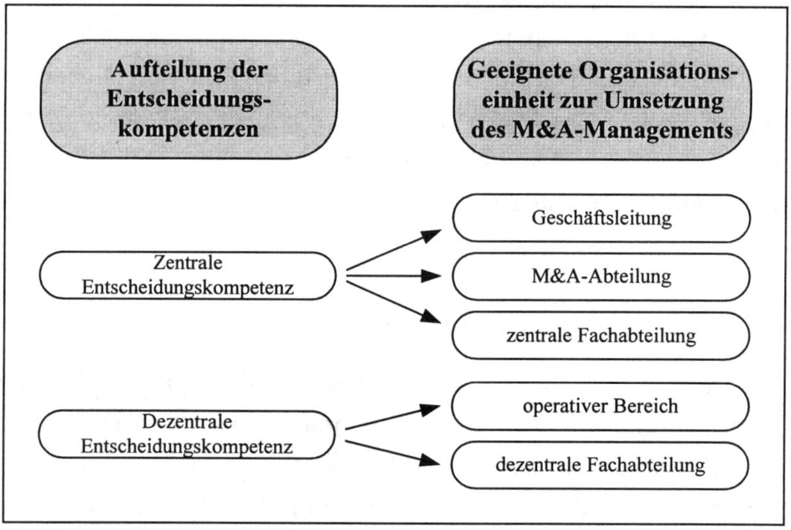

Abb. 14: Auswirkungen zentraler und dezentraler Entscheidungskompetenzen auf die Organisation des M&A-Managements

[286] Vgl. Schulte-Zurhausen (1999), S. 193.

4.2.3 Größe des Unternehmens

4.2.3.1 Größenklassen von Unternehmen

Ein drittes Strukturierungskriterium mit Auswirkungen auf die Ausgestaltung des M&A-Managements ist schließlich die Größe des Unternehmens und das Vorhandensein entsprechender Kapazitäten. Bezüglich der Bestimmung der Unternehmensgröße existiert kein einheitlicher Maßstab. Daher werden häufig die folgenden drei Kriterien zur Klassifizierung von Unternehmensgrößen herangezogen:[287]

- die Anzahl der Beschäftigten
- die Bilanzsumme
- der Jahresumsatz.

Aus diesen Kriterien lassen sich folgende Größenklassen ableiten:[288]

Kriterium / Größenklasse	Anzahl der Beschäftigten	Bilanzsumme (in DM)	Jahresumsatz (in DM)
Kleine Unternehmen	< 50	< 1 Mio.	< 5 Mio.
Mittlere Unternehmen	50 – 1000	1 – 25 Mio.	5 – 50 Mio.
Große Unternehmen	> 1000	> 25 Mio.	> 50 Mio.

Abb. 15: Größenklassen von Unternehmen

[287] Eine ähnliche Klassifizierung von Unternehmensgrößen findet sich im HGB § 267.
[288] Vgl. Thommen/Achleitner (1998), S. 64.

4.2.3.2 Auswirkungen der Unternehmensgröße auf die Organisation des M&A-Managements

Die Größe eines Unternehmens hat insofern Einfluß auf die Ausgestaltung des M&A-Managements, als die unterschiedlichen Organisationskonzepte einen unterschiedlichen Einsatz unternehmensinterner Kapazitäten erfordern. Je größer ein Unternehmen ist, umso größer sind in der Regel seine Kapazitäten beziehungsweise die Möglichkeiten, solche aufzubauen.

4.2.3.2.1 Großunternehmen

Die meisten Kapazitäten beansprucht das M&A-Management, wenn es durch eine eigenständige *M&A-Abteilung* realisiert wird. Der Aufbau einer solchen Abteilung benötigt zum einen entsprechende Sachmittelausstattung wie die Bereitstellung von Räumen und DV-Systemen, zum anderen aber auch den Einsatz qualifizierter Mitarbeiter, die über ein entsprechendes M&A-Fachwissen verfügen. Dieser Einsatz von spezifischem Sach- und Humankapital verursacht relativ hohe Kosten und kommt daher häufig nur für Großunternehmen in Frage, die ein entsprechendes Budget für das M&A-Management zur Verfügung stellen können.

Wird das M&A-Management durch *Fachabteilungen* betreut, sind die für das M&A-Management aufzubringenden Kapazitäten geringer, weil die entsprechenden Organisationseinheiten in der Regel bereits existieren und somit Mitarbeiter vorhanden sind, die ein M&A-Projekt betreuen können. Dadurch entfallen Kosten für den Aufbau und die Neueinstellung. Gleichzeitig wird vorausgesetzt, daß das Unternehmen über solche Fachabteilungen verfügt, in denen das M&A-Management angesiedelt sein könnte. Auch hier ist die Größe des Unternehmens ein entscheidendes Kriterium, da es sich für kleinere Unternehmen häufig nicht lohnt, bestimmte Funktionen (wie z.B. Strategie, Beteiligungscontrolling etc.) in einzelne Fachbereiche auszulagern. Bei Vorhandensein dieser Abteilungen ist eine weitere Voraussetzung, daß darin eine genügende Anzahl von Mitarbeitern beschäftigt ist, die neben ihrer eigentlichen Arbeit auch die Betreuung von M&A-Projekten übernehmen kann. Auch dies ist in einem größeren Unternehmen wahrscheinlicher. Folglich erfordert die Anbindung des M&A-Managements an Fachabteilungen ebenfalls eine gewisse Unternehmensgröße und das Vorhandensein bestimmter Kapazitäten.

4.2.3.2.2 Kleine und mittlere Unternehmen

Für kleinere und mittlere Unternehmen bietet es sich demgegenüber eher an, das M&A-Management bei der *Geschäftsleitung* oder in den *operativen Bereichen* anzusiedeln. Diese Organisationseinheiten existieren unabhängig von der Größe eines Unternehmens und sind daher nicht mit speziellen Kosten des Aufbaus verbunden. Allerdings ist zu berücksichtigen, daß die jeweiligen Verantwortlichen das M&A-Management zusätzlich zu ihrer eigentlichen Tätigkeit durchführen müssen und insofern einer Doppelbelastung ausgesetzt sind. Weiterhin müssen sie auch über entsprechende Kenntnisse bezüglich des Kaufs und Verkaufs von Unternehmen oder Unternehmensteilen verfügen. Folglich sind auch diese Organisationskonzepte mit bestimmten Kosten verbunden.[289] Die benötigten Kapazitäten sind jedoch bereits vorhanden und erfordern keine zusätzlichen Investitionen zur Anbindung des M&A-Managements.

Auch wenn anhand der genannten Kriterien (Beschäftigtenzahl, Bilanzsumme, Jahresumsatz) keine eindeutige Zuordnung der Organisationskonzepte des M&A-Managements zu den einzelnen Größenklassen möglich ist, erscheinen dennoch die folgenden Zusammenhänge aus den genannten Gründen nachvollziehbar (Abb. 16):

---

[289] Z.B. Opportunitätskosten sowie Kosten für die Aus- und Weiterbildung der Mitarbeiter in M&A-Themen.

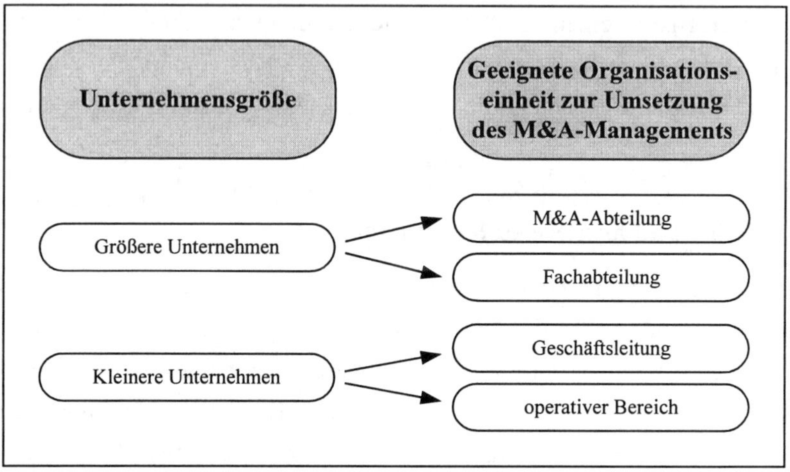

Abb. 16: Auswirkungen der Unternehmensgröße auf die Organisation des M&A-Managements

4.3 Kulturelle Voraussetzungen und Führungsstil

Als dritter unternehmensspezifischer Faktor ist neben der Strategie und der Struktur die Kultur zu nennen, die ebenfalls einen Einfluß auf die Ausgestaltung des M&A-Managements in einem Unternehmen hat. Es handelt sich hierbei um die sogenannte Unternehmens- oder Organisationskultur, die in einem engen Verhältnis zu ihren Umkulturen (z.B. Landes- und Branchenkulturen) steht und durch diese geprägt wird.[290] Unter der Kultur eines Unternehmens versteht man die Gesamtheit der tradierten, wandelbaren, zeitspezifischen, erfahrbaren und erlernbaren Wertvorstellungen und Normen, die das Verhalten der Mitarbeiter aller Stufen und damit das Erscheinungsbild der Unternehmung prägen.[291]

Im Gegensatz zur Strategie und zur Struktur handelt es sich bei der Unternehmenskultur um einen „weichen Faktor“, dessen Erfassung und Analyse sich mitunter als schwierig erweisen. Aus diesem Grund ist es ebenfalls problematisch, aus der Vielzahl der Konzepte zur Kulturanalyse und Kulturtypologisierung konkrete Auswirkungen auf die Ausgestaltung des M&A-Managements abzuleiten.[292] Daher beschränken sich die folgenden Ausführungen auf zwei Aspekte der Unternehmenskultur, die einen offensichtlichen Einfluß auf die Ausgestaltung des unternehmensinternen M&A-Managements ausüben:

- Zum einen hat die *Stärke der Unternehmenskultur* Auswirkungen auf die Wahl des Organisationskonzepts zur Durchführung des M&A-Managements. Sie ist das Ergebnis der Verbreitung und Akzeptanz gemeinsamer Werte in einem Unternehmen sowie deren Vereinbarkeit mit anderen unternehmensinternen und externen Faktoren (vgl. Kapitel 4.3.1).

---

[290] Vgl. Krystek (1992), S. 542.

[291] Vgl. Krulis-Randa (1984), S. 360.

[292] So kann sich die Kulturanalyse beispielsweise auf die verschiedenen Kulturebenen eines Unternehmens beziehen, als da wären: Artefakte, Werte und Normen sowie Grundannahmen. Vgl. Schein (1995), S. 29. Auch die Analyse der Subkulturen (z.B. Abteilungskultur) ist üblich. Vgl. Keller-Pfrunder/Teichler (1993), S. 60 sowie Bleicher (1984), S. 496. Die bekanntesten Kulturtypologien sind der zweidimensionale Ansatz von Deal/Kennedy und der mehrdimensionale Ansatz von Rühli. Vgl. Deal/Kennedy (1982), S. 107 ff. sowie Rühli/Keller (1989), S. 688.

- Auch *der in einem Unternehmen vorherrschende Führungsstil* beeinflußt das M&A-Management. Zwischen den beiden Extrempositionen eines autoritären und eines demokratischen Führungsstils lassen sich verschiedene Zwischenformen ableiten, die jeweils unterschiedliche Organisationskonzepte des M&A-Managements unterstützen (vgl. Kapitel 4.3.2).

Die genannten kulturspezifischen Voraussetzungen und ihre Ausprägungsformen werden im folgenden dargestellt, um zu analysieren, inwiefern sie eine Voraussetzung für die Wahl eines bestimmten Organisationskonzeptes sind.

4.3.1 Stärke der Unternehmenskultur

4.3.1.1 Einflüsse auf die Stärke der Unternehmenskultur

Zur Charakterisierung von Unternehmenskulturen ist es üblich, von starken und schwachen Kulturen zu sprechen. Die Einordnung in diese beiden Charakterisierungsformen kann anhand der folgenden vier Kriterien vorgenommen werden:[293]

- Verankerungsgrad
  Der Verankerungsgrad drückt aus, wie stark die Kultur eines Unternehmens von den darin beschäftigten Individuen getragen wird. Dadurch kann ermittelt werden, wie sehr jeder einzelne Mitarbeiter die in einem Unternehmen vorherrschenden kulturellen Werte und Normen verinnerlicht hat.

- Übereinstimmungsausmaß
  Darunter versteht man die Anzahl der Unternehmensangehörigen, die die Werte, Denkhaltungen und Normen einer Unternehmenskultur teilen. Je höher das Übereinstimmungsausmaß, desto mehr Mitarbeiter identifizieren sich mit der Kultur ihres Unternehmens.

---

[293] Vgl. Heinen (1987), S. 26 ff. Schreyögg nimmt eine ähnliche Unterteilung vor. Er unterscheidet Prägnanz, Verbreitungsgrad und Verankerungstiefe einer Unternehmenskultur. Vgl. Schreyögg (1989), S. 370 f.

- Systemvereinbarkeit
  Die Systemvereinbarkeit beschreibt das Verhältnis zwischen der Unternehmenskultur und anderen Systemen des Unternehmens (z.B. Aufbauorganisation, Unternehmensstrategie etc.). Bei einer hohen Systemvereinbarkeit unterstützen die Kulturelemente (Werte und Normen) die übrigen Systeme und erhöhen deren Wirksamkeit.

- Umweltvereinbarkeit
  Während die Systemvereinbarkeit das Verhältnis zwischen Unternehmenskultur und internen Systemen ausdrückt, spiegelt die Umweltvereinbarkeit das Verhältnis zwischen Unternehmenskultur und externen Systemen wider. Als externe Systeme gelten unter anderem das wettbewerbliche, gesellschaftliche, technische oder politische Umfeld eines Unternehmens.

Sind Verankerungsgrad, Übereinstimmungsausmaß, System- und Umweltvereinbarkeit stark ausgeprägt, spricht man von einer starken Unternehmenskultur.[294] Sind sie hingegen nicht vorhanden oder nur schwach ausgeprägt, spricht man von einer schwachen Kultur.
Zur Bestimmung der Stärke einer Unternehmenskultur stehen verschiedene Analyseinstrumentarien zur Verfügung. Informationen über die Unternehmenskultur erhält man beispielsweise durch Interviews oder Umfragen bei Mitarbeitern, die Analyse bestimmter Dokumente (z.B. Arbeitsrichtlinien) oder die Beobachtung von Arbeitsabläufen.[295] Einen Einblick geben oft auch die Vision und die Leitbilder eines Unternehmens, die in sogenannten Unternehmens- oder Führungsgrundsätzen schriftlich niedergelegt werden und die Unternehmenskultur widerspiegeln.[296]

---

[294] Vgl. Duft (1995), S. 66.
[295] Vgl. Clever (1993), S. 118.
[296] Unter einer Vision versteht man ein Zukunftsbild mit Ziel- und Richtungscharakter. Vgl. Simon (1999), S. 69. Ein Leitbild ist die Umsetzung der Vision in allgemeine Aussagen über die anzustrebenden Ziele. Vgl. Vahs (1999), S. 121.

Eine starke Unternehmenskultur ist nicht zwangsläufig uneingeschränkt positiv zu beurteilen. Ein großes Risiko starker Unternehmenskulturen besteht beispielsweise darin, neuere Entwicklungen, die im Widerspruch zu den bisherigen Werten und Denkmustern der Unternehmensangehörigen stehen, als Störung aufzufassen und sich somit neuen Ideen zu verschließen.[297] Gleichzeitig ist eine starke Unternehmenskultur auch von Vorteil und zwar insbesondere dann, wenn sie in der Lage ist, bestimmte Wirkungen zu erzielen oder Aufgaben zu übernehmen.[298] Ist dies der Fall, wirkt sich das auch auf die Ausgestaltung des M&A-Managements aus, wie im folgenden gezeigt wird.

4.3.1.2 Auswirkungen einer starken Unternehmenskultur auf die Organisation des M&A-Managements

4.3.1.2.1 Starke Unternehmenskultur

Eine starke Unternehmenskultur kann einige wichtige Funktionen übernehmen, die einen Einfluß auf die Arbeitsabläufe und folglich auch auf die Ausgestaltung des M&A-Managements in einem Unternehmen haben. Als wesentliche positive Auswirkungen einer starken Unternehmenskultur sind zu nennen:[299]

- Orientierungshilfe und Reduzierung des Kontrollaufwands
  Je stärker eine Unternehmenskultur ist, desto mehr identifizieren sich die Mitarbeiter mit gemeinsamen Werten und Denkhaltungen. Sie verinnerlichen die Vision und die Leitbilder des Unternehmens und erhalten somit ein klares Bild von der Situation und der zukünftig eingeschlagenen Richtung. Dies erleichtert ihnen die Orientierung und ist bei der Ausübung ihrer Tätigkeit handlungsweisend. Dadurch wird auch der Kontrollaufwand reduziert beziehungsweise die Möglichkeit der Eigenkontrolle erhöht.

---

[297] Vgl. Scholz (1988), S. 243 ff.
[298] Vgl. Olbrich (1999), S. 64.
[299] Vgl. Steinmann/Schreyögg (1999), S. 620 f. Einen Überblick über die Funktionen der Unternehmenskultur geben auch Staehle (1999), S. 512 und Macharzina (1999), S. 188 f.

- Verbesserung der Kommunikation und Teamorientierung
  Die Unternehmenskultur kann, wenn sie stark ausgeprägt ist, ein informales Netz im Unternehmen aufbauen, das die Kommunikation zwischen den Mitarbeitern erleichtert. Durch den verbesserten Informationsaustausch und die Orientierung an gemeinsamen Werten werden auch die Arbeit im Team gefördert und Einzelkämpfermentalitäten überwunden.

- Schnelle Entscheidungsfindung und Implementierung
  Durch die verbesserte Kommunikation und die Teilung gemeinsamer Werte können auch Entscheidungen schneller getroffen werden. Überflüssige Grundsatzdiskussionen werden umgangen und eine schnelle Umsetzung der getroffenen Entscheidungen ist möglich.

Aufgrund der genannten Wirkungen einer starken Unternehmenskultur kann davon ausgegangen werden, daß diese insbesondere zur Koordinierung von Arbeitsabläufen beiträgt.[300] Durch diese Form der informellen Koordination kann der Bedarf an Koordination durch Weisung und Kontrolle reduziert werden. Diese Wirkungen kann man sich auch bei der Organisation des internen M&A-Managements zunutze machen. Im Zusammenhang mit der Stärke der Unternehmenskultur und der damit verbundenen Art der Koordination von Arbeitsabläufen geht es insbesondere um die Frage, ob das M&A-Management eher eine zentrale Führung (bei der Geschäftsleitung oder zentralen Fach- beziehungsweise M&A-Abteilungen) oder eine dezentrale Führung (bei den operativen Einheiten) erfordert.

Verfügt ein Unternehmen über eine starke Kultur, ist es möglich, die Betreuung von M&A-Projekten dezentral durchzuführen und in die Verantwortung der *operativen Einheiten* zu übertragen. Die Vision und die zukünftigen Ziele des Unternehmens sind nicht nur von der Geschäftsleitung verinnerlicht, sondern werden ebenso von den einzelnen Mitarbeitern der operativen Einheiten getragen. Dies erleichtert das Verständnis für die Motivlage, die mit dem M&A-Projekt verbunden ist, bei allen

[300] Vgl. Schulte-Zurhausen (1999), S. 217 ff.

dadurch betroffenen Mitarbeitern. Auf diese Weise können die operativen Einheiten auch strategische M&A-Entscheidungen, die das Gesamtunternehmen betreffen, besser verstehen und umsetzen. Gleichzeitig ist eine geringere Kontrolle durch die Geschäftsleitung nötig, da die Gefahr des eigennützigen Verhaltens der Geschäftsbereiche durch die starke Unternehmenskultur reduziert wird.

Schließlich bleibt noch zu erwähnen, daß eine starke Unternehmenskultur auch das Projektmanagement von M&A-Transaktionen begünstigt. Dies erklärt sich durch die Tendenz zur Teambildung und die verbesserten Kommunikationsbedingungen, die eine starke Kultur mit sich bringen. Folglich kann das M&A-Management auch in Zusammenarbeit von zentralen und dezentralen Organisationseinheiten erfolgen.

4.3.1.2.2 Schwache Unternehmenskultur

Ist die Unternehmenskultur demgegenüber tendenziell schwach ausgeprägt, ist auch beim M&A-Management ein verstärkter Einsatz zentraler Organisationseinheiten (*Geschäftsleitung, M&A-Abteilung, zentrale Fachabteilung*) nötig. In diesem Fall fehlt den Mitarbeitern des operativen Bereichs und der dezentralen Fachabteilungen häufig das Verständnis für die Durchführung bestimmter M&A-Projekte, da sie andere Werte und Denkmuster besitzen als die übrigen Unternehmensangehörigen. In diesem Fall würden die dezentralen Einheiten möglicherweise versuchen, ihre eigenen Interessen durchzusetzen und gegen die Interessen des Gesamtunternehmens zu handeln. Aus diesem Grund ist ein verstärkter Einsatz zentraler Einheiten zur Koordination und Kontrolle nötig.

Die Auswirkungen der Stärke einer Unternehmenskultur auf die Ausgestaltung des M&A-Managements werden durch die nachfolgende Übersicht dargestellt (Abb. 17).

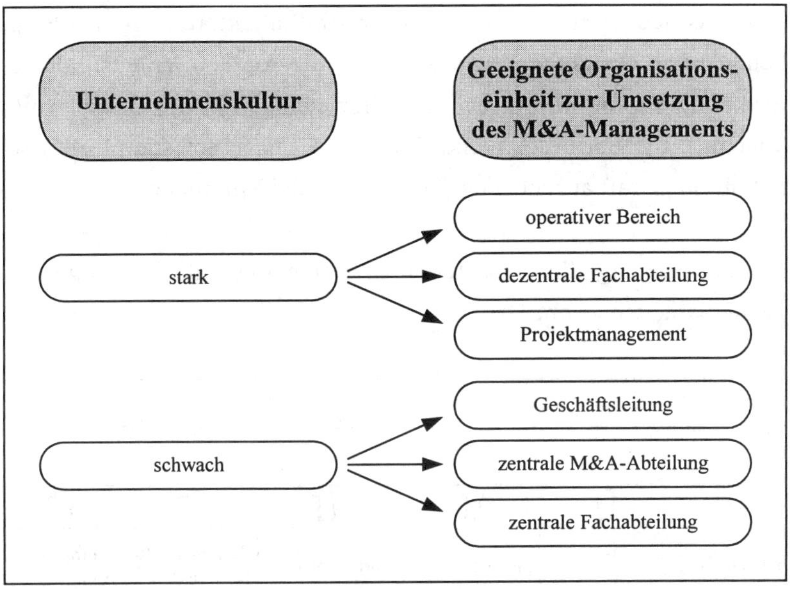

Abb. 17: Auswirkungen einer starken Unternehmenskultur auf die Organisation des M&A-Managements

4.3.2 Führungsstil

4.3.2.1 Arten von Führungsstilen

Unter einem Führungsstil versteht man das regelmäßig wiederkehrenden Muster eines Führungshandelnden gegenüber seinen Mitarbeitern bei der Ausübung seiner Leitungsaufgaben.[301] Als wesentliches Kriterium zur Charakterisierung eines Führungsstils wird häufig die Beteiligung der Mitarbeiter am Entscheidungsprozeß ge-

[301] Vgl. Macharzina (1999), S. 416.

nannt.[302] Dies ist jedoch nur einer von vielen Einflußfaktoren, die den Führungsstil ausmachen. Zu berücksichtigen sind weiterhin die Art der Willensbildung (individuell oder kollegial), die informationellen Beziehungen in der Gruppe (bilateral oder multilateral), die Form der Kontrolle (Fremd- oder Selbstkontrolle) sowie die von einer Führungskraft ausgehende Fürsorge für die Mitarbeiter.[303]

Unter Berücksichtigung dieser Kriterien läßt sich folgende Typologisierung von Führungsstilen ableiten (Abb. 18):[304]

autoritär ◄——► demokratisch

despotisch	paternalistisch	pädagogisch	partizipativ	partnerschaftlich	Selbstverwaltung
Herr-im-Haus-Standpunkt, Eigentum an Produktionsmitteln, legitimiert Ausbeutung der Mitarbeiter.	Despot mit sozialem Verantwortungsgefühl gegenüber Mitarbeitern, deren Interessen er am besten zu kennen glaubt.	Patriarch, der seine Mitarbeiter durch gezielte Förderung und Entwicklung zur größeren Selbständigkeit erziehen will.	Anerkennung des Mitarbeiters als ‚Werte tragendes Subjekt', dessen Wissen, Können und Interessen im Entscheidungsprozeß einbezogen werden.	Selbstbestimmung bei der Aufgabenerfüllung und partnerschaftlichen Beteiligung des Mitarbeiters an der Festsetzung der Unternehmensziele.	Arbeitnehmer (-räte) übernehmen die Rolle des Unternehmers, Kollektivinteressen prägen die Führungsrichtlinien.

Abb. 18: Arten von Führungsstilen

302 Auf diesem Kriterium basiert beispielsweise die bekannte Kontinuum-Theorie von Tannenbaum/Schmidt, bei der, ausgehend vom Entscheidungsspielraum des Vorgesetzten, sieben Führungsstile (von autoritär bis demokratisch) unterschieden werden. Vgl. Tannenbaum/Schmidt (1958), S. 96.
303 Vgl. Baumgarten (1977), S. 27.
304 Vgl. Lattman (1975).

Bei dieser Unterteilung in sechs Führungsstile werden zwei Extrempositionen zugrundegelegt:[305]

- Das eine Extrem bildet der *autoritäre Führungsstil*, der dadurch gekennzeichnet ist, daß die Führungskraft die Ziele und Handlungen ihrer Mitarbeiter lenkt und Weisungen ohne nähere Erläuterung erteilt. Ebenso greift sie häufig in die Arbeitsprozesse der Mitarbeiter ein und übt eine starke Kontrollfunktion aus.

- Das andere Extrem ist der *demokratische Führungsstil*, bei dem die Mitarbeiter dazu ermutigt werden, ihre Ziele und Handlungen selbständig festzulegen und zu kontrollieren. Die Führungskraft übernimmt Beratungs- und keine Weisungsfunktion.

Grundsätzlich handelt es sich bei dem Führungsstil um ein individuelles, auf die jeweilige Führungskraft zugeschnittenes Verhaltensmuster. Allerdings ist es häufig so, daß aufgrund der in einem Unternehmen vorherrschenden Unternehmenskultur ein bestimmter Führungsstil das Gesamtunternehmen prägt und von einem Großteil der Führungskräfte ausgeübt wird.[306] Dies äußert sich beispielsweise in der unternehmensweiten Anwendung bestimmter Führungstechniken wie dem Management by Objectives oder dem Management by Delegation.[307] Je nachdem, welcher Führungsstil in einem Unternehmen vorherrscht, wirkt sich dies auch auf die organisatorische Ausgestaltung des M&A-Managements aus.

---

[305] Vgl. Macharzina (1999), S. 417.

[306] Vgl. Kieser/Oechsler (1999), S. 307.

[307] Unter Management by Objectives versteht man Führung durch Zielvorgabe beziehungsweise Zielvereinbarung. Management by Delegation ist Führung durch Delegation von Aufgaben und Verantwortung. Vgl. Staehle (1999), S. 853 f.

4.3.2.2 Auswirkungen des Führungsstils auf die Organisation des M&A-Managements

Legt man die beiden Extrempositionen eines autoritären und eines demokratischen Führungsstils zugrunde, ergeben sich Unterschiede bezüglich der organisatorischen Anbindung des M&A-Managements. Auch hier geht es in erster Linie um die Entscheidung zwischen einem zentral oder dezentral geführten M&A-Management.

4.3.2.2.1 Autoritärer Führungsstil

In einem autoritär geführten Unternehmen werden sämtliche Entscheidungen, die das M&A-Projekt betreffen, ausschließlich von Führungskräften getroffen. Auch die übrigen Aufgaben des M&A-Managements, d.h. die Planung, Aufgabenübertragung und Kontrolle in den einzelnen Phasen des M&A-Projekts liegen in der Verantwortung von Führungspersonen. Daher bietet es sich in einem solchen Fall an, das M&A-Management bei der *Geschäftsleitung* anzusiedeln. Sämtliche Kompetenzen und Rechte im Zusammenhang mit einem M&A-Projekt sind dann bei der obersten Führungsebene eines Unternehmens angesiedelt. Die übrigen Mitarbeiter erhalten Weisungen, um bestimmte Tätigkeiten im Rahmen des M&A-Managements durchzuführen. Über die exakten Hintergründe und den Fortgang des Projekts werden sie jedoch nicht informiert. Das Risiko eines solch autoritären Führungsstils bei der Durchführung des M&A-Managements besteht zweifellos in einer mangelnden Akzeptanz der betroffenen operativen Bereiche nach Abschluß des Projekts.

4.3.2.2.2 Partizipativer Führungsstil

Ist der Führungsstil des Unternehmens tendenziell partizipativ und somit eine Mischform zwischen autoritärem und demokratischem Führungsstil, bietet es sich an, das M&A-Management von einer eigenständigen *M&A-Abteilung* oder einem *zentralen Fachbereich* durchführen zu lassen. In diesem Fall wird die Geschäftsleitung keinen Wert darauf legen, sämtliche Aufgaben der Planung, Entscheidung,

Aufgabenübertragung und Kontrolle selbst durchführen zu wollen. Vielmehr können einzelne Tätigkeiten im Rahmen des M&A-Managements an entsprechende Stabs- oder Zentralabteilungen delegiert werden. Damit handelt es sich zwar nach wie vor um eine zentrale Form des M&A-Managements, jedoch werden nicht sämtliche Entscheidungen und Handlungen von der Geschäftsleitung selbst vorgegeben, sondern teilweise an Mitarbeiter der Fach- beziehungsweise M&A-Abteilung übertragen.

4.3.2.2.3 Demokratischer Führungsstil

Herrscht in einem Unternehmen ein demokratischer Führungsstil vor, werden Entscheidungen, Kompetenzen und Verantwortung an Mitarbeiter unterer Führungsstufen delegiert. Bezüglich der Ausgestaltung des M&A-Managements kommt daher insbesondere die Anbindung an die operativen Einheiten in Betracht. Hierbei ist allerdings zu berücksichtigen, daß sich an der Spitze einer operativen Einheit ebenfalls eine Führungsperson befindet, die für die Durchführung des M&A-Managements verantwortlich sein kann. Diese Führungsperson kann dann wiederum auf Ebene des operativen Bereichs entscheiden, ob sie bei der Durchführung des M&A-Managements einen autoritären oder einen demokratischen Führungsstil anwenden möchte. Aus Sicht des Gesamtunternehmens ist jedoch die Delegation der Verantwortung für das M&A-Projekt an die operative Einheit bereits Ausdruck eines tendenziell demokratischen Führungsstils.

Der grundsätzliche Zusammenhang zwischen Führungsstil und organisatorischer Ausgestaltung des M&A-Managements wird in folgender Übersicht zusammengefaßt (Abb. 19).

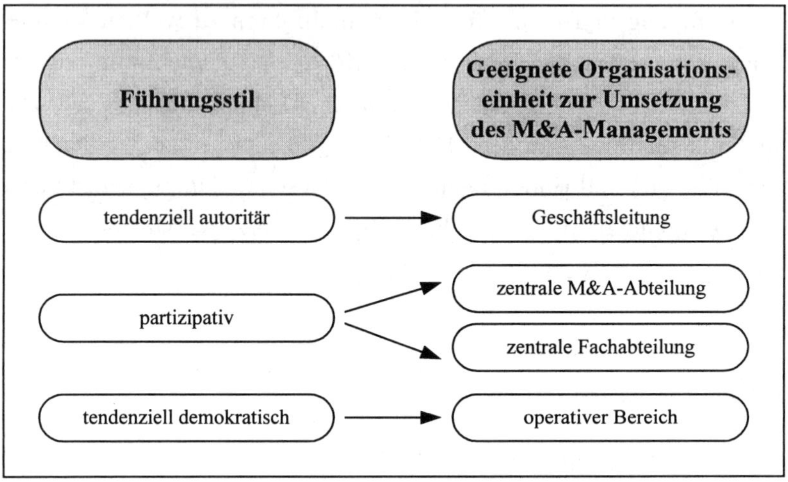

Abb. 19: Auswirkungen des Führungsstils auf die Organisation des M&A-Managements

4.4 Personelle Voraussetzungen

Als vierte unternehmensspezifische Komponente, die das M&A-Management beeinflußt, sind die personellen Voraussetzungen zu nennen.[308] Da das interne M&A-Management von der Leistung der hierzu eingesetzten Mitarbeiter des Unternehmens abhängt, ist die Berücksichtigung der personellen Komponente unabdingbar. Zur Durchführung eines erfolgreichen M&A-Managements müssen die Bedürfnisse, Interessen und Erwartungen der Mitarbeiter erkannt und beachtet werden.[309]

Die personellen Voraussetzungen für das M&A-Management ergeben sich aus der Ausgestaltung einzelner Funktionen im Personalmanagement des Unternehmens.[310] Besondere Bedeutung wird dabei den Funktionen der Beschaffung, Entwicklung, Motivation und Honorierung der Mitarbeiter bei den verschiedenen Organisationskonzepten eines internen M&A-Managements beigemessen. Daher gilt es, im folgenden zwei personalspezifische Einflußfaktoren auf die Ausgestaltung des M&A-Managements näher zu untersuchen:

- Zum einen ist in diesem Zusammenhang ein *quantitativ und qualitativ geeigneter Personalbestand* zur Durchführung des internen M&A-Managements besonders wichtig. Dieser Personalbestand kann entweder bereits im Unternehmen vorhanden sein und durch entsprechende Weiterbildungsmaßnahmen entwickelt werden (Personalentwicklung) oder er kann durch internes und externes Recruiting aufgebaut werden (Personalbeschaffung) (vgl. Kapitel 4.4.1).

- Zum zweiten spielt auch *der Umgang mit Verhaltensunsicherheit* in einem Unternehmen eine große Rolle bei der Ausgestaltung des internen M&A-Managements. Die der Verhaltensunsicherheit zugrundeliegende Agency-

---

308 Vgl. Markus (1990), S. 396 und Weidl (1998), S. 82.

309 Die Berücksichtigung dieser Aspekte ist notwendig, um die Ziele der Personalerhaltung und Leistungsstimulation zu erreichen, die letztendlich zur Effizienzerhöhung beitragen. Vgl. Hentze (1995), S. 23.

310 Personalmanagement bezeichnet den gesamten Aufgabenbereich in Bezug auf personelle Aspekte im Unternehmen und umfaßt Beschaffung, Einsatz, Entwicklung, Honorierung und im weitesten Sinne auch Freistellung von Mitarbeitern. Vgl. Jung (1997), S. 7 f.

Problematik innerhalb der verschiedenen Organisationskonzepte kann mit Hilfe verschiedener personalpolitischer Maßnahmen gesteuert werden (vgl. Kapitel 4.4.2).

Auch die beiden personellen Voraussetzungen werden im folgenden ausführlich erörtert, um aufzuzeigen, inwiefern sie eine Voraussetzung für die Wahl eines bestimmten Organisationskonzeptes für das M&A-Management sind.

4.4.1 Quantitativer und qualitativer Personalbestand

4.4.1.1 Bestimmung und Beschaffung des Personalbestands für das M&A-Management

Zur Bestimmung des M&A-spezifischen Personalbestands ist zunächst eine Personalbedarfsplanung nötig, anhand derer eine Aussage darüber zu treffen ist, wie viele und welche Mitarbeiter zur Durchführung des internen M&A-Managements benötigt werden. Im Rahmen einer solchen Bedarfsplanung werden sowohl quantitative als auch qualitative Anforderungen an die benötigten Mitarbeiter ermittelt.[311] Die quantitative Personalbedarfsplanung vergleicht die Anzahl der Mitarbeiter mit den vorhandenen Planstellen, und die qualitative Personalbedarfsplanung ermittelt, welche Qualifikationen und Fähigkeiten zur Durchführung einer bestimmten Tätigkeit – in diesem Fall dem M&A-Management – benötigt werden.

Stellt man fest, daß der M&A-spezifische Personalbedarf durch den dafür vorgesehenen Personalbestand im Unternehmen nicht gedeckt werden kann, sind Maßnahmen der Personalbeschaffung nötig. Zu diesem Zweck sollte allerdings zuvor ein aussagekräftiges Anforderungsprofil der gesuchten M&A-Spezialisten erstellt werden. Diese Anforderungen sind in starkem Maße abhängig vom jeweiligen Unternehmen, der Art der zu betreuenden M&A-Projekte und dem bereits vorhandenen Bestand an M&A-Experten. Allerdings lassen sich auch einige allgemeine Aussa-

---

[311] Vgl. Jung (1997), S. 107.

gen über das Anforderungsprofil eines internen M&A-Verantwortlichen treffen, die sich insbesondere auf dessen Kompetenzen und Erfahrungen beziehen.
Bezüglich der spezifischen Kompetenzen eines M&A-Spezialisten lassen sich grundsätzlich vier Arten unterscheiden:[312]

- Die *Fachkompetenz* bezeichnet das spezifische Fachwissen des M&A-Spezialisten, das er zur Durchführung des M&A-Managements benötigt. Hierzu zählen insbesondere branchen- und unternehmensspezifische Kenntnisse sowie bereits gesammelte Erfahrungen bei der Betreuung von M&A-Projekten.[313]

- Die *Methodenkompetenz* betrifft die Beherrschung diverser Instrumente und Methoden, die zur Durchführung des M&A-Managements notwendig sind. Dazu gehört beispielsweise die Kenntnis über die Durchführung einer Due Diligence oder die Bewertung von Unternehmen.[314]

- Die *Sozialkompetenz* umfaßt verschiedene soziale Fähigkeiten, die in der Persönlichkeit des M&A-Experten begründet sind. Dazu zählen beispielsweise Einsatzbereitschaft, Kommunikations- und Teamfähigkeit, aber auch Flexibilität, Kooperationsbereitschaft und Toleranz.[315] Diese Fähigkeiten sind insbesondere dann von großer Bedeutung, wenn die Durchführung des M&A-Managements durch ein Projektteam erfolgt.

- Schließlich bezeichnet die *Systemkompetenz* die Fähigkeit, das M&A-Management als Bestandteil des unternehmerischen Gesamtsystems zu erkennen und die sich daraus ergebenden Wechselwirkungen zu berücksichtigen.[316] Diese Fähigkeit ist im Rahmen des M&A-Management von großer Bedeutung

---

[312] Vgl. die grundsätzliche Unterscheidung der Kompetenzarten bei Thommen (1995), S. 17.
[313] Vgl. Oefinger (1986), S. 43 f.
[314] Vgl. Binder (1998), S. 186 ff.
[315] Vgl. Kübler (1996), S. 226.
[316] Das (M&A-)Management als Systemkomponente steht in interdependentem Verhältnis zu anderen Systembestandteilen des Unternehmens aber auch zu externen Systemen. Vgl. Kropfberger (1997), S. 248.

und geht mit der Tatsache einher, daß die Verantwortlichen oft eine tendenziell generalistische Ausbildung und Qualifikation besitzen, um einseitiges Funktions- und Bereichsdenken zu vermeiden.

Nachdem mit Hilfe der vier Arten von Kompetenzen ein Anforderungsprofil über die benötigten M&A-Experten erstellt wurde, können unterschiedliche Möglichkeiten der Personalbeschaffung eingesetzt werden. Aufgabe der Personalbeschaffung als Funktion des Personalmanagements ist es, die benötigten Mitarbeiter mit der geforderten Qualifikation zum geeigneten Zeitpunkt für die nachgefragte Funktion zu beschaffen.[317] Zu diesem Zweck stehen zwei grundsätzliche Methoden zur Verfügung:

- Die interne Personalbeschaffung:
  Sie deckt den bestehenden Personalbedarf durch Mitarbeiter, die bereits im Unternehmen tätig sind.[318]
  Findet die interne Personalbeschaffung *ohne Personalbewegung* statt, bedeutet dies, daß die zu erfüllende Tätigkeit des M&A-Managements dem Mitarbeiter eines vorhandenen Funktionsbereichs zugeteilt wird (z.B. Integration des M&A-Managements in die bereits bestehende Controllingabteilung). Für den betroffenen Mitarbeiter bedeutet das eine zusätzliche Arbeitsbelastung.
  Im Falle der Bedarfsdeckung *mit Personalbewegung* wird der betroffene Mitarbeiter aus seiner bisherigen Funktion herausgelöst, um sich folglich der Betreuung von M&A-Projekten zu widmen. Dies erfolgt in der Regel durch eine angeordnete Versetzung oder durch Eigeninitiative des Mitarbeiters als Reaktion auf eine innerbetriebliche Stellenausschreibung.

- Die externe Personalbeschaffung:
  Hier wird der gesuchte Mitarbeiter außerhalb des Unternehmens rekrutiert.[319]
  Bei einer tendenziell *passiven Beschaffung* unternimmt das Unternehmen von

[317] Vgl. Jung (1997), S. 128.
[318] Vgl. Bisani (1986), S. 32.
[319] Vgl. Hentze (1994), S. 243.

sich aus kaum Anwerbungsmaßnahmen, sondern greift meist auf Eigenbewerbungen zurück. Da es sich beim M&A-Management um ein sehr spezifisches Aufgabengebiet handelt, ist es eher unwahrscheinlich, daß eine Eigenbewerbung zufälligerweise genau den vorhandenen Bedarf deckt.

Daher wird das Unternehmen tendenziell mehr auf die *aktive Beschaffung* zurückgreifen und mit Hilfe konkreter Stellenanzeigen oder über den Einsatz von Personalberatern einen geeigneten M&A-Spezialisten suchen.

4.4.1.2 Auswirkungen des Personalbestands auf die Organisation des M&A-Managements

Der bereits vorhandene Personalbestand und der benötigte Personalbedarf haben Auswirkungen auf die organisatorische Ausgestaltung des M&A-Managements. Um aufzuzeigen, inwiefern dadurch die Auswahl eines geeigneten Organisationskonzepts des M&A-Managements beeinflußt wird, soll im folgenden eine Unterscheidung zwischen dem Fall eines *unveränderbaren* und dem eines *veränderbaren Personalbestands* vorgenommen werden. Dabei wird unterstellt, daß das betroffene Unternehmen bisher noch kein internes M&A-Management durchgeführt hat und folglich nicht über bereits vorhandene Institutionen zur Betreuung von M&A-Projekten verfügt.

4.4.1.2.1 Unveränderbarer Personalbestand

Aus bestimmten Gründen kann es möglich sein, daß ein Unternehmen seinen Personalbestand in Form von Neueinstellungen nicht verändern möchte oder nicht verändern kann.[320] In diesem Fall ist es notwendig, das M&A-Management mit bereits vorhandenen Kapazitäten im Unternehmen zu realisieren.

---

[320] Dies kann beispielsweise der Fall sein, wenn ein Unternehmen sich in einer wirtschaftlich schwierigen Situation befindet und ein Rationalisierungsschutzabkommen abschließt, in dem es sich verpflichtet, bereits beschäftigte Arbeitnehmer umzuschulen und anderweitig einzusetzen, anstatt ihre Entlassung auszusprechen. In einer solchen Situation sind Neueinstellungen politisch nur schwer zu rechtfertigen. Vgl. Jung (1997), S. 354.

Eine organisatorische Lösungsmöglichkeit bietet hier die Anbindung des M&A-Managements an die *Geschäftsleitung*. Dies bedeutet – unter quantitativen Gesichtspunkten – in jedem Fall eine Mehrbelastung im Arbeitsaufkommen der Mitarbeiter der Geschäftsleitung. Dieser zusätzliche Arbeitsaufwand kann nur bewältigt werden, indem der Verantwortliche für seine sonstigen Aufgaben weniger Zeit aufwendet oder insgesamt längere Arbeitszeiten akzeptiert. Für ein Unternehmen, das das M&A-Management dauerhaft institutionalisieren möchte, sollte dieses Organisationskonzept im Interesse der betroffenen Mitarbeiter daher nur eine Übergangslösung darstellen.
Auch bezüglich der qualitativen Anforderungen an den M&A-Verantwort-lichen können sich bei der organisatorischen Anbindung an die Geschäftsleitung Schwierigkeiten ergeben. Von den im vorherigen Abschnitt genannten vier Kompetenzen verfügen die Mitarbeiter in der Regel über Systemkompetenz und – je nach Persönlichkeit – über Sozialkompetenz. Die notwendige Fach- und Methodenkompetenzen sind jedoch nur dann vorhanden, wenn das jeweilige Mitglied der Geschäftsleitung, in dessen Verantwortungsbereich das M&A-Management integriert werden soll, sich bereits in seiner früheren beruflichen Laufbahn mit der Abwicklung von M&A-Projekten beziehungsweise dazu notwendigen Methoden (z.B. Unternehmensbewertung) auseinandergesetzt hat. Mögliche Defizite könnten durch Maßnahmen der Personalentwicklung (z.B. Weiterbildung) ausgeglichen werden. Allerdings stoßen derartige Weiterbildungsangebote nicht immer auf Verständnis und Akzeptanz bei den jeweiligen Mitgliedern der Geschäftsleitung.[321]

Eine weitere Möglichkeit bietet die organisatorische Eingliederung des M&A-Managements in bereits *bestehende Fachabteilungen.* Auch dieses Organisationskonzept bedeutet eine zusätzliche Arbeitsbelastung für die betroffenen Mitarbeiter und kann bei unveränderbarem Personalbestand ebenfalls keine Dauerlösung darstellen. Bezüglich der vorhandenen Kompetenzen sind auch hier einige Einschränkungen zu bedenken. Während die Fach- und die Methodenkompetenz in den Fach-

[321] Vgl. Jung (1997), S. 304. Bei Führungskräften aus der Geschäftsleitung kann eine ablehnende Haltung beispielsweise dem Vorbehalt entstammen, ‚Weiterbildung in ihrer Position nicht mehr nötig zu haben‘.

abteilungen vermutlich stärker ausgeprägt sind als bei der Geschäftsleitung, ergeben sich unter Umständen Defizite in der Systemkompetenz. Wird das M&A-Management beispielsweise in die Finanz- oder Controllingabteilung integriert, so sind den dort beschäftigten Mitarbeitern bestimmte Methoden zur Bewertung finanzieller Transaktionen in der Regel geläufig. Es ist auch möglich, daß sich einige Mitarbeiter bereits in früheren Beschäftigungsverhältnissen mit der Thematik von Unternehmenskäufen und -verkäufen auseinandergesetzt haben, so daß die Fach- und Methodenkompetenz in ausreichendem Maße vorhanden sein können. Gleichzeitig kann es jedoch sein, daß die Systemkompetenz nur ungenügend ausgeprägt ist, da unter Umständen ein starkes Fachbereichsdenken in der entsprechenden Abteilung vorherrscht. Dabei besteht die Gefahr, daß ein M&A-Projekt überwiegend unter einem bestimmten Aspekt (z.B. finanzwirtschaftlicher Art) betrachtet wird, die Auswirkungen der Transaktion auf das Gesamtunternehmen jedoch unberücksichtigt bleiben. Dies ist insbesondere dann der Fall, wenn der entsprechende Fachbereich an dezentraler Stelle im Unternehmen angesiedelt ist oder wenn das Bereichsdenken bereits durch die Organisationsform gefördert wird (z.B. in funktionalen Organisationen).[322]

Schließlich besteht die Möglichkeit, das M&A-Management beim *operativen Bereich* anzusiedeln. Inwieweit hier die quantitativen und qualitativen Anforderungen erfüllt werden, hängt zum einen davon ab, wie viele Mitarbeiter des operativen Bereichs für das M&A-Management zuständig sind, zum anderen davon, welche Aufgaben sie üblicherweise ausführen. Wird das M&A-Management bei der Leitung oder in bestimmten Fachabteilungen des operativen Bereichs angesiedelt, so gelten die gleichen Aussagen wie in den beiden vorherigen Abschnitten. Wird jedoch die Verantwortung für das M&A-Management zwischen mehreren Mitarbeitern des operativen Bereichs aufgeteilt, so ist die quantitative Mehrbelastung an Arbeit für den einzelnen geringer. Zudem können die verschiedenen Aufgaben, die während der Durchführung eines M&A-Projekts anfallen, je nach Fach- und Methodenkompetenz auf die Mitarbeiter verteilt werden. Dabei besteht jedoch die Gefahr, daß die

[322] Vgl. Krüger (1994), S. 96.

Systemkompetenz nicht ausreichend berücksichtigt wird, da bei dieser Organisationslösung die Interessen des operativen Bereichs in den Vordergrund rücken und die Auswirkungen auf das unternehmerische Gesamtsystem möglicherweise unberücksichtigt bleiben.

Die Einrichtung einer *eigenständigen M&A-Abteilung* ist unter der Voraussetzung eines unveränderbaren Personalbestands kaum möglich. Zu diesem Zweck müßten Mitarbeiter aus anderen Funktionen herausgelöst werden, um in der neugeschaffenen M&A-Abteilung eingesetzt zu werden. Dabei würden Vakanzen entstehen, die nur durch eine Erhöhung des Personalbestands gedeckt werden könnten.[323]

Eine weitere Lösungsmöglichkeit bei unveränderbarem Personalbestand bietet die Einrichtung einer Sekundärorganisation in Form des *Projektmanagements*. Durch die Bildung eines Projektteams kann der Arbeitsaufwand, der bei der Betreuung eines M&A-Projekts anfällt auf mehrere Mitarbeiter verteilt werden, so daß sich die quantitative Zusatzbelastung für den einzelnen in einem vertretbaren Maß bewegt. Zudem ermöglichte ein heterogen zusammengesetztes Projektteam die Berücksichtigung verschiedener Kompetenzen im M&A-Management.

4.4.1.2.2 Veränderbarer Personalbestand

Besteht die Absicht, den Personalbestand für die Institutionalisierung des unternehmensinternen M&A-Managements aufzustocken, bietet sich insbesondere die Einrichtung eines eigenständigen *M&A-Organisationsbereichs* an. Je nach Art und Anzahl der geplanten M&A-Projekte können entsprechend viele Mitarbeiter mit unterschiedlichen Kompetenzen rekrutiert und in der neugeschaffenen M&A-Abteilung zusammengefaßt werden. Hier erscheint es allerdings empfehlenswert,

---

[323] Eine Konstanthaltung des Personalbestands wäre nur möglich, wenn andere Abteilungen oder Funktionen vollständig aufgelöst würden, und die dabei freigesetzten Mitarbeiter in der neugeschaffenen M&A-Abteilung eingesetzt werden könnten. Dabei ergeben sich jedoch mit hoher Wahrscheinlichkeit Probleme aufgrund mangelnder Kompetenzen zur Betreuung von M&A-Projekten.

auch interne Personalbeschaffung zu betreiben, um unternehmensspezifisches Wissen im M&A-Management zu berücksichtigen.

Selbstverständlich sind bei einem veränderbaren Personalbestand auch die anderen Organisationskonzepte denkbar. Durch die Möglichkeit, zusätzliche Mitarbeiter zu rekrutieren, ist die Eingliederung des M&A-Manage-ments in die *Geschäftsleitung*, die *Fachabteilungen* oder den *operativen Bereich* nicht mit einer übermäßigen Mehrbelastung an Arbeit verbunden. Auch mögliche Kompetenzmängel können durch gezielte Personalbeschaffung ausgeglichen werden.
Grundsätzlich gilt es, in diesem Fall zu überlegen, ob die zusätzlich eingestellten Mitarbeiter ausschließlich Aufgaben des M&A-Management wahrnehmen oder in der jeweiligen Organisationseinheit auch andere Tätigkeiten ausführen sollen. Bei der Einstellung eines ausschließlich für M&A-Projekte verantwortlichen Mitarbeiters in bestehende Fachabteilungen oder den operativen Bereich besteht die Gefahr, daß diese aufgrund ihrer einseitigen Ausrichtung auf mangelnde Akzeptanz stoßen und möglicherweise nicht genügend integriert werden. Daher erscheint es sinnvoll, bei der Neueinstellung von Mitarbeitern in bereits bestehende Abteilungen darauf zu achten, daß diese neben der Betreuung von M&A-Projekten noch andere abteilungsspezifische Aufgaben wahrnehmen.
Ist allerdings mit der Institutionalisierung des M&A-Managements die Absicht verbunden, professionelles M&A-Wissen an zentraler Stelle im Unternehmen zu bündeln und der Betreuung von M&A-Projekten einen besonderen Stellenwert einzuräumen, sollte die Einrichtung einer eigenständigen M&A-Abteilung in jedem Fall vorgezogen werden.

Die nachfolgende Abb. 20 zeigt den Zusammenhang zwischen Personalbestand und Organisation des M&A-Managements.

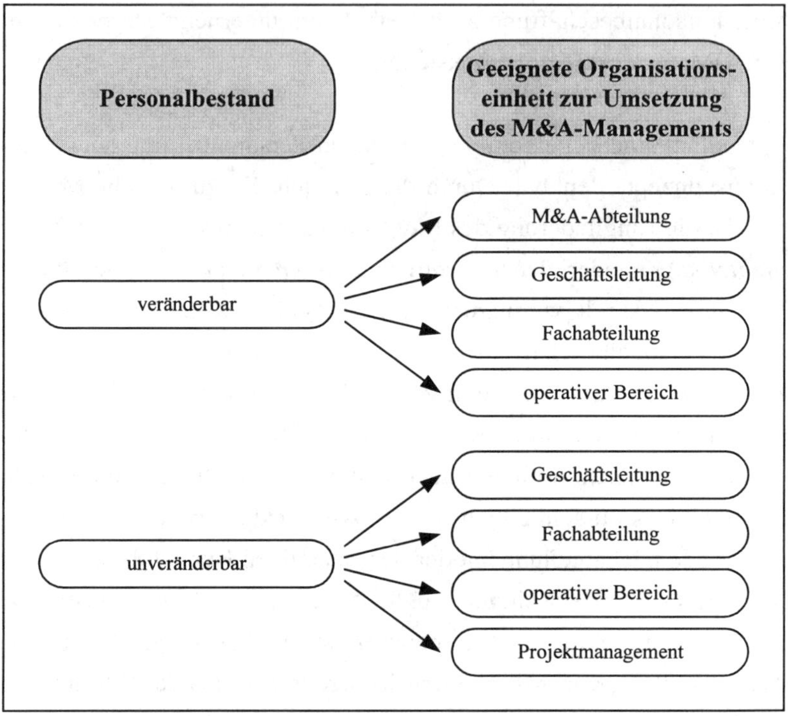

Abb. 20: Auswirkungen des Personalbestands auf die Organisation des M&A-Managements

4.4.2 Umgang mit Verhaltensunsicherheit

4.4.2.1 Ursache und Grundtypen von Verhaltensunsicherheit

Verhaltensunsicherheit bezeichnet die Ungewißheit bezüglich des Verhaltens eines Vertragspartners, von dem eine Gegenleistung erwartet wird.[324] Verhaltensunsicherheit ist kennzeichnend für sämtliche (unvollständigen) Verträge, bei denen ein

[324] Vgl. Spremann (1990), S. 564., Vgl. auch Kap. 2.1.2 der vorliegenden Arbeit.

Partner in Vorleistung tritt und im Anschluß an seine Leistungserbringung eine Gegenleistung von seinem Vertragspartner erwartet.[325]

Diese Art von Vertragsbeziehung ist auch charakteristisch für das Verhältnis zwischen Geschäftsleitung (Eigentümern oder Topmanagement) des Unternehmens und Verantwortlichen des internen M&A-Managements, sofern diese nicht identisch sind. Zwischen beiden besteht ein Arbeitsvertrag, der dem Verantwortlichen des M&A-Managements eine regelmäßige Entlohnung und – bis zu einem gewissen Grad – Arbeitsplatzsicherheit bietet. Die Gegenleistung, die dafür erbracht werden soll, ist die sorgfältige Betreuung von M&A-Projekten und deren Abschluß im Interesse des Unternehmens.
Als Ursache der Verhaltensunsicherheit kann die Agency-Problematik genannt werden, die das Verhältnis zwischen der Geschäftsleitung und dem oder den M&A-Verantwortlichen kennzeichnet. Dabei überträgt die Geschäftsleitung (Prinzipal) die Verantwortung des M&A-Managements an einen oder mehrere Mitarbeiter (Agenten), von denen sie glaubt, daß diese die Aufgabe besser erfüllen können als sie selbst.[326] Davon geht sie deshalb aus, weil die Mitarbeiter über bessere Informationen verfügen und diese Informationen zur Betreuung von M&A-Projekten notwendig sind (z.B. Informationen über die eigenen Produkte/Technologien, das Wettbewerbsumfeld, mögliche Transaktionspartner zur Durchführung eines M&A-Projekts beziehungsweise Methoden und Verfahren zur Durchführung von M&A-Projekten). Das Verhältnis zwischen Geschäftsleitung und Mitarbeiter ist folglich durch Informationsasymmetrie gekennzeichnet.[327] Ein weiteres Merkmal, das das Verhältnis zwischen Geschäftsleitung und Mitarbeiter kennzeichnet, ist die Verfolgung unterschiedlicher Zielvorstellungen. Während die Eigentümer primär daran interessiert sind, den Wert ihres Unternehmens mit der Durchführung von M&A-Projekten zu steigern, verfolgen die Mitarbeiter in erster Linie persönliche Ziele, wie die Redu-

[325] Unvollständige Verträge sind dadurch gekennzeichnet, daß die Vertragsparteien **nicht** über vollkommene Information verfügen und die Vertragserfüllung mit Transaktionskosten verbunden ist. Vgl. Richter (1990), S. 580 f.
[326] Vgl. Pfaff/Zweifel (1998), S. 184.
[327] Vgl. Spremann (1990), S. 563.

zierung des Arbeitsaufwands und des Arbeitsrisikos oder den Gewinn an Einfluß, Geld und Unverzichtbarkeit.[328]

Aus den beiden charakteristischen Merkmalen einer Prinzipal-Agenten-Beziehung – der Informationsasymmetrie und den divergierenden Zielvorstellungen der Vertragspartner – resultiert die erwähnte Verhaltensunsicherheit, die die Geschäftsleitung (Prinzipal) gegenüber dem oder den M&A-Verantwortlichen (Agenten) empfindet. Dabei lassen sich drei Grundtypen von Verhaltensunsicherheit unterscheiden:[329]

- Erstens besteht für die Geschäftsleitung Unsicherheit darüber, ob der M&A-Verantwortliche die notwendigen Fähigkeiten und Kompetenzen zur Durchführung des M&A-Managements besitzt. Man spricht hierbei von „*hidden characteristics*" des Agenten.[330]

- Zweitens besitzt die Geschäftsleitung Unsicherheit über die Absichten des M&A-Verantwortlichen („*hidden intentions*"), die sich während der Vertragserfüllung noch ändern können, aber erst im nachhinein bekannt werden.[331]

- Drittens besteht ein weiterer Unsicherheitsfaktor hinsichtlich der Sorgfalt und der Anstrengung („*hidden action*"), die der M&A-Verantwortliche bei der Betreuung von M&A-Projekten aufwendet und die auch im nachhinein für die Geschäftsleitung nicht ersichtlich werden.[332]

---

[328] Vgl. Elschen (1991a), S. 209.

[329] Vgl. Spremann (1990), S. 565 ff.

[330] Man spricht in diesem Zusammenhang auch von Qualitätsunsicherheit bezüglich der Qualität der Fähigkeiten des Agenten. Vgl. Erlei/Leschke/Sauerland (1999), S. 102 f.

[331] Diese Situation, bei der die Möglichkeit zum opportunistischen Ausnutzen von Vertragslücken seitens des Agenten besteht, wird auch Holdup genannt. Vgl. Richter/Bindseil (1995), S. 137.

[332] Der Agent nutzt die Möglichkeit, seine persönlichen Interessen in den Vordergrund zu stellen (z.B. Reduzierung des Arbeitsaufwands). Dies wird auch als moral hazard bezeichnet. Vgl. Edelmann/Milde/Weimerskirch (1998), S. 2 f.

Die nachfolgende Abbildung 21 faßt die drei Grundtypen von Verhaltensunsicherheit zusammen:

Grundtypen von Verhaltensunsicherheit:	Hidden Characteristics (Qualitätsunsicherheit)	Hidden Intentions (Holdup)	Hidden Action (Moral Hazard)
Verhalten des M&A-Verantwortlichen	unbeeinflußbar festgelegt; wird der Geschäftsleitung erst ex post bekannt.	willensabhängig; wird der Geschäftsleitung erst ex post bekannt	willensabhängig; bleibt der Geschäftsleitung auch ex post verborgen
Beispiele	Qualifikation, Fach- und Methodenkompetenz, Talent.	Entgegenkommen, Fairness.	Anstrengung, Fleiß, Sorgfalt.

Abb. 21 Grundtypen von Verhaltensunsicherheit (Vgl. Spremann (1990), S. 572.)

Im folgenden soll gezeigt werden, in welcher Form die genannten Grundtypen der Verhaltensunsicherheit bei den verschiedenen Organisationskonzepten des M&A-Managements auftreten und welche Möglichkeiten der Geschäftsleitung/dem Eigentümer (dem Prinzipal) zur Überwindung dieser Unsicherheiten zur Verfügung stehen. Da sich die beiden vom Willen des Agenten abhängigen Verhaltensweisen bezüglich ihrer Auswirkungen auf das M&A-Management nicht sehr voneinander unterscheiden, werden hidden intentions und hidden action im nachfolgenden Abschnitt zusammengefaßt betrachtet.

4.4.2.2 Auswirkungen der Verhaltensunsicherheit auf die Organisation des M&A-Managements

4.4.2.2.1 Hidden characteristics

Hidden characteristics sind diejenigen Verhaltensweisen und Eigenschaften des M&A-Verantwortlichen, die in seinem Charakter festgelegt sind und nicht seinem

persönlichen Willen unterliegen. Hierunter sind insbesondere die im vorhergehenden Kapitel 4.4.1 beschriebenen Kompetenzarten zu verstehen.
Geht man davon aus, daß der Prinzipal (Geschäftsleitung/Eigentümer) das M&A-Management erstmalig im Unternehmen zu institutionalisieren beabsichtigt, gilt zu überprüfen, ob die Unsicherheit bezüglich der hidden characteristics des M&A-Verantwortlichen bei allen vier Organisationskonzepten gleichermaßen ausgeprägt ist und welche Möglichkeiten der Geschäftsleitung zur Reduzierung dieser Unsicherheit zur Verfügung stehen.

Wird das M&A-Management bei der *Geschäftsleitung* selbst angesiedelt, so ergibt sich die erwähnte Prinzipal-Agenten-Problematik möglicherweise nicht, da derjenige, der das M&A-Management institutionalisiert, und derjenige, der dafür verantwortlich ist, unter Umständen identisch sind (z.B. in eigentümergeführten Unternehmen, in denen der Eigentümer auch die Betreuung von M&A-Projekten übernimmt). In diesem Fall entfällt die Diskussion über Verhaltensunsicherheit, da weder Informationsasymmetrie noch Zieldivergenz vorliegen.
Es besteht jedoch auch die Möglichkeit, daß der Eigentümer des Unternehmens das M&A-Management dem Geschäftsführer zu übertragen beabsichtigt, wobei Eigentümer und Geschäftsführer unterschiedliche Personen sind. In diesem Fall ist die Prinzipal-Agenten-Situation gegeben und der Eigentümer (Prinzipal) ist unsicher bezüglich der M&A-spezifischen Kompetenzen (hidden characteristics) des Geschäftsführers (Agenten).
Um diese Unsicherheit zu reduzieren, liegt es im Interesse des Prinzipals, neue Informationssysteme zu schaffen oder bereits bestehende zu nutzen, die ihm Aufschluß über die M&A-spezifischen Kompetenzen des Agenten geben.[333] Eine Möglichkeit zur Überwindung der auf hidden characteristics basierenden Verhaltensunsicherheit besteht darin, den Agenten zu beobachten.[334]
Dies kann mit Hilfe verschiedener personalpolitischer Maßnahmen erreicht werden. Beispielsweise bietet es sich an, die M&A-spezifischen Fähigkeiten des Geschäfts-

[333] Vgl. Elschen (1991b), S. 1005.
[334] Man spricht hier auch vom screening des Agenten. Vgl. Kaas (1991), S. 358.

führers im Rahmen von *Mitarbeitergesprächen* zu hinterfragen.[335] Dabei versucht der Eigentümer oder die von ihm beauftragte Personalberatung durch Gespräche mit dem Geschäftsführer Informationen über seine bisherigen Erfahrungen mit M&A-Projekten zu erhalten und daraus Rückschlüsse auf seine M&A-spezifischen Kompetenzen zu ziehen. Auch die *Personalakten* können Aufschluß über seine Fähigkeiten geben.[336]
Es bleibt festzuhalten, daß durch den Aufbau oder die Nutzung bestimmter personalpolitischer Informationssysteme die Unsicherheitsproblematik bezüglich der hidden characteristics des Geschäftsführers reduziert werden kann.

Für den Fall, daß das M&A-Management bei bereits bestehenden *Fachabteilungen* oder den *operativen Einheiten* des Unternehmens angesiedelt werden soll, gelten im wesentlichen die zuvor gemachten Aussagen. Auch hier tritt die erwähnte Prinzipal-Agenten-Situation ein, wobei diesmal die Geschäftsleitung (Eigentümer oder Topmanagement) die Rolle des Prinzipals übernimmt und sich die Mitarbeiter der Fachabteilung oder der operativen Einheit in der Position des Agenten befinden. Wiederum besitzt der Prinzipal Unsicherheit bezüglich der M&A-spezifischen Kompetenzen der Agenten. Um diese zu überwinden bedient er sich auch hier personalpolitischer Informationssysteme wie dem *Mitarbeitergespräch* oder der *Personalakte*. Auch die *Befragung des Vorgesetzten* kann Aufschluß über die Qualifikation und Fähigkeiten des Agenten zur Betreuung von M&A-Projekten geben und somit die Unsicherheit bezüglich der hidden characteristics reduzieren.[337]

Schließlich besteht die Möglichkeit, das M&A-Management durch eine eigens dafür geschaffene *M&A-Abteilung* durchführen zu lassen. In diesem Fall hat die Geschäftsleitung die Möglichkeit, durch gezielte Maßnahmen der Personalauswahl Einfluß darauf zu nehmen, daß die zukünftigen Mitarbeiter einer solchen Abteilung über die notwendigen Kompetenzen zur Durchführung des M&A-Managements verfügen. Grundsätzlich besteht auch hier Unsicherheit bezüglich der hidden cha-

---

[335] Vgl. Bühner (1997), S. 142 f.
[336] Vgl. Bisani (1995), S. 323.
[337] Vgl. Bühner (1997), S. 124.

racteristics der Mitarbeiter einer eigenständigen M&A-Abteilung. Wird diese jedoch erstmalig aufgebaut, können solche Mitarbeiter eingestellt werden, die bereits Erfahrungen mit der Betreuung von M&A-Projekten gesammelt haben (z.B. Investmentbanker, Beteiligungscontroller) und in der Regel auch über die notwendigen Kompetenzen verfügen. Geeignete Maßnahmen der Personalauswahl, die Aufschluß über die Fähigkeiten neuer Mitarbeiter geben sind beispielsweise *Bewerbungsgespräche*, *Persönlichkeits-* oder *Fähigkeitstests* (z.B. Assessment-Center).[338] Mit Hilfe solcher Instrumente der Personalauswahl verschafft sich die Geschäftsleitung Informationen über die Eigenschaften und Fähigkeiten der zukünftigen M&A-Verantwortlichen und reduziert die Unsicherheitsproblematik.

4.4.2.2.2 Hidden intentions und hidden action

Hidden intentions und hidden action sind zwei Formen der Verhaltensunsicherheit, die vom Willen des Agenten abhängig sind. Beispiele sind Verhaltensweisen wie Fairness, Fleiß und Sorgfalt. Im Gegensatz zu den zuvor genannten hidden characteristics sind sie demnach noch beeinflußbar. Für den Prinzipal ist somit entscheidend, den Agenten mit Hilfe entsprechender Anreizsysteme dazu zu bewegen, das M&A-Management mit der notwendigen Fairneß und Sorgfalt und im Interesse des Unternehmens durchzuführen.[339]

Unter einem Anreizsystem versteht man die Kombination verschiedener Anreize, die so aufeinander abgestimmt werden, daß sie im Wirkungsverbund bestimmte erwünschte Verhaltensweisen auslösen, während sie andere unerwünschte Verhaltensweisen unterbinden.[340]

Die nachfolgende Abbildung 22 gibt einen Überblick über Möglichkeiten monetärer und nicht-monetärer Anreize.[341]

---

338 Vgl. Drumm (1992), S. 262 f.
339 Vgl. Schmidt/Theilen (1995), S. 483.
340 Vgl. Drumm (1992), S. 395.
341 Vgl. ausführlich Hentze (1995), S. 65 f.

Monetäre Anreize	Nicht-monetäre Anreize
• Lohn- und Gehaltsregelung • Erfolgsbeteiligung • Betriebliche Sozialleistungen	• Aus- und Weiterbildungsmöglichkeiten • Aufstiegsmöglichkeiten • Betriebsklima, Führungsstil und Gruppenmitgliedschaft • Arbeitszeit- und Pausenregelung • Arbeitsinhalte

Abb. 22: Arten von Anreizen

Je nachdem, bei welcher internen Organisationseinheit das M&A-Manage-ment institutionalisiert werden soll, sind die Unsicherheit bezüglich der willensabhängigen Verhaltensweisen des jeweiligen Agenten und somit auch die Anreizsysteme zur Reduzierung dieser Unsicherheit unterschiedlich ausgeprägt.
Im folgenden wird davon ausgegangen, daß der Prinzipal – gleichgültig ob es sich dabei um den Eigentümer oder das Topmanagement des Unternehmens handelt – ausschließlich unternehmensbezogene und keine persönlichen Ziele verfolgt. Als oberstes unternehmensbezogenes Ziel wird die Steigerung des Unternehmenswertes unterstellt.[342]

Wird das M&A-Management bei der *Geschäftsleitung* angesiedelt, kann es sein, daß, wie auch im vorhergehenden Abschnitt im Falle der hidden characteristics beschrieben, kein Prinzipal-Agenten-Problem besteht. Diese Situation ergibt sich beispielsweise, wenn der Eigentümer das M&A-Management selbst durchführt.
Ist es demgegenüber so, daß der Eigentümer das Topmanagement mit der Betreuung von M&A-Projekten beauftragt, kann es durchaus zu divergierenden Zielvorstellungen kommen, so daß der Eigentümer (Prinzipal) unsicher bezüglich des Verhaltens des Topmanagements (Agenten) ist.

---

[342] Vgl. Rappaport (1994), S. 1 ff.

Es besteht die Gefahr, daß das Topmanagement mit der Durchführung von M&A-Projekten persönliche Ziele wie z.B. das Streben nach Macht und Ansehen oder die Reduzierung des persönlichen Arbeitsaufwands verfolgt und unternehmensbezogene Ziele vernachlässigt.[343] Um dies zu verhindern, bietet es sich an, ein Anreizsystem zu entwickeln, das die Erreichung persönlicher Ziele an die Erreichung unternehmensbezogener Ziele (die Steigerung des Unternehmenswertes) koppelt. Die Aufgabe eines Anreizsystems im M&A-Management besteht folglich darin, das Topmanagement dahingehend zu motivieren, daß es die Ziele des Unternehmens und der Eigentümer vorrangig vor seinen persönlichen Zielen verfolgt beziehungsweise daß die persönlichen Ziele im Einklang stehen mit den Zielen des Unternehmens.[344]

Unter den monetären Anreizen haben in jüngster Zeit insbesondere die sogenannten *Aktienoptionspläne* an Bedeutung gewonnen.[345] Sie sind Bestandteil der Vergütung des Topmanagements und bieten diesem die Möglichkeit, nach Ablauf einer bestimmten Frist, Aktien des arbeitgebenden Unternehmens zu einem im voraus festgelegten Kurs zu erwerben. Liegt die Notierung des Aktienkurses zu diesem Zeitpunkt über dem zuvor festgelegten Kurs, gewinnt der Begünstigte die Differenz.[346] Auf diese Weise wird ein Teil der Vergütung des Topmanagements an die Entwicklung des Unternehmenswertes gebunden.[347] Es liegt folglich im Interesse des Topmanagements, diesen zu steigern.
Neben der Bereitstellung von Aktienoptionen besteht auch die Möglichkeit, einen Teil der Vergütung als variablen Gehaltsbestandteil in Form von *Tantiemen* auszugestalten. Diese orientieren sich in der Regel an bilanziellen Größen des Unternehmens wie z.B. dem Jahresüberschuß oder dem Umsatz.[348] Hierbei besteht allerdings kein unmittelbarer Zusammenhang zur Steigerung des Unternehmenswertes, so daß

---

[343] Vgl. Wagenhofer (1996), S. 155. Zu den persönlichen Zielen des Topmanagements vgl. auch Kap. 4.1.1.2.3 der vorliegenden Arbeit.
[344] Vgl. Elschen (1991b), S. 1005.
[345] Vgl. Peuntner (1999), S. 220.
[346] Vgl. Brandhoff (1999), S. 222.
[347] Vgl. Kramarsch (2000), S. 18.
[348] Vgl. Kleinholz (1991), S. 260.

nicht unbedingt gewährleistet ist, daß das Topmanagements die Interessen des Unternehmens vorrangig vor seinen eigenen berücksichtigt.

Wird das M&A-Management in *Fachabteilungen* angesiedelt, besteht ebenfalls Unsicherheit bezüglich des Verhaltens der verantwortlichen Mitarbeiter. In diesem Fall übernimmt die Geschäftsleitung die Rolle des Prinzipals, die verantwortlichen Mitarbeiter des Fachbereichs die des Agenten. Um zu verhindern, daß die Mitarbeiter des Fachbereichs ihre persönlichen Interessen in den Vordergrund stellen, ist es nötig, wiederum entsprechende Anreizsysteme bereitzustellen.

Ein Problem ergibt sich im Falle der Durchführung des M&A-Managements durch Fachabteilungen dadurch, daß die jeweiligen Mitarbeiter neben der Betreuung von M&A-Projekten noch andere Tätigkeiten ausführen. Es ist folglich schwierig, ein Anreizsystem zu entwickeln, das ausschließlich auf der Qualität des M&A-Managements basiert. In der Regel werden sich die monetären Anreize, beispielsweise in Form von *variablen Vergütungsbestandteilen*, an der gesamten Arbeit des Mitarbeiters orientieren und nicht nur an der Qualität der Betreuung von M&A-Projekten.[349] Auch die unmittelbare Verknüpfung des monetären Anreizsystems mit dem Ziel der Steigerung des Unternehmenswertes erweist sich als schwierig. Die für den Fall des Einordnung des M&A-Managements in die Geschäftsleitung erwähnten *Aktienoptionspläne* finden in Deutschland bisher überwiegend auf Ebene des Topmanagements Anwendung.[350] Mit steigender Verantwortung des Middlemanagements in verschiedenen Fachbereichen (z.B. durch die Integration des M&A-Managements) ist zu überlegen, ob das Instrument der Aktienoptionspläne auch auf dieser Ebene eingeführt werden sollte.

Ein anderer Anreiz zur Reduzierung der Verhaltensunsicherheit bei der organisatorischen Anbindung des M&A-Managements an Fachabteilungen entstammt dem nicht-monetären Bereich. Die Geschäftsleitung kann dem jeweiligen Mitarbeiter der Fachabteilung in Aussicht stellen, daß bei sorgfältiger Durchführung des M&A-Managements verbesserte unternehmensinterne *Aufstiegsmöglichkeiten* bestehen.

[349] Zu diesem Zweck werden in der Regel jährliche Tantiemen gezahlt, deren Höhe leistungsorientiert festgelegt wird. Vgl. Lindena (1997), S. 713.
[350] Vgl. Luber (1999), S. 38 ff. Vgl. auch Schnabel (1998), S. 9.

Vor diesem Hintergrund wird der M&A-Verantwortliche des Fachbereichs mit hoher Wahrscheinlichkeit daran interessiert sein, im Interesse der Geschäftsleitung und somit im Interesse des Unternehmens zu handeln.

Wird das M&A-Management in einer eigenständigen *M&A-Abteilung* angesiedelt, kann im Gegensatz zu der soeben beschriebenen Einordnung in die Fachabteilung das Anreizsystem zur Reduzierung der Verhaltensunsicherheit eindeutig mit der Betreuung von M&A-Projekten in Verbindung gebracht werden. Die Mitarbeiter der M&A-Abteilung führen außer der Betreuung von M&A-Projekten in der Regel keine weiteren Tätigkeiten (mit Ausnahme von Sonderprojekten) durch.
Als geeignete Anreizsysteme kommen wiederum sowohl monetäre als auch nicht-monetäre in Betracht. Als monetäre Anreize sind die *variable Vergütung* und der Einsatz von *Aktienoptionsplänen* zu nennen. Wie bereits erwähnt werden letztere bisher überwiegend auf Ebene des Topmanagements eingesetzt. Aufgrund der unmittelbaren Orientierung am Unternehmenswert ist jedoch zu überlegen, inwieweit ihr Einsatz auch für Mitarbeiter einer eigenständigen M&A-Abteilung geeignet sein könnte. Die variable Vergütung wird sich demgegenüber primär an persönlichen Zielvereinbarungen zwischen Mitarbeiter und Vorgesetztem sowie dem generellen Unternehmenserfolg (Jahresüberschuß oder Umsatz) orientieren.
Ein nicht-monetärer Anreiz, die notwendige Sorgfalt bei der Betreuung von M&A-Projekten aufzuwenden, besteht im Falle der eigenständigen M&A-Abteilung in der unmittelbaren Nähe zur Geschäftsleitung. In der Regel ist die M&A-Abteilung der Geschäftsleitung direkt unterstellt und berichtet auch an diese. Die sich daraus ergebende *Kontrollmöglichkeit* durch die Geschäftsleitung reduziert das Risiko mangelnder Sorgfalt bei der Durchführung des M&A-Managements.
Ein weiterer nicht-monetärer Anreiz sind die mit der Tätigkeit innerhalb einer M&A-Abteilung verbundenen *Aufstiegsmöglichkeiten*, die häufig einen Wechsel in verantwortungsvolle operative Tätigkeiten vorsehen.

Wird das M&A-Management im *operativen Bereich* angesiedelt, gelten im wesentlichen die bereits genannten monetären und nicht-monetären Anreize, um die Interessen des Unternehmens bei der Betreuung von M&A-Projekten in ausreichendem

Maße zu berücksichtigen. Aufgrund der in der Regel vorherrschenden größeren Distanz des operativen Bereichs von der Geschäftsleitung ist jedoch unter Umständen eine verstärkte *Kontrollaktivität* seitens der Geschäftsleitung nötig.[351]

Die nachfolgende Abbildung 23 faßt die beschriebenen Möglichkeiten zur Reduzierung von Verhaltensunsicherheit im M&A-Management zusammen.

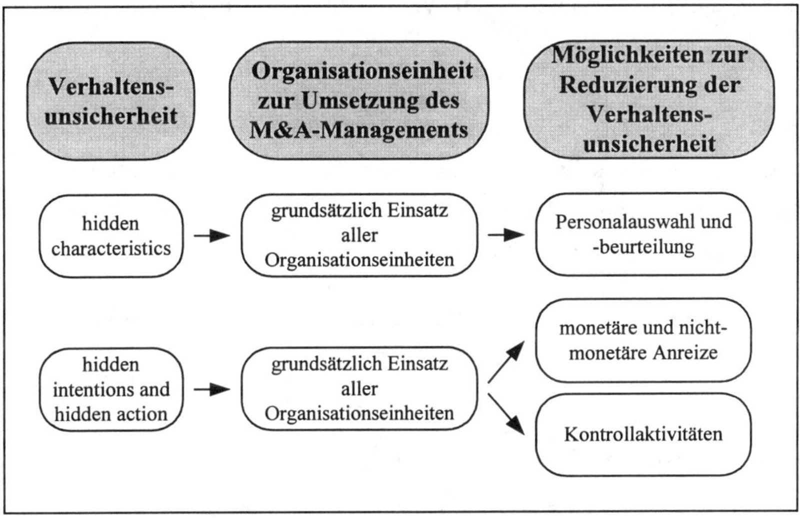

Abb. 23: Möglichkeiten zur Reduzierung der Verhaltensunsicherheit

[351] Vgl. Sjurts (1998), S. 228.

5. Fallbeispiel: Schmitt Gruppe, Stockstadt

Im Rahmen dieses Kapitels wird illustriert, inwiefern die zuvor erarbeiteten theoretischen Inhalte auf die Praxis übertragbar sind. Zu diesem Zweck wird das Fallbeispiel der Schmitt Gruppe, Stockstadt betrachtet.

Grundlage der nachfolgenden Informationen sind persönlich geführte Interviews mit dem für das M&A-Management verantwortlichen Eigentümer des Unternehmens.[352]

Die Schmitt Gruppe ist ein überwiegend lokal ausgerichtetes Netzwerk von verschiedenen, rechtlich und wirtschaftlich selbständigen Unternehmen in den Bereichen Consulting, Automobilvertrieb und -wartung, Tankstellen, Nachrichtentechnik, Funk, Kommunikation und Logistik.

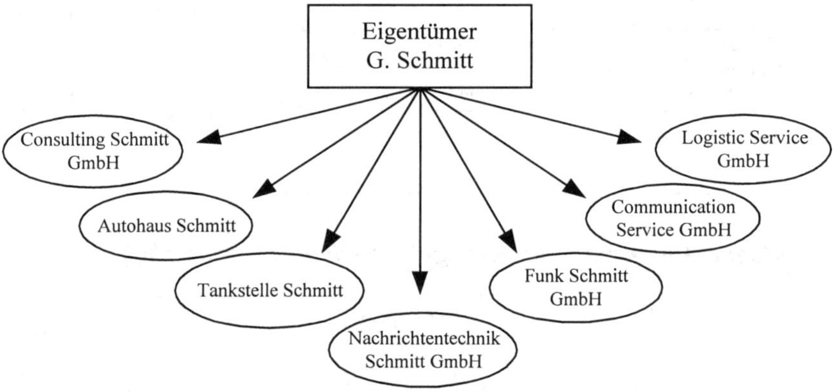

Abb. 24: Unternehmensnetzwerk der Schmitt Gruppe

[352] Sämtliche Informationen, die diesem Kapitel zugrundeliegen, basieren auf den geführten Interviews und werden nicht mehr im einzelnen durch Fußnoten belegt.

Das Kerngeschäftsfeld liegt eindeutig im Kommunikationsbereich. Die insgesamt sieben Unternehmensbereiche beschäftigen rund 200 Mitarbeiter und werden durch ihren Eigentümer, Günter Schmitt, sowie einen weiteren Geschäftsführer geleitet. Der Gesamtumsatz der Unternehmensgruppe belief sich im Geschäftsjahr 1999 auf ca. 34 Mio. DM.
In den letzten drei Jahren schloß die Schmitt Gruppe vier Akquisitionen ab. Dabei handelte es sich ausschließlich um Unternehmenskäufe mit nationalem beziehungsweise regionalem Bezug. Veräußerungen wurden seit Bestehen der Schmitt Gruppe bisher noch nicht getätigt.

5.1 Organisation des unternehmensinternen M&A-Managements

Die Schmitt Gruppe verfügt nicht über eine eigenständige Organisationseinheit zur Durchführung von Unternehmenstransaktionen. Die bisher getätigten Akquisitionen wurden in erster Linie durch den Eigentümer selbst betreut. Dessen wichtigste Aufgabe bestand nach eigenen Angaben darin, die Eingliederung des erworbenen Unternehmens in die bestehende Organisation vorzunehmen. Besonderer Wert wurde dabei auf die Integration der neuen Mitarbeiter gelegt, da das Ziel der Akquisitionen ausdrücklich darin bestand, Wissen zu erwerben und dieses im Unternehmen zu halten. Als weitere wichtige Funktion neben der Integration nennt der Eigentümer die Information der bisherigen Mitarbeiter über die Gründe und die Konsequenzen des Unternehmenskaufs. Auch diese Aufgabe übernahm er jeweils persönlich. Somit kam es während der Zeit der Akquisition und der Integration zu einer permanenten Doppelbelastung des Eigentümers, da er zusätzlich zu den originären Aufgaben der Leitung der Unternehmensgruppe noch die Durchführung des M&A-Managements übernahm. Gemäß seiner Position als Eigentümer und Geschäftsführer standen ihm dabei sämtlich Kompetenzen und Rechte zur Verfügung.

Die Bildung von Projektteams zur Durchführung des M&A-Managements ist bei der Schmitt Gruppe nicht üblich. Lediglich in einigen Fragen stimmt sich der Ei-

gentümer mit einem weiteren Geschäftsführer oder dem Abteilungsleiter des von der Akquisition betroffenen Bereichs ab.
Auch der Einsatz externer Berater erfolgte bisher nur rudimentär. Lediglich bei einem Unternehmenskauf wurde ein externer Unternehmensberater zu Rate gezogen, um bei der Ermittlung des Kaufpreises behilflich zu sein. Als Begründung für der geringen Einsatz Externer nennt der Eigentümer zum einen die „überwiegende Fokussierung solcher Dienstleister auf quantifizierbare Größen" und die daraus resultierende Vernachlässigung des Faktors Mensch. Zum anderen geht er davon aus, daß die Entscheidung, ob ein Akquisitionsobjekt in das bestehende Gesamtunternehmen paßt, letztendlich nur er persönlich treffen kann und das Urteil Externer daher wenig hilfreich ist.

Die nachfolgende Abbildung 25 zeigt im Überblick, durch wen die einzelnen Phasen einer Akquisition bei der Schmitt Gruppe durchgeführt werden.

Phase der Akquisition	Verantwortliche Organisationseinheit
1. Initiierung der Akquisition	Eigentümer
2. a) Suche geeigneter Akquisitionskandidaten b) Ansprache geeigneter Kandidaten	a) Eigentümer b) Eigentümer
3. a) Due Diligence Prüfung[353] b) Unternehmensbewertung des Akquisitionsobjekts	a) Eigentümer in Zusammenarbeit mit dem betroffenen Abteilungsleiter b) Eigentümer in Zusammenarbeit mit dem betroffenen Abteilungsleiter
4. Vertragsverhandlung	Eigentümer in Zusammenarbeit mit dem betroffenen Abteilungsleiter
5. Integration	Eigentümer

Abb. 25: Regelung der Verantwortlichkeiten im Akquisitionsprozeß bei der Schmitt Gruppe

Das unternehmensinterne M&A-Management der Schmitt Gruppe wird überwiegend durch die *Geschäftsleitung (den Eigentümer)* realisiert. Lediglich bei der Bewertung des Akquisitionsobjektes und bei der Vertragsverhandlung wird mitunter ein Mitarbeiter des betroffenen *operativen Bereichs* hinzugezogen.

[353] Eine Due Diligence Prüfung im eigentlichen Sinne findet hier nicht statt. Allerdings werden die Chancen und Risiken der Akquisition im Vorfeld geprüft, womit im wesentlichen dieselben Ziele verbunden sind, wie mit einer professionellen Due Diligence Prüfung.

5.2 Strategische, strukturelle, kulturelle und personelle Voraussetzungen der Schmitt Gruppe

Nachdem die wesentlichen Grundlagen des M&A-Managements bei der Schmitt Gruppe dargelegt wurden, soll im folgenden überprüft werden, inwieweit sich das gewählte Organisationskonzept mit den unternehmensspezifischen Voraussetzungen vereinbaren läßt.

5.2.1 Strategische Voraussetzungen

Im Rahmen der strategischen Voraussetzungen gilt es zunächst, die mit den bei der Schmitt Gruppe getätigten Unternehmenskäufen verfolgten ***Ziele*** zu analysieren. Diese waren in erster Linie marktorientiert, da es bei den bisher durchgeführten Akquisitionen primär darum ging, dem Endkunden Komplettlösungen anbieten zu können. Daher wurden solche Unternehmen akquiriert, durch die das bestehende Produktportfolio erweitert werden konnte.
Für die Realisierung marktbezogener Ziele bietet sich das von der Schmitt Gruppe gewählte Organisationskonzept, das in der Verantwortung des Eigentümers liegt, sehr gut an. Marktorientierte Unternehmenskäufe erfordern intensive Kenntnisse des Wettbewerbsumfelds, in dem ein geeignetes Akquisitionsobjekt identifiziert werden soll, aber auch gute Kenntnisse über die eigene Unternehmensstrategie. Über beides verfügt die Geschäftsleitung der Schmitt Gruppe, so daß die gewählte Form des M&A-Management gut zur Umsetzung marktorientierter Ziele geeignet ist.

Die grundsätzliche ***M&A-Strategie*** der Schmitt Gruppe ist derzeit auf Wachstum angelegt. Allerdings muß hier insofern differenziert werden, als der Bereich Betriebsfunk (Funksysteme für Autos), in dem die Ursprünge der Unternehmensgruppe liegen, aufgrund schlechter Zukunftsaussichten nach und nach abgebaut werden soll. Hierzu liegen allerdings derzeit noch keine konkreten Pläne vor. Das stärkste Wachstum wird sich im Mobilfunkbereich vollziehen, weil dort die Perspektiven deutlich besser sind.

Die Umsetzung der Wachstumsstrategie im Mobilfunkbereich soll auf zwei Arten erreicht werden:

- Zum einen plant der Eigentümer der Schmitt Gruppe einen Zusammenschluß mit einem anderen, ebenfalls eigentümergeführten Unternehmen. Es geht dabei um die Gründung einer Holding-Gesellschaft mit insgesamt sieben Tochtergesellschaften im Telekommunikationsbereich. Bestimmte Zentralbereiche werden in der Holding-Obergesellschaft zusammengefaßt und sind für sämtliche der sieben Tochterunternehmen zuständig (z.B. Personal, Finanzen, IT). Abgesehen davon sind die Tochtergesellschaften selbständig. Ziel dieses Unternehmenszusammenschlusses ist es einerseits, bestehende Systeme und Strukturen zu verbessern, um eine verbesserte Marktbearbeitung zu erreichen und andererseits die Kosten zu reduzieren.

- Zum anderen sollen jedoch auch in Zukunft weitere horizontale Akquisitionen im Mobilfunkbereich getätigt werden, um die Marktdurchdringung weiter voranzutreiben.

Es wird deutlich, daß die momentane Wachstumsstrategie sehr stark horizontal ausgerichtet ist und sowohl die Fusion mit einem Marktpartner als auch weitere Akquisitionen im direkten Wettbewerbsumfeld vorsieht.

Auch hierzu scheint das gewählte Organisationskonzept zur Umsetzung des M&A-Managements gut geeignet. Der Eigentümer der Schmitt Gruppe, der für die Konzeption der geplanten Wachstumsstrategie größtenteils selbst verantwortlich ist, übernimmt auch die Verantwortung für die Umsetzung dieser Strategie im Rahmen des M&A-Managements. Auf diese Weise kann sichergestellt werden, daß intensive Marktkenntnisse sowie Kenntnisse des eigenen Unternehmens, die für ein erfolgreiches horizontales Wachstum notwendig sind, auch tatsächlich berücksichtigt werden.

Als dritte strategische Voraussetzung ist an dieser Stelle die ***Bedeutung des externen Unternehmenswachstums*** in dem für die Schmitt Gruppe relevanten Markt zu nennen. Bei dem relevanten Markt handelt es sich um die Branche der Kommunikationsdienstleistungen. Sie umfaßt die Durchführung von Garantie- und Serviceleistungen (Versand, Mailing, Reparatur, Call-Center) für Mobilfunknetzbetreiber und Hersteller von Mobiltelefonen.
Der Markt für Kommunikationsdienstleistungen ist in Deutschland fast monopolistisch strukturiert. Marktführer ist die Firma Bertelsmann, die ca. 80% des Gesamtmarktes bedient. An zweiter Stelle folgt die Schmitt Gruppe mit ca. 10% Marktanteil und der restliche Markt wird unter drei kleineren Unternehmen aufgeteilt. Als wesentliche Wettbewerbsparameter gelten der Preis, die Qualität und die Schnelligkeit, mit der die gewünschten Dienstleistungen ausgeführt werden.
Externes Unternehmenswachstum ist in dieser Branche von großer Bedeutung. Für die Erstellung solcher Dienstleistungen sind gut entwickelte Strukturen eine wesentliche Voraussetzung. Diese Strukturen können jedoch nur schwer aufgebaut werden, so daß es schneller und kostengünstiger ist, sie durch Unternehmenszusammenschlüsse zu erwerben.

Aufgrund der hohen Relevanz des externen Unternehmenswachstums im Markt der Kommunikationsdienstleistungen werden M&A-Projekte für die Schmitt Gruppe zukünftig keine Ausnahmeerscheinung mehr darstellen. Auch wenn in der Vergangenheit relativ wenige Akquisitionen stattgefunden haben, so wird sich das mit der derzeitigen Fokussierung auf den Mobilfunkbereich vermutlich ändern. Aus diesem Grund ist zu überlegen, ob das derzeit gewählte Organisationskonzept des M&A-Managements auch weiterhin ausreicht oder ob vor dem Hintergrund der starken Abhängigkeit vom externen Wachstum zusätzliche Kapazitäten für das M&A-Management bereitgestellt werden sollten.

5.2.2 Strukturelle Voraussetzungen

Bezüglich der strukturellen Voraussetzungen ist zunächst die ***Primärorganisation*** der Schmitt Gruppe zu analysieren. Die sieben Unternehmen, die derzeit zur Gesamtgruppe zählen, sind überwiegend nach funktionalen Prinzipien strukturiert. Beispielhaft ist nachfolgend das Organigramm der Schmitt Nachrichtentechnik aufgeführt, bei dem die zweite Gliederungsebene unterhalb der Geschäftsleitung funktional (Vertrieb, Organisation) und objektorientiert (Brandschutz) strukturiert ist.

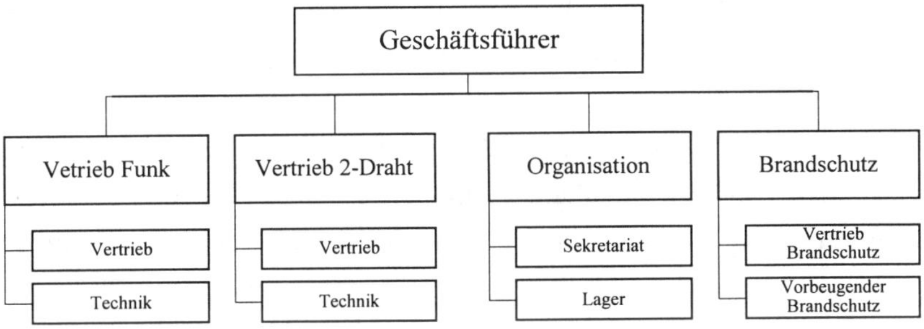

Abb. 26: Funktionale Organisationsstruktur der Schmitt Nachrichtentechnik

Bei den Organisationsformen der sieben Unternehmen handelt es sich folglich um eine überwiegend funktionale Organisation mit einer entsprechend strikten Trennung zwischen den einzelnen Funktionsbereichen.

Vor diesem Hintergrund erweist sich das gewählte Organisationskonzept des M&A-Managements als sinnvoll, da die Geschäftsleitung sowohl beim Tagesgeschäft als auch bei der Durchführung von M&A-Projekten in erster Linie Koordinationsfunktion wahrnehmen muß. Aufgrund der strikten Trennung sowohl zwischen den einzelnen Funktionsbereichen innerhalb eines Unternehmens als auch zwischen den einzelnen Unternehmen selbst, ist eine zentrale Steuerung des M&A-Managements nötig, so daß dessen Anbindung an die Geschäftsleitung eine geeignete Möglichkeit darstellt.

Als zweite strukturelle Voraussetzung ist die ***Aufteilung der Entscheidungskompetenzen*** zu nennen. Die Entscheidungskompetenzen sind in einer überwiegend eigentümergeführten Unternehmensgruppe stark zentralisiert. Die wesentlichen Entscheidungen, insbesondere solche, die sich auf Investitions- oder Desinvestitionsvorhaben beziehen, werden vom Eigentümer selbst getroffen. Möglicherweise findet dabei noch eine Abstimmung mit anderen Mitgliedern der Geschäftsführung statt. In jedem Fall liegt die Entscheidungskompetenz jedoch eindeutig bei der Geschäftsleitung.
Vor dem Hintergrund dieser zentralen Bündelung von Entscheidungskompetenzen erscheint auch das Organisationskonzept zur Umsetzung des M&A-Managements geeignet. Da es sich hierbei ebenfalls um Entscheidungen mit Investitionscharakter handelt, sollten diese, ebenso wie die übrigen Entscheidungen von unternehmensweitem Interesse, von der Geschäftsleitung getroffen werden. Insofern ergibt sich eine positive Übereinstimmung zwischen der strukturellen Voraussetzung zentraler Entscheidungskompetenzen und dem von der Schmitt Gruppe gewählten Organisationskonzept des M&A-Managements.

Zieht man als drittes strukturelles Kriterium die ***Unternehmensgröße*** heran, läßt sich die Schmitt Gruppe mit einem Jahresumsatz von 34 Mio. DM und 200 Mitarbeitern als ein Unternehmen mittlerer Größe klassifizieren.[354] Auch unter diesem Aspekt erscheint das gewählte Organisationskonzept zur Umsetzung des M&A-Managements sinnvoll. Für den Aufbau eigener Kapazitäten in Form spezifischer M&A- oder Fachabteilungen ist die Unternehmensgruppe zu klein. Folglich ist die Anbindung des M&A-Managements bei der Geschäftsleitung unter Kosten- und Kapazitätsaspekten eine geeignete Lösung.

---

[354] Vgl. Klassifizierung bei Thommen/Achleitner (1998), S, 64.

5.2.3 Kulturelle Voraussetzungen

Im Rahmen der kulturellen Voraussetzungen ist zunächst zu überprüfen, ob die Schmitt Gruppe über eine ***starke Unternehmenskultur*** verfügt. Die langjährige Tradition der Unternehmensgruppe sowie der hohe regionale Bekanntheitsgrad lassen eine solch starke Kultur vermuten. Nach Einschätzung des Eigentümers trägt das Image des seriösen, gewachsenen und im positiven Sinne alteingesessenen Unternehmens dazu bei, daß die Mitarbeiter stolz sind, dort zu arbeiten, und sich mit diesen gemeinsamen Werten identifizieren.

Neben der Tradition des Unternehmens ist der zweite wesentliche Bestandteil der Unternehmenskultur nach Meinung des Eigentümers die Offenheit, die zwischen ihm und seinen Mitarbeitern herrscht. Diese äußert sich darin, daß der Eigentümer jeden Mitarbeiter persönlich kennt und jederzeit ansprechbar ist für alle Arten von Problemen, Vorschlägen oder Kritik.

Es kann folglich davon ausgegangen werden, daß die Schmitt Gruppe über eine stark ausgeprägte Unternehmenskultur verfügt, die auf den beiden Säulen der Tradition und der Offenheit beruht.

Betrachtet man das Organisationskonzept zur Umsetzung des M&A-Managements vor dem Hintergrund der stark ausgeprägten Unternehmenskultur der Schmitt Gruppe, so scheint das hohe Ausmaß an Zentralisierung durch die Anbindung der M&A-Projekte an die Geschäftsleitung nicht unbedingt nötig zu sein. Die Koordinationsfunktion, die eine starke Kultur übernehmen kann, würde eher dafür sprechen, das M&A-Management dezentral, d.h. durch die betroffenen operativen Einheiten durchführen zu lassen. Gleichzeitig gilt es jedoch zu berücksichtigen, daß die Unternehmenskultur der Schmitt Gruppe hauptsächlich durch den Eigentümer selbst geprägt wird. Vor diesem Hintergrund ist das gewählte Organisationskonzept, das die Durchführung des M&A-Managements vom Eigentümer vorsieht, wiederum nachvollziehbar und geeignet.

Als zweites Element der Unternehmenskultur ist der ***Führungsstil*** der Schmitt Gruppe zu analysieren. Der Eigentümer kennzeichnet sich selbst als „mitarbeiterorientierten Unternehmer“. Er interessiert sich für die Belange seiner Mitarbeiter

und betätigt sich auch selbst an der Erledigung bestimmter operativer Tätigkeiten, wenn die Notwendigkeit dazu besteht. Aufgrund der starken Position, die der Eigentümer innerhalb der Unternehmensgruppe einnimmt, kann der Führungsstil als paternalistisch bis pädagogisch beschrieben werden.
Mit diesem Führungsstil läßt sich auch das Organisationskonzept des M&A-Managements bei der Schmitt Gruppe gut vereinbaren. Die starke Rolle, die der Eigentümer in der Unternehmensgruppe inne hat, übernimmt er auch bei der Betreuung von M&A-Projekten.

5.2.4 Personelle Voraussetzungen

Zur Betreuung der bisherigen Akquisitionsprojekte waren neben dem Eigentümer keine zusätzlichen Mitarbeiter nötig. Die geringe Häufigkeit und das niedrige Transaktionsvolumen konnten problemlos von einer Person bewältigt werden, so daß der vorhandenen ***Personalbestand*** zur Durchführung des M&A-Managements ausreichend war. Im Hinblick auf die stärkere Fokussierung der Schmitt Gruppe auf den Mobilfunkbereich und den anstehenden Zusammenschluß mit einem bisherigen Marktpartner besteht jedoch die Gefahr, daß ein rein eigentümergesteuertes M&A-Management durch eine einzige Person nicht mehr ausreicht. Die zu erwartenden Akquisitionsprojekte würden zu einer starken Doppelbelastung des Eigentümers führen. Hinzu kommt, daß möglicherweise auch Spezialwissen notwendig sein wird, das bisher noch nicht in der Unternehmensgruppe vorhanden ist. Aus diesem Grund denkt der Eigentümer derzeit über die Einrichtung einer zusätzlichen Position nach, bei der die Verantwortung für das M&A-Management angesiedelt sein sollte.

Das Problem der ***Verhaltensunsicherheit*** im M&A-Management besteht bei der Schmitt Gruppe nicht. Derjenige, der für die Betreuung von M&A-Projekten verantwortlich ist, ist gleichzeitig der Eigentümer des Unternehmens. Es kann folglich keine Prinzipal-Agenten-Situation im M&A-Management auftreten, da sich der Eigentümer in der Position befindet, seine eigenen Ziele durchsetzen zu können und selbst über alle notwendigen Informationen zur Betreuung von M&A-Projekten

verfügt. Die charakteristischen Merkmale eines Prinzipal-Agenten-Verhältnisses – Informationsasymmetrie und Zieldivergenz zwischen einem Auftraggeber und einem Auftragnehmer – liegen im Falle der Schmitt Gruppe somit nicht vor.
Vor diesem Hintergrund besitzen auch Anreiz- und Kontrollsysteme nur geringe Wirksamkeit als Steuerungsinstrumente des M&A-Managements. Monetäre und nicht-monetäre Anreize sind in der Schmitt Gruppe in für ein mittelständisches Unternehmen üblichem Maße vertreten (z.B. Überstundenentlohnung, Bonus für Geschäftsführer, Aus- und Weiterbildungsmöglichkeiten etc.). Ihr Einsatz wird jedoch vom Eigentümer selbst bestimmt, so daß sie zur Steuerung eines eigentümergeführten M&A-Managements nicht unbedingt geeignet sind. Auch die Kontrollmöglichkeiten bei der Betreuung von M&A-Projekten sind eingeschränkt. Die einzige Form der Kontrolle besteht in der Selbstkontrolle des Eigentümers, da er sein Handeln vor niemandem außer sich selbst rechtfertigen muß.
Es wird deutlich, daß bei dieser Form der Durchführung des M&A-Managements durch den Eigentümer eine Steuerung zur Reduzierung von Verhaltensunsicherheit nicht notwendig ist, da keine Prinzipal-Agenten-Situation auftritt. Gleichzeitig wäre eine solche Steuerung des M&A-Managements auch mit erhöhten Schwierigkeiten verbunden, da der Eigentümer niemandem außer sich selbst verantwortlich ist und daher auch nur eine Selbststeuerung in Frage käme.

5.3 Fazit

Die Betreuung von M&A-Projekten bei der *Schmitt Gruppe, Stockstadt* wird sehr durch den Eigentümer der Unternehmensgruppe geprägt. Insbesondere die Größe des Unternehmens und das geringe Volumen der wenigen, bisher abgeschlossenen Akquisitionen sowie die starke Unternehmerpersönlichkeit des Eigentümers erklären das gewählte Organisationskonzept des M&A-Managements.

Bei der Beurteilung der Organisationskonzepte des M&A-Managements anhand der unternehmensspezifischen Voraussetzungen wurde ersichtlich, daß bestimmte Voraussetzungen mit der gewählten organisatorischen Anbindung des M&A-Managements gut harmonieren, während bei anderen Diskrepanzen auftreten. Diese Abweichungen sind ausdrücklich nicht als Indiz dafür zu sehen, daß die gewählte Form des M&A-Managements für das jeweilige Unternehmen ungeeignet ist. Vielmehr kommen sie dadurch zustande, daß der Erfüllung anderer Voraussetzungen eine höhere Priorität eingeräumt wird.

Abschließend bleibt festzuhalten, daß sich die im dritten und vierten Kapitel dieser Arbeit abgeleiteten Modelle und Beurteilungskriterien nicht uneingeschränkt auf die Praxis übertragen lassen. Sie dienen jedoch der Beschreibung und Beurteilung der Praxis des M&A-Managements und ermöglichen das Ableiten von Handlungsempfehlungen.

6. Schlußbemerkung

In diesem Kapitel soll erörtert werden, inwieweit das in Abschnitt 1.1 abgeleitete Ziel der vorliegenden Arbeit realisiert werden konnte und in welchen Bereichen sich noch weiterer Forschungsbedarf ergibt. Zu diesem Zweck werden die einzelnen Bestandteile der Zielformulierung an dieser Stelle erneut aufgegriffen und ihre Erreichung diskutiert.

„Das Ziel der Arbeit besteht darin, die verschiedenen organisatorischen Gestaltungsalternativen zur Durchführung eines unternehmensinternen M&A-Managements vorzustellen und organisatorische Besonderheiten aufzuzeigen."

Zu diesem Zweck wurden im dritten Kapitel der vorliegenden Arbeit vier Gestaltungsalternativen eines unternehmensinternen M&A-Managements vorgestellt. Dabei handelt es sich um die Anbindung des M&A-Managements an die Geschäftsleitung, diverse Fachabteilungen, eine eigenständige M&A-Abteilung oder den operativen Bereich. Für jede der genannten Organisationseinheiten wurde aufgezeigt, an welcher Stelle im Unternehmen sie angesiedelt und mit welchen Kompetenzen und Rechten sie ausgestattet sein können. Weiterhin wurde erörtert, welche wesentlichen Leistungsbeiträge die genannten Organisationseinheiten innerhalb der verschiedenen Phasen des M&A-Prozesses erbringen können. Somit wurde dem ersten Teilziel der Arbeit Rechnung getragen.

Es bleibt jedoch festzuhalten, daß es sich bei den im dritten Kapitel vorgestellten Organisationskonzepten um eine Auswahl handelt, die nicht sämtliche in der Praxis vorherrschenden Möglichkeiten zur organisatorischen Umsetzung des M&A-Managements widergibt. Zudem handelt es sich bei den genannten Organisationsalternativen um Modelle, die in dieser idealtypischen Form nur bedingt auf die Praxis übertragbar sind. Diese Einschränkungen im Hinblick auf Vollständigkeit und Übertragbarkeit der dargestellten Gestaltungsalternativen auf die Praxis läßt weiteren Forschungsbedarf deutlich werden. Im Rahmen einer größer angelegten empirischen Untersuchung ließen sich beispielsweise Erkenntnisse darüber gewinnen, wie häufig die genannten Organisationskonzepte in der Praxis auftreten und welche weiteren Möglichkeiten der Umsetzung eines internen M&A-Managements Anwendung finden.

„Desweiteren soll die Eignung dieser Gestaltungsalternativen anhand bestimmter unternehmensspezifischer Voraussetzungen beurteilt werden. Durch die Berücksichtigung von strategischen, strukturellen, kulturellen und personellen Voraussetzungen sollen Empfehlungen entwickelt werden für die Organisation eines internen M&A-Managements."

Zur Realisierung dieses Teilziels wurden im vierten Kapitel verschiedene unternehmensspezifische Voraussetzungen diskutiert und ihre Auswirkungen auf die Organisation des M&A-Managements aufgezeigt. Dabei wurde eine Unterteilung in strategische, strukturelle, kulturelle und personelle Voraussetzungen vorgenommen.
Strategische Voraussetzungen sind die mit einem M&A-Projekt verbundenen Ziele, die Wahl der M&A-Strategie und die Bedeutung des externen Unternehmenswachstums. Als strukturelle Voraussetzungen wurden die Primärorganisation, die Aufteilung der Entscheidungskompetenzen und die Größe eines Unternehmens betrachtet. Relevante kulturelle Voraussetzungen sind die Stärke der Unternehmenskultur und der Führungsstil. Bei den personellen Voraussetzungen wurden der quantitative und qualitative Personalbedarf sowie der Umgang mit Verhaltensunsicherheit untersucht.
Eine Beurteilung der vier Organisationskonzepte fand insofern statt, als unter Berücksichtigung jeder einzelnen Voraussetzung dargelegt wurde, welche Chancen und Risiken mit den verschiedenen Organisationskonzepten verbunden sind. Auf diese Weise konnte abgeleitet werden, welche Organisationskonzepte unter welchen Voraussetzungen am besten geeignet zu sein scheinen.

Die vorliegende Arbeit richtete ihren Fokus auf unternehmensspezifische Voraussetzungen. Die Berücksichtigung anderer Voraussetzungen (z.B. rechtlicher oder transaktionsspezifischer) könnte weitere Erkenntnisse bezüglich der Eignung der Organisationskonzepte des M&A-Managements liefern, so daß hier möglicherweise ein zusätzlicher Forschungsbedarf besteht.

„Mit Hilfe eines Fallbeispiels aus der Praxis soll gezeigt werden, inwiefern sich die zunächst theoretisch erarbeiteten Erkenntnisse bezüglich der organisatorischen Gestaltungsalternativen auf die Unternehmenspraxis übertragen lassen."

Zu diesem Zweck wird im fünften Kapitel das M&A-Management der Schmitt Gruppe, Stockstadt untersucht. Es wird deutlich, daß das Unternehmen kein idealtypisches M&A-Management durchführt, wie es im dritten Kapitel der Arbeit vorgestellt wurde. Es handelt sich vielmehr um eine organisatorische Mischform, die jedoch eine gewisse Tendenz zu einem der Modelle des dritten Kapitels aufweist. So läßt sich die Schmitt Gruppe in die Rubrik des bei der Geschäftsleitung angesiedelten M&A-Managements einordnen.

Die im Rahmen der vorliegenden Arbeit durchgeführte empirische Untersuchung basiert auf strukturierten Interviews mit Verantwortlichen des M&A-Managements in den jeweiligen Unternehmen. Folglich bilden die Ergebnisse nur einen kleinen, wenngleich tiefen Einblick in die praktische Umsetzung des unternehmensinternen M&A-Managements. Wie bereits bei der Beurteilung des ersten Teilziels erwähnt, könnten möglicherweise weitere Erkenntnisse im Rahmen einer breiten empirischen Untersuchung bei einer größeren Stichprobe von Unternehmen gewonnen werden.

Abschließend bleibt festzuhalten, daß das zu Beginn der Arbeit aufgestellte Ziel vor dem Hintergrund der starken Fokussierung der Arbeit konsequent verfolgt und im wesentlichen umgesetzt wurde. Dennoch ergeben sich aus den genannten Gründen Ansatzpunkte für weitere Forschungsaktivitäten, mit Hilfe derer die Organisation des unternehmensinternen M&A-Managements unter einem anderen Fokus vertiefend beleuchtet werden kann.

Literaturverzeichnis

Achleitner, Ann-Kristin:
Handbuch Investment Banking, Wiesbaden 1999.

Adolph, Ursula:
Betriebliche Übung als Meßlatte, in: Handelsblatt Nr. 81, 28.04.1998, S. 34.

Alchian, Armen A.:
Specifity, Specialization, and Coalitions, in: ZgS, H. 1, 1984, S. 34 – 49.

Allanson, Sydney Peter:
Interne Beratung – Strukturen, Formen, Arbeitsweisen, Diss., St. Gallen, 1985.

Alten, Florian von:
Verantwortung in neuen Händen, in: Handelsblatt Nr. 81, 28.04.1998, S. 35.

Ansoff, Igor:
Management Strategie, München 1966.

Arbeitskreis "Organisation" der Schmalenbach-Gesellschaft:
Organisation im Umbruch, in: zfbf, 48. Jg., H. 6, 1996, S. 621 – 665.

Axelrod, Robert/Keohane, Robert O.:
Achieving cooperation under anarchy: Strategies and Institutions, in: World Politics, Vol. 38, 1985/86, S. 226 – 254.

Bär, Thomas:
Firmenübernahmen – deren Finanzierung und finanzielle Abwehr, in: Siegwart, Hans u.a. (Hrsg.): Meilensteine im Management, Bd. 1, Mergers & Acquisitions, Stuttgart 1990, S. 155 – 166.

Bartel, Rainer
Charakteristik, Methodik und wissenschaftsmethodische Probleme der Wirtschaftswissenschaften, in: WiSt, H. 2, 1990, S. 54 – 59.

Bartholomäus, Axel:
M&A-Management in mittelständischen Unternehmen, in: M&A Review, H. 10, 1997, S. 434 – 439.

Baumgarten, Reinhard:
Führungsstile und Führungstechniken, Berlin 1977.

Bea, Franz Xaver/Göbel, Elisabeth:
Organisation, Stuttgart 1999.

Beck, Peter:
Unternehmensbewertung bei Akquisitionen in der Bundesrepublik Deutschland, in: M&A-Review, H. 12, 1995, S. 521 – 525.

Beck, Thomas:
Die Projektorganisation und ihre Gestaltung, Berlin 1996.

Becker, Lutz:
Sicher nicht einfach, aber doch gut zu lösen, in: Unternehmer-Magazin, H. 3, 1999, S. 20 – 21.

Becker, Jörg/Kugeler, Martin/Rosemann, Michael:
Prozessmanagement: ein Leitfaden zur prozessorientierten Organisationsgestaltung, Berlin 2000.

Beer, Martin:
Outsourcing unternehmensinterner Dienstleistungen: Optimierung des Outsourcing-Entscheidungsprozesses, Wiesabden 1998.

Behrens, Rolf:
Das Beteiligungsgeschäft – Qualifikationsanforderungen an den erfolgreichen M&A-Berater, in: Frank, Gert/Stein, Ingo (Hrsg.): Management von Unternehmensakquisitionen, Stuttgart 1993, S. 163 – 177.

Berens, Wolfgang/Mertes, Martin/Strauch, Joachim:
Unternehmensakquisition, in: Berens, Wolfgang/Brauner, Hans U. (Hrsg.): Due Diligence bei Unternehmensakquisitionen, 2., überarb. u. erw. Aufl., Stuttgart 1999, S. 21 – 67.

Berens, Wolfgang/Strauch, Joachim:
Herkunft und Inhalt des Begriffes Due Diligence, in: Berens, Wolfgang/Brauner, Hans U. (Hrsg.): Due Diligence bei Unternehmensakquisitionen, 2., überarb. u. erw. Aufl., Stuttgart 1999, S. 3 – 19.

Bereuter, Rolf:
In-House-Banking-Aktivitäten schweizerischer Industriekonzerne und die Abgrenzung zum Tätigkeitsbereich von Banken, Bern 1995.

Berkovitch, Elazar/Narayanan, M.P.:
Motives for Takeovers: An Empirical Investigation, in: Journal of Financial and Quantitative Analysis, Vol. 28, No. 3, September 1993, S. 347 – 362.

Binder, Friedemann:
Unternehmenskauf, Aachen 1998.

Bisani, Fritz:
Personalwesen und Personalführung: der state of the art der betrieblichen Personalarbeit, 4. vollst. überarb. und erw. Aufl., Wiesbaden 1995.

Bisani, Fritz:
Personalwesen: Grundlagen, Organisation, Planung, 3., überarb. u. erg. Aufl., Nachdruck, Wiesbaden 1986.

Blankenburg, Dido:
Die Rolle der M&A-Beratung beim Unternehmenskauf, in: M&A Review, H. 5, 1996, S. 214 – 220.

Bleicher, Knut:
Das Konzept Integriertes Management: Visionen, Missionen, Programme., 5., rev. u. erw. Aufl., Frankfurt am Main 1999.

Bleicher, Knut:
Organisation: Strategien – Strukturen – Kulturen, 2., vollst. neu bearb. und erw. Aufl., Wiesbaden 1991.

Bleicher, Knut:
Auf dem Weg zu einer Kulturpolitik der Unternehmung, in: zfo, H. 8, 1984, S. 494 – 500.

Blex, W./Marchal, G.:
Risiken im Akquisitionsprozeß – ein Überblick, in: BfuP, 42. Jg., H. 2, 1990, S. 85 – 103.

Bogaschewski, Ronald/Rollberg, Roland:
Prozeßorientiertes Management, Berlin 1998.

Botta, Volkmar:
Ausgewählte Probleme des Beteiligungscontrollings, in: Schulte, Christof (Hrsg.): Beteiligungscontrolling, Wiesbaden 1994, S. 25 – 40.

Brandhoff, Jochen:
Anreizkompatible Stock Option-Pläne, in: Personal, H. 5, 1999, S. 222 – 227.

Brauner, Hans U./Fritzsche, Michael:
Due Diligence aus rechtlicher Sicht, in: Berens, Wolfgang/Brauner, Hans U. (Hrsg.): Due Diligence bei Unternehmensakquisitionen, 2., überarb. u. erw. Aufl., Stuttgart 1999, S. 267 – 288.

Brauner, Hans U./Scholz, Siegfried:
Due Diligence aus finanzwirtschaftlicher Sicht, in: Berens, Wolfgang/Brauner, Hans U. (Hrsg.): Due Diligence bei Unternehmensakquisitionen, 2., überarb. u. erw. Aufl., Stuttgart 1999, S. 251 – 264.

Bressmer, Claus/Moser, Anton/Sertl, Walter:
Mergers & Acquisitions 1: Vorbereitung und Abwicklung der Übernahme von Unternehmen, Stuttgart/Berlin/Köln/Mainz, 1989.

Bross, Holger/Caytas, Ivo/Mahari, Julian:
Consulting bei Mergers & Acquisitions in Deutschland: Internationale Kooperation und Konkurrenz, Stuttgart 1991.

Bruppacher, Peter:
Unternehmensverkauf als strategischer Erfolgsfaktor, in: Siegwart, Hans u.a. (Hrsg.): Meilensteine im Management, Bd. 1, Mergers & Acquisitions, Stuttgart 1990, S. 267 – 282.

Bruppacher, Peter/Brand, Michael:
Mergers and Acquisitions-Beratung als spezialisierte Unternehmer-Beratung, in: Wohlgemuth, André/Treichler, Christoph (Hrsg.): Unternehmensberatung und Management: die Partnerschaft zum Erfolg, Zürich 1995, S. 165 – 180.

Bucher, Alexander/Schuldig, Daniel:
Unterstützung durch externe Spezialisten, in: Handelsblatt Nr. 81, 28.04.1998, S. 37.

Bühner, Rolf:
Personalmanagement, 2., überarb. Aufl., Landsberg/Lech 1997.

Bühner, Rolf:
Betriebswirtschaftliche Organisationslehre, 8., bearb. und erg. Aufl., München 1996.

Bühner, Rolf:
Management-Holding, in: WiSt, H. 4, 1993, S. 158 – 162.

Bühner, Rolf:
Management-Holding: Unternehmensstruktur der Zukunft, 2. Aufl., Landsberg/Lech 1992.

Bühner, Rolf:
Erfolg von Unternehmenszusammenschlüssen in der Bundesrepublik Deutschland, Stuttgart 1990.

Bühner, Rolf:
Strategie und Organisation – Neuere Entwicklungen, in: zfo, H. 4, 1989, S. 223 – 232.

Chobrok, Reiner:
Internes Consulting, in: zfo, H. 2, 1999, S. 109.

Clever, Holger:
Post-Merger-Management, Stuttgart/Berlin/Köln, 1993.

Coase, Ronald:
The Nature of the Firm, in: Economica, Vol. 4, 1937, S. 386 – 405.

Coenenberg, Adolph G.:
Unternehmensbewertung aus Sicht der Hochschule, in: Busse von Colbe, Walther/Coenenberg, Adolph G. (Hrsg.): Unternehmensakquisition und Unternehmensbewertung. Grundlagen und Fallstudien, Stuttgart 1992, S. 89 – 108.

Cooke, Terence E.:
Mergers and acquisitions, Oxford 1988.

Craven, John A.:
Mergers & Acquisitions, in: Gerke, Wolfgang/Steiner, Manfred (Hrsg.): Handwörterbuch des Bank- und Finanzwesens, 2., überarbeitete und erweiterte Auflage, Stuttgart 1995, Sp. 1443 – 1453.

Dabui, Mani:
Postmerger-Management: Zielgerichtete Integration bei Akquisitionen und Fusionen, Wiesbaden 1998.

Deal, Terence E./Kennedy, Allan A.:
Corporate Cultures. The Rites and Rituals of Corporate Life, Reading, Mass. 1982.

Deiß, Christian:
M&A-Beratung in Deutschland – Organisation und Wettbewerbsstruktur, in: M&A Review, H. 12, 1997a, S. 539 – 547.

Deiß, Christian:
M&A-Beratung in Deutschland – Funktionen und Akteure, in: M&A Review, H. 11, 1997b, S. 488 – 498.

Drumm, Hans Jürgen:
Das Paradigma der Neuen Dezentralisation, in: DBW, 56. Jg., H. 1, 1996, S. 7 – 20.

Drumm, Hans Jürgen:
Personalwirtschaftslehre, 2., neu bearb. und erw. Aufl., Berlin 1992.

Duft, Manuela:
Die Bedeutung der Unternehmenskultur – Was Unternehmen erfolgreich macht, in: Office Management, H. 10, 1995, S. 66 – 67.

Edelmann, Ralf/Milde, Hellmuth/Weimerskirch, Pierre:
Agency-Beziehungen und Kontrakt-Design: Problem, Lösung, Beispiel, in: Kredit und Kapital, H. 1, 1998, S. 1 – 27.

Elschen, Rainer:
Shareholder Value und Agency-Theorie – Anreiz- und Kontrollsysteme für Zielsetzungen der Anteilseigner, in: BFuP, H. 3, 1991a, S. 209 – 220.

Elschen, Rainer:
Gegenstand und Anwendungsmöglichkeiten der Agency-Theorie, in: zfbf, 43. Jg., H. 11, 1991b, S. 1002 – 1012.

Elschen, Rainer:
Agency-Theorie, in: DBW, 48. Jg., H. 2, 1988, S. 248 – 250.

Engels, Maria:
Unternehmen im Unternehmen, in: zfo, H. 4, 1997, S. 218 – 223.

Erlei, Mathias/Leschke, Martin/Sauerland, Dirk:
Neue Institutionenökonomik, Stuttgart 1999.

Faßbender, Ernst/Killat, Gerhard:
Die Preisfindung bei deutschen Unternehmenstransaktionen mit internationalem Hintergrund, in: International Bankers Forum e.V. (Hrsg.): Die Banken auf dem Weg ins 21. Jahrhundert. Strategien und Konzepte, Wiesbaden 1996, S. 49 – 68.

Feldmann, Horst:
Eine institutionalistische Revolution? Zur dogmenhistorischen Bedeutung der modernen Institutionenökonomik, Volkswirtschaftliche Schriften, Berlin 1995.

Fischer, Helmut:
Bewertung, in: Hölters, Wolfgang (Hrsg.): Handbuch des Unternehmens- und Beteiligungskaufs, 4. Aufl., Köln 1996, S. 59 – 194.

Frank, Gert-M.:
Rahmenbedingungen von Unternehmensübernahmen in Deutschland, Stuttgart 1993.

Frese, Erich:
Grundlagen der Organisation: Konzept – Prinzipien – Strukturen, 7. überarb. Aufl., Wiesbaden 1998.

Fuchs, Bodo:
Übernahme von Unternehmen als ein Instrument praktischer Unternehmenspolitik, in: Siegwart, Hans u.a. (Hrsg.): Meilensteine im Management, Bd. 1, Mergers & Acquisitions, Stuttgart 1990, S. 243 – 251.

Ganzert, Siegfried/Kramer, Lutz:
Due Diligence Review – eine Inhaltsbestimmung, in: Die Wirtschaftsprüfung, H. 17, 1995, S. 576 – 581.

Gedenk, Karen/Albers, Sönke:
Innovationsanreize für Geschäftsführer, in: DBW, 52. Jg., H. 4, 1992, S. 505 – 519.

Geldern, Michael van:
Organisation: ein anwendungsorientiertes Lehrbuch mit Fallbeispielen, Frankfurt am Main 1997.

Gerpott, Torsten:
Integrationsgestaltung und Erfolg von Unternehmensakquisitionen, Stuttgart 1993.

Gösche, Axel.:
Mergers & Acquisitions im Mittelstand, Wiesbaden 1991.

Gomez, Peter:
Unternehmensakquisitionen vor dem Hintergrund des Shareholder Value, in: Sieben, Günter/Stein, Heinz-Gerd (Hrsg.): Unternehmensakquisitionen – Strategien und Abwehrstrategien, Stuttgart 1992, S. 7 – 20.

Gomez, Peter:
Neue Trends in der Konzernorganisation, in: zfo, H. 3, 1992, S. 166 – 172.

Gomez, Peter/Weber, Bruno:
Akquisitionsstrategie – Die Führung des Übernahmeprozesses, in: Die Unternehmung, Jg. 43, H. 2, 1989, S. 66 – 77.

Grochla, Erwin:
Grundlagen der organisatorischen Gestaltung, Nachdruck, Stuttgart 1995.

Grote, Birgit:
Ausnutzung von Synergiepotentialen durch verschiedene Koordinationsformen ökonomischer Aktivitäten – zur Eignung der Transaktionskosten als Entscheidungskriterium, Frankfurt am Main 1990.

Gut-Villa, Cornelia:
Human Resource Management bei Mergers & Acquisitions, Bern 1997.

Hagemann, Stefan:
Strategische Unternehmensentwicklung durch Mergers & Acquisitions: Konzeption und Leitlinien für einen strategisch orientierten Mergers & Acquisitions-Prozeß, Frankfurt am Main 1996.

Heigl, Anton:
Zum Entscheidungsproblem: fremde oder eigene Unternehmensberatung, in: Zeitschrift Interne Revision, 6. Jg., H. 1, 1971, S. 1 – 13.

Heinen, Edmund:
Unternehmenskultur. Perspektiven für Wissenschaft und Praxis, München 1987.

Helling, Nico:
Auf den Kontext kommt es an, in: Handelsblatt Nr. 81, 28.04.1998, S. 36.

Hentze, Joachim:
Personalwirtschaftslehre 2: Personalerhaltung und Leistungsstimulation, Personalfreistellung und Personalinformationswirtschaft, 6., überarb. Aufl., Bern 1995.

Hentze, Joachim:
Personalwirtschaftslehre 1: Grundlagen, Personalbedarfsermittlung, -beschaffung, -entwicklung und -einsatz, 6., überarb. Aufl., Bern 1994.

Herzig, Norbert:
Unternehmenszusammenschlüsse und Besteuerung, in: Wittmann, Waldemar u.a. (Hrsg.): Handwörterbuch der Betriebswirtschaft, 5., völlig neu gestaltete Aufl., Stuttgart 1993, Sp. 4449 – 4462.

Hilb, Martin:
Integriertes Personal-Management: Ziele – Strategien – Instrumente, 6. Aufl., Neuwied 1999.

Hoffjan, Andreas/Eltze, Christoph:
Beteiligungscontrolling im merger & acquisition – Prozeß, in: Zeitschrift für Planung, Bd. 9, H. 2, 1998, S. 145 – 160.

Hucke, Anja:
Geschäftsführer – Unternehmensleiter oder Geleitet?, in: Die Aktiengesellschaft, H. 9, 1994, S. 397 – 404.

Huemer, Friedrich:
Mergers & acquisitions: strategische und finanzielle Analyse von Unternehmensübernahmen, Frankfurt am Main 1991.

Hungenberg, Harald:
Die Aufgabe der Zentrale – Ansatzpunkte zur zeitgemäßen Organisation der Unternehmensführung in Konzernen, in: zfo, H. 6, 1992, S. 341–354.

Illenberger, Stephan/Berlage, Jan:
Verfahrenswahl beim Unternehmensverkauf, in: Die Bank, H. 8, 1991, S. 441 – 445.

Jung, Hans:
Personalwirtschaft, 2., durchgesehene Aufl., München 1997.

Jung, Willi:
Praxis des Unternehmenskaufs: eine systematische Darstellung der Planung und Durchführung einer Akquisition, Stuttgart 1983.

Kaas, Klaus Peter:
Marktinformationen: Screening und Signalling unter Partnern und Rivalen, in: ZfB, 61. Jg., H. 3, 1991, S. 357 – 370.

Kehrer, Rico/Schade, Christian:
Interne Problemlösung oder Konsultation von Unternehmensberatern, in: DBW, 55. Jg., H. 4, 1995, S. 465 – 479.

Keller-Pfrunder, Andrea/Teichler, Christoph:
Unternehmungskulturstrategien im Zürcher Ansatz, in: Die Unternehmung, H. 1, 1993, S. 55 – 66.

Kieser, Alfred:
Organisationstheorien, Stuttgart/Berlin/Köln 1999

Kieser, Alfred/Oechsler, Walter A::
Unternehmungspolitik, Stuttgart 1999.

Kirchner, Martin:
Strategisches Akquisitionsmanagement im Konzern, Wiesbaden 1991.

Klanke, Burkhard:
Interne Beratung, in: Wagner, Helmut/Reineke, Rolf-Dieter (Hrsg.): Beratung von Organisationen: Philosophien – Konzepte – Entwicklungen, Wiesbaden 1992.

Klein, Herbert/Knorpp, Jürgen:
Entscheidung unter Außeneinfluß, Tübingen 1974.

Klein, Klaus-Günter/Jonas, Martin:
Due Diligence und Unternehmensbewertung, in: Berens, Wolfgang/Brauner, Hans U. (Hrsg.): Due Diligence bei Unternehmensakquisitionen, 2., überarb. u. erw. Aufl., Stuttgart 1999, S. 159 – 174.

Kleinholz, Rainer:
Tantiemen als Anreize zu einer kontinuierlichen Unternehmensentwicklung, in: ZfB, 61. Jg., H. 2, 1991, S. 259 – 268.

Köhler, Richard:
Forschungsobjekte und Forschungsstrategien, in: Die Unternehmung, 32. Jg., H. 3, 1978, S. 181 – 188.

Kolb, Uwe/Görtz, Birthe:
Der Financial Due Diligence-Report, in: M&A Review, H. 7 – 8, 1997, S. 311 – 316.

Kramarsch, Michael H.:
Aktienbasierte Managementvergütung, Stuttgart 2000.

Kraus, Georg/Westermann, Reinhold:
Projektmanagement mit System: Organisation, Methoden, Steuerung, Wiesbaden 1995.

Krauß, Hans-Ulrich:
Fusionsberatung: Externe als Moderatoren, in: Bank und Markt, Nr. 1, 01.01.1999, S. 26.

Kreikebaum, Hartmut:
Strategische Unternehmensplanung, 6., überarb. u. erw. Aufl., Stuttgart 1997.

Kropfberger, Dieter:
Das Managementsystem als kritischer Erfolgsfaktor, in: Belak, Janko u.a. (Hrsg.): Unternehmensentwicklung und Management: unter besonderer Berücksichtigung der Klein- und Mittelbetriebe in den Reformländern, Zürich 1997, S. 243 – 257.

Krüger, Wilfried:
Organisation der Unternehmung, 3., verb. Aufl., Stuttgart 1994.

Krüger, Wilfried:
Management von Akquisitionsprojekten, in: zfo, H. 6, 1988, S. 371 – 377.

Krulis-Randa, Jan S.:
Reflexionen über die Unternehmungskultur, in: Die Unternehmung, 38. Jg., H. 4, 1984, S. 358 – 372

Krystek, Ulrich:
Unternehmungskultur und Akquisition, in: ZfB, 62. Jg., H. 5 1992, S. 539 – 565.

Kübler, Raphael:
Management strategisch motivierter Akquisitionsobjekte, Bergisch Gladbach 1996.

Lattmann, Charles:
Führungsstil und Führungsrichtlinien, Bern/Stuttgart 1975.

Laux, Helmut
Risiko, Anreiz und Kontrolle: Principal-Agent-Theorie; Einführung und Verbindung mit dem Delegationswert-Konzept, Berlin 1990.

Laux, Helmut/Liermann, Felix:
Grundlagen der Organisation: die Steuerung von Entscheidungen als Grundproblem der Betriebswirtschaftslehre, 4., vollst. überarb. Aufl., Berlin 1997.

Lengerich, Bernhard van:
M&A-Beratung, in: Wagner, Helmut/Reineke, Rolf-Dieter (Hrsg.): Beratung von Organisationen: Philosophien – Konzepte – Entwicklungen, Wiesbaden 1992, S. 247 – 275.

Liedtke, Dirk:
Eigenmittel schaffen Luft für Wachstum, in: Handelsblatt Nr. 81, 28.04.1998, S. 26.

Lindena, Bodo:
Leistungsanreize durch variables Vergütungssystem, in: Die Bank, H. 12, 1997, S. 712 – 716.

Luber, Thomas:
Incentives für Manager, in: Capital, H. 4, 1999, S. 38 – 45.

Macharzina, Klaus:
Unternehmensführung – das internationale Managementwissen: Konzepte – Methoden – Praxis, 3., aktualisierte und erw. Aufl., Wiesbaden 1999.

Markus, Joel:
Der "Faktor Mensch" beim Unternehmenskauf, in: Siegwart, Hans u.a. (Hrsg.): Meilensteine im Management, Bd. 1, Mergers & Acquisitions, Stuttgart 1990, S. 393 – 407.

Meffert, Heribert:
Wettbewerbsorientierte Marketingstrategien im Zeichen schrumpfender oder stagnierender Märkte, in: Raffée, Hans/Wiedmann, Klaus-Peter (Hrsg.): Strategisches Marketing, Stuttgart 1985, S. 475 – 491.

Milde, Hellmuth:
Übernahmefinanzierung und LBO-Transaktionen, in: ZfB, 60. Jg., H. 7, 1990, S. 647 – 664.

Mintzberg, Henry:
Die Mintzberg-Struktur – Organisationen effektiver gestalten, Landsberg/Lech 1992.

Moser, Anton C.:
Gefahren beim Kauf von Unternehmen, Mergers & Acquisitions Bd. 2, Stuttgart 1991a.

Moser, Anton C.:
Gefahren beim Verkauf von Unternehmen, Mergers & Acquisitions Bd. 3, Stuttgart 1991b.

Müller, Horst:
Übernahmefinanzierung, in: Siegwart, Hans u.a. (Hrsg.): Meilensteine im Management, Bd. 1, Mergers & Acquisitions, Stuttgart 1990, S. 167 – 178.

Müller-Stewens, Günter/Salecker, Jürgen:
Kommunikation – Schlüsselkompetenz im Akquisitionsprozeß, in: Absatzwirtschaft, H. 10, 1991, S. 104 – 113.

Müller-Stewens, Günter/Schreiber, Kerstin:
Zur organisatorischen Anbindung des Akquisitionsprozesses im Käuferunternehmen, in: Die Unternehmung, 47. Jg., H. 4, 1993, S. 275 – 292.

Mündemann, Tobias:
Kommunikation in M&A-Prozessen. in: M&A Review, H. 10, 1998, S. 407 – 412.

Naber, Gerd:
Strategische Planung von Unternehmensakquisitionen – Organisatorische Anbindung und Aufgabenverteilung, in: zfo, H. 1, 1987, S. 43 – 46.

Nadler, David / Limpert, Terry:
Akquisitionsmanagement: Der erfolgreiche Weg von der Entscheidung bis zur Integration, in: Nadler, David/Gerstein, Marc/Shaw, Robert (Hrsg.): Organisationsarchitektur: optimale Strukturen für Unternehmen im Wandel, Frankfurt am Main 1994, S. 71 – 88.

Newman, Geoffrey:
An institutional perspective on information, in: Hodgson, Geoffrey (Hrsg.): The economics of institutions, Hants, England, 1993, S. 287 – 313.

Nitschke, Klaus/Brunnert, Christine:
Auch sehr viele Köche müssen den Deal nicht verderben, in: Handelsblatt Nr. 81, 28.04.1998, S. 39.

North, Douglass C.:
Institutionen, institutioneller Wandel und Wirtschaftsleistung, Tübingen 1992.

o.V.:
Die meisten Fusionen scheitern am Integrationsmanagement, in: FAZ, Nr. 134, 14.06.1999a, S. 28.

o.V.:
Wenn Unternehmer-Kinder nicht Unternehmer werden wollen, in: FAZ, Nr. 90, 19.04.1999b, S. 30.

o.V.:
Europe-Interview: Europe's competition comissioner Karel van Miert, in: Europe, Sep. 1998a, Iss. 379, S. 33 – 36.

o.V.:
Die Deutsche Bank gründet Beteiligungsunternehmen DB Investor AG, in: FAZ, 17.12.1998b, S. 23.

Oefinger, Thomas:
Erfüllung von Beratungsaufgaben in Unternehmungen durch interne und externe Berater – eine theoretisch-empirische Analyse, Diss., Augsburg 1986.

Oehlrich, Marcus:
Strategische Analyse von Unternehmensakquisitionen: das Beispiel der pharmazeutischen Industrie, Wiesbaden 1999.

Olbrich, Michael:
Der Kultureinfluß auf den Unternehmenserfolg, Folge/Serie 2 Unternehmenskultur international, in: FAZ, Nr. 111, 15.05.1999, S. 64.

Ossadnik, Wolfgang:
Aufteilung von Synergieeffekten bei Verschmelzungen, in: ZfB, 65. Jg., H. 1, 1995, S. 69 – 88.

Pausenberger, Ehrenfried:
Zur Systematik von Unternehmenszusammenschlüssen, in: WISU, H. 11, 1989a, S. 621 – 626.

Pausenberger, Ehrenfried:
Akquisitionsplanung, in: Szyperski, Norbert (Hrsg.): Handwörterbuch der Planung, Stuttgart 1989b, Sp. 18 – 26.

Perlitz, Wolfgang:
Zum Entscheidungsproblem: Eigenerstellung/Fremdbezug von Unternehmensberatungsleistungen, Diss., Leipzig 1975.

Petri, Mathias:
Strategisches Akquisitionsmanagement - Neuere Perspektiven des strategisch motivierten Akquisitionsmanagements, Diss., Berlin 1992.

Peuntner, Thomas:
Stock Options und Stock Option Plans, in: Personal, H. 5, 1999, S. 220.

Pfaff, Dieter/Zweifel, Peter:
Die Principal-Agent Theorie: Ein fruchtbarer Beitrag der Wirtschaftstheorie zur Praxis, in: WiSt, H. 4, 1998, S. 184 – 190.

Picot, Arnold:
Transaktionskostenansatz, in: Wittmann, Waldemar u.a. (Hrsg.): Handwörterbuch der Betriebswirtschaft, 5., völlig neu gestaltete Aufl., Stuttgart 1993, Sp. 4194 – 4204.

Picot, Arnold/Dietl, Helmut:
Transaktionskostentheorie, in: WiSt, H. 4, 1990, S. 178 – 184.

Picot, Gerhard/Jaques, Henning:
Fusionseuphorie birgt Gefahren, in: Handelsblatt Nr. 92, 14./15.5.1999, S. K3.

Picot, Gerhard/Aleth, Franz:
Das Kernstück der Transaktion, in: Handelsblatt Nr. 83, 30.4./1.05.1999, S. K3.

Picot, Gerhard/Jansen, Stefan A.:
Die Annäherung des Preises an den Wert, in: Handelsblatt Nr. 73, 16./17.4.1999, S. K3.

Picot, Gerhard/Land, Volker:
Zug um Zug werden "die Hosen fallengelassen", in: Handelsblatt Nr. 50, 12./13.3.1999, S. K3.

Plumbohm, Ulrich:
Vorbereitung des Unternehmensverkaufs. Pflicht und Kür im Vorfeld, in: Handelsblatt Nr. 79, 24.04.1997, S. B10.

Poensgen, Otto H./Marx, Michael:
Die Ausgestaltung der Geschäftsbereichsorganisation in der Praxis, in: ZfB, 52. Jg., H. 3, 1982, S. 238 – 249.

Porter, Michael E.:
Wettbewerbsstrategie: Methoden zur Analyse von Branchen und Konkurrenten, 8. Aufl, Frankfurt am Main 1995.

Probst, Gilbert:
Organisation: Strukturen, Lenkungsinstrumente und Entwicklungsperspektiven, Landsberg/Lech 1992.

Rappaport, Alfred:
Shareholder Value: Wertsteigerung als Maßstab für die Unternehmensführung, Stuttgart 1994.

Reissner, Stefan (1992):
Synergiemanagement und Akquisitionserfolg, Diss., Wiesbaden 1992.

Richter, Rudolf:
Institutionen ökonomisch analysiert: zur jüngeren Entwicklung auf einem Gebiet der Wirtschaftstheorie, Tübingen 1994.

Richter, Rudolf:
Sichtweise und Fragestellung der Neuen Institutionenökonomik, in: ZWS, 110. Jg., 1990, S. 571 –591.

Richter, Rudolf/Furubotn, Eirik:
Neue Institutionenökonomik: eine Einführung und kritische Würdigung, Tübingen 1996.

Richter, Rudolf/Bindseil, Ulrich:
Neue Institutionenökonomik, in: WiSt, H. 3, 1995, S. 132 – 140.

Ringlstetter, Max:
Organisation von Unternehmen und Unternehmensverbindungen: Einführung in die Gestaltung der Organisationsstruktur, München 1997.

Rüdesheim, Bert:
Ausgründungen selbst anstoßen, in: Handelsblatt Nr. 81, 28.04.1998, S. 36.

Rühli, Edwin:
Unternehmungsführung und Unternehmungspolitik, Band 1, 3., vollst. überarb. und erw. Aufl., Bern/Stuttgart 1996.

Rühli, Edwin:
Strategisches Management – Eine Analyse der Beiträge von Jan S. Krulis-Randa, in: Die Unternehmung, 45. Jg., H. 2, 1991, S. 82 – 93.

Rühli, Edwin/Keller, Andrea:
Unternehmungskultur im Zürcher Ansatz, in: WISU, H. 12, 1989, S. 685 – 691.

Rumpf, Bernd-Michael/Neumann, Petra:
Kritische Erfolgsfaktoren von Post-Merger Integrationen, in: M&A Review, H. 2, 1998, S. 57 – 61.

Salz, Jürgen/Schnitzler, Lothar:
Multikulti im Großraumbüro, in Wirtschaftswoche, H. 3, 14.01.1999, S. 36 – 42.

Sautter, Michael T.:
Strategische Analyse von Unternehmensakquisitionen – Entwurf und Bewertung von Unternehmensstrategien, Beiträge zum Rechnungs-, Finanz- und Revisionswesen, Bd. 24, Frankfurt am Main 1989.

Schade, Christian:
Kompatibilitätskriterien, Kompatibilitätsmanagement und Projektselektion in der Unternehmensberatung, in: Kleinaltenkamp, Michael (Hrsg.): Dienstleistungsmarketing: Konzeptionen und Anwendungen, Wiesbaden 1995, S. 63 – 88.

Schander, Albert/Lucas, Johannes B.:
Vorstandspflichten bei Unternehmensübernahmen, in: M&A Review, H. 12, 1997, S. 553 – 557.

Schein, Edgar, H.:
Unternehmenskultur: Ein Handbuch für Führungskräfte, Frankfurt am Main 1995.

Schewe, Gerhard:
Strategie und Struktur: eine Re-Analyse empirischer Befunde und Nicht-Befunde, Tübingen 1998.

Schmidt, Ingo/Röhrich, Martina:
Zielkonflikte zwischen dem Erhalt kompetitiver Marktstrukturen und der Realisierung von Effizienzsteigerungen durch externes Unternehmenswachstum, in: WiSt, H. 4, 1992, S. 179 – 184.

Schmidt, Ulrich/Theilen, Bernd:
Prinzipal- und Agententheorie, in: WiSt, H. 9, 1995, S. 483 – 486.

Schnabel, Hansjörg:
Wertorientierte Vergütung von Führungskräften, Wiesbaden 1998.

Scholz, Christian:
Organisationskultur – Zwischen Schein und Wirklichkeit, in: ZfbF, 40. Jg., H. 3, 1988, S. 243 – 272.

Schreyögg, Georg:
Organisation: Grundlagen moderner Organisationsgestaltung, 2., überarb. Aufl., Wiesbaden 1998.

Schreyögg, Georg:
Unternehmenskultur und Innovation, in: Personal, 41. Jg., H. 9, 1989, S. 370 – 373.

Schubert, Werner/Küting, Karlheinz:
Unternehmenszusammenschlüsse, München 1981.

Schulte, Christof:
Beteiligungscontrolling, in: Schulte, Christof (Hrsg.): Beteiligungscontrolling, Wiesbaden 1994, S. 3 – 24.

Schulte-Zurhausen, Manfred:
Organisation, 2., völlig überarb. und erw. Auflage, München 1999.

Sebastian, Karl-Heinz/Niederdrenk, Ralph/Tesch, Andreas:
Market Du Diligence (MDD) – Die Sorgfältigkeitsprüfung aus Sicht des Marktes, in: Berens, Wolfgang/Brauner, Hans U. (Hrsg.): Due Diligence bei Unternehmensakquisitionen, 2., überarb. u. erw. Aufl., Stuttgart 1999, S. 291 – 310.

Senbert, Eugen:
Den Kreis möglicher Erwerber gestalten, in: Handelsblatt Nr. 81, 28.04.1998, S. 30.

Shavell, Steven:
Riesgo compartido e incentivos en la relación principal-agente, in: Información Comercial Espanola, vol. 2, no. 36, 1987, S. 107 – 126.

Simon, Hermann:
Mut zur Vision, Folge/Serie 5 Unternehmenskultur international, in: FAZ Nr. 127, 5.06.1999, S. 69.

Sjurts, Insa:
Kontrolle ist gut, ist Vertrauen besser?, in: DBW, 58. Jg., H. 3, 1998, S. 283 – 298.

Spickers, Jürgen:
Unternehmenskauf und Organisation, Stuttgart 1995.

Spickers, Jürgen:
Verfügbarkeit akquisitionsbedingter Informationen: Probleme und Hilfestellungen, in: M&A-Review, H. 11, 1994, S. 489 – 494.

Spremann, Klaus:
Asymmetrische Information, in: ZfB, 60. Jg., 1990, H. 5/6, S. 561 – 586.

Spremann, Klaus:
Reputation, Garantie, Information, in: ZfB, 58. Jg., 1988, H. 5/6, S. 613 – 629.

Staehle, Wolfgang:
Management: eine verhaltenswissenschaftliche Perspektive, 8. Aufl., München 1999.

Stein, Ingo:
Motive für internationale Unternehmensakquisitionen, Wiesbaden 1992.

Steinmann, Horst/Schreyögg, Georg:
Management – Grundlagen der Unternehmungsführung: Konzepte – Funktionen – Fallstudien, 4. überarb. und erw. Aufl., Nachdruck, Wiesbaden 1999.

Steuernagel, Wolfgang:
Buy Outs sichern Fortbestand, in: Handelsblatt Nr. 81, 28.04.1998, S. 38.

Storck, Joachim:
Mergers & Acquisitions: Marktentwicklung und bankpolitische Konsequenzen, Wiesbaden 1993.

Tannenbaum, Robert/Schmidt, Warren H.:
How to choose a leadership pattern, in: HBR, H. 2, 1958, S. 95 – 101.

Thiele, Mouna:
Neue Institutionenökonomik, in: WISU, H. 12, 1994, S. 993 – 997.

Thom, Norbert/Wenger, Andreas:
Unternehmungsorganisation als Kernkompetenz: Auswirkungen auf organisatorische Strukturen, Prozesse und Gestaltende, Arbeitsbericht Nr. 15, Institut für Organisation und Personal der Universität Bern, 1996.

Thommen, Jean-Paul:
Betriebswirtschaftslehre, Bd. 1. Unternehmung und Umwelt, Marketing, Material- und Produktionswirtschaft, 4. Aufl., korrigierter Nachdruck, Zürich 1996.

Thommen, Jean-Paul:
Management-Kompetenz durch Weiterbildung, in: Thommen, Jean-Paul (Hrsg.): Management-Kompetenz: Die Gestaltungsansätze des NDU/Executive MBA der Hochschule St. Gallen, Zürich 1995, S. 11 – 29.

Thommen, Jean-Paul:
Die Lehre der Unternehmungsführung: Eine wissenschaftshistorische Betrachtung im deutschsprachigen Raum, Bern 1983.

Thommen, Jean-Paul/Achleitner, Ann-Kristin:
Allgemeine Betriebswirtschaftslehre: umfassende Einführung aus managementorientierter Sicht, 2., vollst. überarb. u. erw. Aufl., Wiesbaden 1998.

Ulrich, Hans:
Von der Betriebswirtschaftslehre zur systemorientierten Managementlehre, in: Wunderer, Rolf (Hrsg.): Betriebswirtschaftslehre als Management- und Führungslehre, Stuttgart 1985, S. 3 – 32.

Ulrich, Hans:
Skizze eines allgemeinen Bezugsrahmens für die Managementlehre, in: Ulrich, Hans u.a. (Hrsg.): Grundlegung einer allgemeinen Theorie der Gestaltung, Lenkung und Entwicklung zweckorientierter sozialer Systeme, Diskussionsbeitrag Nr. 4/1984, St. Gallen 1984, S. 1 – 101.

Ulrich, Hans:
Die Betriebswirtschaftslehre als anwendungsorientierte Sozialwissenschaft, in: Geist, Manfred N./Köhler, Richard (Hrsg.): Die Führung des Betriebes, Stuttgart 1982, S. 1 – 25.

Ulrich, Peter/Hill, Wilhelm:
Wissenschaftstheoretische Aspekte ausgewählter betriebswirtschaftlicher Konzeptionen, in: Raffée, Hans/Abel, Bodo (Hrsg.): Wissenschaftstheoretische Grundfragen der Wirtschaftswissenschaften, München 1979, S. 161 – 190.

Vahs, Dietmar:
Organisation: Einführung in die Organisationstheorie und -praxis, 2., überarb. und erw. Aufl., Stuttgart 1999.

Vahs, Dietmar/Burmester, Ralf:
Innovationsmanagement: von der Produktidee zur erfolgreichen Vermarktung, Stuttgart 1999.

Volkart, Rudolf:
Unternehmensbewertung und Akquisitionen, Zürich 1999.

Wagenhofer, Alfred:
Anreizsysteme in Agency-Modellen mit mehreren Aktionen, in: DBW, 56. Jg., H. 2, 1996, S. 155 – 165.

Wagner, Klaus-R.:
Management Buy Out, in: Gerke, Wolfgang/Steiner, Manfred (Hrsg.): Handwörterbuch des Bank- und Finanzwesens, 2., überarbeitete und erweiterte Auflage, Stuttgart 1995, Sp. 1399 – 1409.

Weiber, Rolf/Adler, Jost:
Der Einsatz von Unsicherheitsreduktionsstrategie im Kaufprozeß: Eine informationsökonmische Analyse, in: Kaas, Klaus Peter (Hrsg.): Kontrakte, Geschäftsbeziehungen, Netzwerke: Marketing und neue Institutionenökonomik, Düsseldorf 1995, S. 61 – 77.

Weidl, Bruno:
Der Faktor Mensch als Fusionskiller, in: Personalwirtschaft, H. 9, 1998, S. 82.

Weiss, Heinz-Jürgen:
Die Informationsbeschaffung beim Unternehmenskauf, in: Siegwart, Hans u.a. (Hrsg.): Meilensteine im Management, Bd. 1, Mergers & Acquisitions, Stuttgart 1990, S. 377 – 392.

Williamson, Oliver E.:
Die ökonomischen Institutionen des Kapitalismus: Unternehmen, Märkte, Kooperationen, Tübingen 1990.

Williamson, Oliver E.:
Vertical Integration and Related Variations on a Transaction-Cost Economics Theme, in: Stiglitz, Joseph E./Mathewson, Frank G. (editors): New Developments in the Analysis of Market Structure: Proceedings of a conference held by the International Economic Association in Ottawa, Canada, Cambridge 1986, S. 149 – 174.

Windsperger, Josef:
Transaktionsspezifität, Reputationskapital und Koordinationsform, in: ZfB, 66. Jg., H. 8, 1996, S. 956 – 978.

Wirtz, Karl-Ernst:
Wettbewerbsdruck und Problemlösungsinitiative: Determinanten der Nachfrage nach externer Unternehmensberatung, Berlin 1985.

Wöhe, Günter:
Einführung in die allgemeine Betriebswirtschaftslehre, 17. überarb. Aufl., München 1990.

Ziegler, Markus:
Synergieeffekte bei Unternehmenskäufen: Identifikation im Beschaffungs- und Produktionsbereich von Industriebetrieben, Wiesbaden 1997.

Zimmerer, Carl:
Unternehmensakquisition, in: Wittmann, Waldemar u.a. (Hrsg.): Handwörterbuch der Betriebswirtschaft, 5., völlig neu gestaltete Aufl., Stuttgart 1993, Sp. 4294 – 4306.

Zwahlen, Beat:
Motive und Gefahrenpotentiale bei einer Unternehmensakquisition: Eine erfolgreiche Akquisitions- und Integrationsstrategie einer multinationalen Unternehmung am Fallbeispiel "Nestlé-Rowntree", Diss., Zürich 1994.